Fundus-Bücher, herausgegeben von
Gerti Fietzek und Michael Glasmeier

Peter Schjeldahl

Poesie der Teilnahme
Kritiken 1980–1994

Mit einem Nachwort herausgegeben
von Maaretta Jaukkuri

Verlag der Kunst

Aus dem Amerikanischen von Martina Siebert

Die Deutsche Bibliothek – CIP-Einheitsaufnahme
Schjeldahl, Peter:
Poesie der Teilnahme : Kritiken 1980–1994
Peter Schjeldahl.
Hrsg. von Maaretta Jaukkuri. Aus dem Amerikan. von
Martina Siebert. – Dresden: Verl. der Kunst, 1997
(Fundus-Bücher; 135)
ISBN 3-364-00356-4
NE: Jaukkuri, Maaretta [Hrsg.]; GT

© Peter Schjeldahl
© der deutschen Übersetzung OPA (Amsterdam) B.V.
Published under licence by Verlag der Kunst Dresden – Basel 1997
All rights reserved
G+B Fine Arts Verlag GmbH
Gestaltung: Sonja Hennersdorf
Gesetzt aus Janson text
Gedruckt auf Alster Werkdruck
Druck und Bindung: Westermann Druck Zwickau GmbH

Inhalt

Zeitgenossen

Zeitgenossen

Clement Greenberg
1909–1994

Während einer nächtlichen Autofahrt im Winter 1981 saß ich durch Zufall für ein paar Stunden neben der grauen Eminenz. Es stellte sich dabei heraus, daß der Jahwe der Kunstkritik ein pausbäckiger Gnom war, der unablässig filterlose Camels rauchte, über seine eigenen Unverfrorenheiten lachte und für einen guten Kampf immer zu haben war. Wir stritten uns mit großer Begeisterung. Ich erzählte ihm, daß Brice Marden ein viel besserer Künstler sei als sein Favorit, dieser Jules Olitski. Er bekundete eine gewisse Faszination darüber, daß irgend jemand tatsächlich auf eine solche Idee kommen konnte, und schon war der Kampf eröffnet. Ich lebte fortan unter dem Eindruck, daß ich haushoch gewonnen hätte, und erst viel später fiel mir auf, daß mein Nebenmann sich in nichts geschlagen gegeben hat. Hatte er sich mir gegenüber herablassend verhalten? Es spielte schon keine Rolle mehr. Das war das einzige Mal, daß ich Clement Greenberg traf, der am 7. Mai dieses Jahres im Alter von 85 Jahren gestorben ist, und damit wurde mir eine Last von der Seele genommen.

Sich als angehender, unabhängiger Kunstmensch in den sechziger Jahren zu betätigen hieß, den intellektuellen Terror der »Greenbergianer« am eigenen Leib zu erfahren, sich einem Stil ausgesetzt zu sehen, dem Kritikermandarine wie Michael Fried, institutionelle Popanze wie MoMAs William Rubin und andere Kreaturen der Kunstwelt huldigten, die alle gerne durch Einschüchterung siegten. Dieser Stil ließ Greenbergs kaum beachtetes, bescheidenes Bekenntnis zu einer Subjektivität des Geschmacks vermissen. Greenbergianer verwendeten des Zauberers theoretische Verschmelzung der ehrfurchtgebietenden Transzendental-Philosophie Kants mit dem eisernen Determinismus Hegels, um »Qualitätsurteile« zu gewährleisten, die in Stein gehauen waren. Versuchen Sie doch einmal einen Gegner zu bekämpfen, dessen rechte Faust Sie zur Bestie und dessen linke Sie zum geistig Zurückgebliebenen machen kann.

Vom Standpunkt der damaligen Kunst aus betrachtet, war es ein leichtes festzustellen, daß die Greenbergianer einfach verrückt waren. Die Farbfeldmalerei, die sie als das Gelbe vom Ei ansahen (da sie laut Greenbergs Formel »ausschließlich dem Medium eigene Effekte verkörperte«), war im Grunde leblos. Gleichzeitig wandten sie sich hochnäsig von Pop, Minimalismus und von den meisten anderen Zeichen intelligenten Lebens in der neuen Kunst ab. Greenberg selbst hatte sich schon vor 1961, also vor der Publikation seines großartigen Buches ausgewählter Schriften *Art and Culture*, aus dem Streit zurückgezogen. Hinter den Kulissen allerdings gestaltete er mit äußerst aktiver Hand die Karrieren seiner Künstlerschützlinge. Er sagte ihnen, was sie zu tun hatten, und er beschwatzte die Sammler, die daraufhin hektarweise Farbfeld ankauften.

Warum konnte ich nicht so wie alle anderen, die in den sechziger Jahren Köpfchen hatten, Greenberg einfach ignorieren? Es war dieser majestätische Ton, den er anschlug, diese engelsgleiche Klarheit seiner besten Schriften, die den Anschein rigoroser Prinzipien vermittelten. Er mochte zwar ein rhetorisch geschickter Drahtzieher mit T. S.-Eliot-ähnlichen Ambitionen sein, der sich zum Außenminister der Hochkultur berief, aber er verpflichtete sich auch zur Einhaltung konsequenter Wertmaßstäbe, so daß alle seine Gegner neben ihm schludrig wirkten. Ich dachte, daß ich als zukünftiger Kritiker einige Antworten zu Greenberg bereithalten sollte und fühlte doch in der Tiefe meines Herzens, daß es hoffnungslos war. Jemand, der so schreiben konnte, so empfand ich, mußte einfach ein höheres Wesen sein. Und dann kam es zu dieser Autofahrt, und ich mußte lachen. Ich erkannte plötzlich, was für eine Art Wesen Greenberg war: Er war ein Künstler!

Raymond Hernandez' Nachruf auf Greenberg in der *Times* enthält ein Goldkörnchen psychologischer Biographie, das mehr als plausibel ist, wenngleich es auch furchtbar glatt klingt:

> Er war der älteste Sohn eines aus Rußland stammenden, jüdischen Emigranten, der ein Geschäft für Oberbekleidung betrieb. Im Alter von vier Jahren zeichnete er mit großer Begeisterung, angetrieben durch seine Fähigkeit, Objekte und Menschen zum Leben erwecken zu können.
>
> Aber seine Eltern teilten seine Liebe zur Kunst nicht, noch

wußten sie sie zu würdigen. In seinem späteren Leben bezeichnete er sie als »Barbaren«, die jeglichen Nachweis seiner künstlerischen Produktion vernichteten und wahrscheinlich unwissentlich das Fundament für das Theoretisieren ihres Sohnes legten, das auf dem Antagonismus von Kunst und Durchschnittsbürger bestand.

Dieser Bericht besitzt die zweitrangige Tugend, alles erklären zu können: Ein mißhandelter Geist nimmt stellvertretend Rache an jenen, die ihn mißbrauchten. Aber Greenberg, der sich bereits sehr früh Latein und Deutsch aneignete, war einfach dazu bestimmt, irgend etwas verwirrend Großartiges zu leisten, etwas, das nicht unbedingt mit Kunst zu tun haben mußte. Er kam zur Kunstkritik wie alle, die sich damit beschäftigten: durch Zufall, weil es dort gerade etwas zu tun gab. In den späten dreißiger Jahren mangelte es der Gruppe New Yorker Intellektueller um die *Partisan Review* an einer unverwechselbaren Stimme der Kunstkritik. Greenberg, der dank seiner Freundschaft mit Lee Krasner ein besonderes Gespür für die Kunstszene hatte, nahm sich dieser Sache zu genau dem, von der göttlichen Vorsehung berührten, historischen Zeitpunkt an, als ein paar verarmte Maler in Downtown Manhattan gerade dabei waren, die Welt zu erobern.

Seine Ausbildung fand in der Öffentlichkeit statt, sagte er. (Ich weiß, wie das funktioniert: auf schmerzliche Art und Weise, aber dann sitzen die Lektionen.) Sein wohl berühmtester Essay, »Avant-Garde and Kitsch« (1939), erzeugt seine Wirkung durch die Gegenüberstellung von Picasso und dem russischen Maler Ilja Repin, der darin aus Unwissenheit falsch

dargestellt wird. Man muß jedoch zu seiner Ehrenret-
tung sagen, daß Greenberg den Fehler zugab und auch
darauf verwies, als er den Essay wiederveröffentlichte.
Es handelte sich dabei um einen für Greenberg untypi-
schen Mißgriff. Die physischen, formalen und stilistischen Fakten einer jeden Kunstrichtung genau definieren zu können wurde daher zur Grundvoraussetzung
und Grenze seiner Methode. Wenn man erkennt, was
vorhanden ist, dann begreift man auch, was es wert ist.

Greenbergs Kunstsinn entwickelte sich durch die
Ausbeute seines geübten Auges. Indem er die Kunst seit
Manet beinahe Pinselstrich für Pinselstrich neu be-
schrieb, entwickelte er Ideen, die mit der Umwertung
der Werte der europäischen Avantgarde durch die neue
amerikanische Malerei Hand in Hand gingen. Er war
kein bloßer Kommentator der Abstrakten Expressio-
nisten, noch war er genaugenommen ihr Propagandist,
anders als sein eloquenter Rivale Harold Rosenberg. Er
gehörte zur Gruppe und war wie sie wild entschlossen
in seinem Ehrgeiz. (Wurde er von vielen verachtet? Sie
neigten dazu, sich auch untereinander zu verachten.)
Seine besten Arbeiten erreichen für die Kritik das, was
Barnett Newman für die Malerei erreichte: die atem-
beraubende Vereinfachung einer komplexen Tradition, wobei die detaillierten Darlegungen jedem Angriff standhalten.

Versuchen Sie einmal, irgendeine Seite von *Art and
Culture* zu Picasso, Braque oder Léger auseinanderzu-
nehmen. Es wird Ihnen nicht leichtfallen. Die Sichtweise ist beschränkt und der Tonfall unglaublich arro-
gant. Greenberg beendet einen Essay mit »Wir dürfen
uns fragen, ob Braque sich seit 1914 selbst mißverstan-

den hat«. (Ich stelle mir vor, wie Braque daraufhin mit
einem »Mißverstehen Sie das bitte!« antwortet.) Die
Analyse jedoch, die dieser Beleidigung vorangeht, fun-
kelt wie ein Maschinenpark. Zufälligerweise trifft eine
Passage desselben Essays auf Greenbergs Karriere zu:
»Eine Periode der Dekadenz, da persönliche Talente
ab Mitte der fünfziger Jahre.«

Greenbergs Dilemma war das Dilemma der New
Yorker Denker seiner Generation allgemein: Sie ap-
plaudierten dem Nachkriegstriumph der Kultur der
Vereinigten Staaten, bis sie sich plötzlich mit Schrecken
der wahren Natur dieser Kultur gegenübergestellt sahen. Es war eine Sache gewesen, als Jackson Pollock den
guten alten amerikanischen Pragmatismus gegen Picasso ins Feld geführt hatte, es war allerdings eine völlig andere, als Andy Warhol und Donald Judd ihn benutzten,
um avantgardistische Gewissensbisse abzuschütteln und
eine Kunst zu machen, die sich an die populärkulturellen
Gegebenheiten des amerikanischen Lebens anlehnte.
Die Sache wurde noch einmal schlimmer, als der Avant-
gardismus sich als akademisches und institutionelles
Kartell neu formierte und persönlichem Ästhetizismus
feindlich gegenüberstand.

Greenberg genoß seine eigenen ästhetischen Freuden ebenso wie er seine Camels genoß, was ihn schließlich an einem Emphysem sterben ließ. Ich kann mich
auf meine eigene, schüchterne Art damit identifizieren,
sitze ich doch hier mit meinen ungewissen Passionen
und Marlboro Lights. Allerdings beginne ich mich an
dem Punkt gegen ihn zu wehren, an dem er seine Gier
nach Reinheit als eine allgemeine Tendenz moderner
Kunst darstellt. Diese Theorie, die als »modernisti-

scher« Strohmann in einem Großteil der »postmodernen« Kritik herumgeistert, scheint mir eine intellektuelle Krankheit zu sein. Sie entspricht keiner der Erfahrungen, die man mit dem Kanon der Moderne machen
kann – ausgenommen jener der Farbfeldmalerei, welche
Greenberg geradezu aus der Taufe hob. Farbfeld ist wie
die reductio ad absurdum von jemandem, den es nach
immer süßeren Nahrungsmitteln verlangt und der
schließlich reinen Zucker verschlingt. Kein Wunder
also, daß Greenbergs kritische Schneidezähne am Ende
ausfielen.

Für seinen unsterblichen Ruhm ist es glücklicherweise nicht ausschlaggebend, ob er recht hatte, denn Größe
auf dem Gebiet der Kunst hat wenig damit zu tun. Viel
wichtiger ist es, eine Geschichte erzählen zu können, die
sich dem Auge und dem Gehirn einprägt. Greenbergs
Geschichte über die Flachheit der Oberflächen und das
Einfassende der Ränder vermochte es, einer gesamten
Ära, die bereits einschneidenden, gesellschaftsver-
ändernden Ereignissen in der Kunst beigewohnt hatte,
äußerste Bewußtheit zu verleihen. Leute, die ihn haßten,
äußerten sich leidenschaftlicher, als sie es wohl sonst getan hätten, und die Kunst, die ihm eine lange Nase
machte, wurde tollkühner und entscheidender. Indem
er über Kunstwerke sprach, veränderte er die Welt.
Schreibt Euch das hinter die Ohren, Mom and Dad.

Warhol und die
Klassengesellschaft

Die Kritiker der führenden Medien begegneten Andy Warhols Porträts der siebziger Jahre, die gerade im Whitney Museum zu sehen waren, mit Abscheu. Hilton Kramer schlug vor Grauen die Hände über dem Kopf zusammen. Der Kritiker von *Newsweek* schien aufgebracht und ließ sich dazu hinreißen, Warhols Pinselstrich einen »Peitschenhieb« zu nennen. Robert Hughes, seit kurzem unser provokantester Kritiker, hatte derart üble Laune, daß er sich an kulinarischen Knallern wie »Pistazien und Erdbeer-Klümpchen« und »autistischen Tortenguß« vergreifen mußte. Ich war erstaunt über die Feindseligkeit, denn für mich war die Ausstellung wunderbar, und auf ihre Art schien sie perfekt zu sein. Sie besaß eine alte Tugend der sechziger Jahre, die weder Warhol noch Stella je zu verlieren scheinen und die darin besteht, eine große, spritzige, stilistische Idee auf genauso große, spritzige und ganz selbstbewußte Art zu verwirklichen. Ich weiß jedoch nicht, ob ich Hughes' hochmütiger Bemerkung, daß die Porträts »kaum Teil einer ästhetischen Debatte sein können«, widersprechen würde – ich weiß aller-

dings auch nicht, wo diese heutzutage überhaupt stattfindet. Ich glaube aber, daß es sich hier um einen soli-
den, typisch Warholschen Coup handelt, eine unerwartete Art, mit Malerei umzugehen, die sich bestimmter
Veränderungen innerhalb der Kultur annimmt und diesen auf den Zahn fühlt. Mir scheint, daß eine derart kritische Reaktion sie nur noch interessanter macht. Es
beweist, daß seine »sozialen Ikonen« – wie David Bour-
don die Porträts vor fünf Jahren spöttisch nannte – wieder einmal den Nerv getroffen haben.

Ästhetisch können die Porträts kaum als uneigen-
ständig oder unfertig betrachtet werden. Sie sind sie
selbst und das mit einer gewissen Robustheit. Sie zeugen von ausgeprägtem malerischem Verstand, und
häufig sind sie einfach schön. Ich muß zugeben, daß
sich ihre Schönheit, in kleinen Dosen, im Maßstab einer Wohnzimmerwand am besten entfaltet. Hughes
nannte den Gesamteindruck, der sich im Whitney auf-
dränge, »grob und repetitiv«. Tatsächlich war da nichts
Zartes an diesen über 50 Doppelporträts, die in Drei-
erreihen an schokoladenbraunen Wänden hingen.
Aber das »repetitiv« zu nennen ist falsch; die Bandbreite der Einfälle und Wirkungen innerhalb der starren Vorgaben des Porträts ist eindrucksvoll. Fast jedes
einzelne Porträt kann sich im Handgemenge der Bilder
durchsetzen. Auf dieser Party gab es kaum Mauer-
blümchen. Und obwohl es niemand zugab, muß gesagt
werden, daß es für einen Maler schon eine beträchtli-
che Leistung ist, eine sichere Hand im Umgang mit
dieser Höhle, der 4. Etage des Whitney Museums, unter Beweis zu stellen. Viele werden die Porträts anhand
von Reproduktionen beurteilen, was wirklich zu scha-

de ist. Reproduktionen tilgen alle Oberflächenstruktu-
ren und löschen die reine Objekthaftigkeit der Bilder
aus, die Art und Weise, wie sie die Wand zu stützen, zu
»reiten« scheinen durch eine Anzahl sich wechselseitig
verstärkender Faktoren, die zwischen Maßstab und
Ausmaß des Raumes und Maßstab und dem Standort
des Betrachters vermitteln: Aufhängung der Bilder
nach architektonischen Gesichtspunkten, sperrige, her-
vorspringende Keilrahmen, Bild und Träger von glei-
cher Größe, schreiende, »vorwärtstreibende« Farben,
große Pinselstriche, das schlichte Gefesseltsein durch
das übergroße menschliche Gesicht. Das ist ästhetisches High-Tech der sechziger Jahre, so wie bei Stella
oder Judd – kalt, effizient, blendend und verwirrend.

Die Kritiker können Warhols Einfallsreichtum
nicht abstreiten – wie sollten sie auch? –, aber es gelingt
ihnen zu behaupten, daß es da etwas gibt, was angreifbar wäre. Alle negativen Besprechungen, die ich las,
gebrauchten z.B. den Begriff »Malerfarben« mit größt-
möglicher Schadenfreude. Es wäre gewiß von größe-
rem Interesse, Warhols unendlich abwechslungsreiche
Palette aggressiver, »merkwürdiger« Farbtöne und
-schattierungen mit jener der chromatischen Küche
der späten Farbfeldmalerei zu vergleichen, zu der sie in
einer dreisten Beziehung steht. Aber wenn damit
außerdem an die geheimnisvolle Tätigkeit von An-
streichern und Dekorateuren erinnert wird, warum ist
das dann kein Plus? Gibt es einen Moralkodex der Farben? (Ich rieche hier förmlich einen Aufsatz.) Was ist
denn so durch und durch unseriös, sagen wir einmal, an
dieser Schauderhaftigkeit eines gesättigten Kakao-
brauns, das sich neben einem gesättigten, blassen De-

nimblau befindet? Auf welcher Grundlage können wir derartige Freuden als unser nicht würdig ablehnen? Was Warhols Pinselstrich angeht, müssen wir da tatsächlich seine Effizienz verdammen? Wenn Warhol de Koonings Art, die Bildfläche durch Naß-in-Naß-Striche aufzureißen, eiskalt nachahmt, dann ist es immer noch so, daß dieses Vorgehen für de Kooning etwas ganz anderes, etwas grundsätzlich Packenderes ist als für Warhol. Wenn aber Warhols Verwendung malerisch Sinn macht und zur Gesamtstrategie seiner Kunst paßt, dann weiß ich nicht, worüber man sich aufregt. (Mögen wir nun Malerei oder mögen wir sie nicht?)

Warhols Porträts haben nichts mit Pastiche zu tun. Ihre Form entwickelte sich aus seinen vielfältigen Siebdruckbildern der sechziger Jahre, ergänzt durch eine Technik, die er gewissen Kunstdrucken aus Billigläden entlehnte. Sie besteht darin, das Bild auf eine vorbereitete, unebene Oberfläche aufdrucken zu lassen, so daß sich die Illusion von »echter« Struktur ergibt. Warhol verändert diese Technik durch weitreichende Anwendung für unterschiedlichste Zwecke; hier gibt es kein Lichtensteinsches, satirisches Bekenntnis zu ihrem Ursprung. Immerhin gibt es eine Menge Leute, darunter auch der Kunstkritiker von *Newsweek*, die der gängigen Vorstellung aufsitzen, daß die Acrylfarbe nicht als Grundierung für die Siebdruckfarbe benutzt wurde, sondern appliziert wurde oder zumindest identisch mit ihr ist. Tatsache ist, daß nahezu alle Farben, auch die der Augen, Lippen und des Haars, vor dem Druck aufgetragen werden; nur selten und sparsam fügt er mit dem Pinsel wichtige Details hinzu. Die naß-in-naß behandelten Partien (häufig flach und plakatar-

tig) sind auch an den dick aufgetragenen Stellen
trocken, bevor sie mit dem Bild versehen werden, dessen »malerisches« Aussehen durch die verzerrende Topographie zustande kommt. Warhol entwickelte die
ästhetischen und expressiven Möglichkeiten dieser
Technik jahrelang anhand anderer Bildsujets, im besonderen in der Serie großer, geheimnisvoller Bei-
naheabstraktionen, die er *Shadows* nannte. Seine Fähigkeit, damit zu improvisieren, hat eine so beiläufige
Sicherheit erreicht, daß man ganz leicht seine Virtuosität übersieht.

Es sollte doch offensichtlich so sein, daß die Schwierigkeiten, die man mit Warhols Porträts haben könnte,
eher äußerer als innerer Natur sind. Nicht, daß ich das
ganz besonders hervorheben möchte, aber die Porträts
sind soziale Artefakte, die hauptsächlich reiche Leute
darstellen (einige sind von Künstlerkollegen und anderen Figuren aus der Kunstwelt), deren Häuser sie
schmücken und deren Anspruch auf kulturelle Berühmtheit sie bestätigen sollen. Ich glaube, daß es das ist, was
ihm all diese Lästerer einbringen, die nicht in der Lage
sind, ästhetische Durchführung und Geschmack zu
trennen. Beides, das Beleidigende und die Verwirrung,
können leicht in Hughes' possenhafter Eloquenz wie-
derentdeckt werden: »Warhols Bewunderer müssen
immer wieder behaupten, daß Warhol das Gesell-
schaftsporträt als Form wiederbelebte. Es wäre allerdings wahrheitsgetreuer zu sagen, daß er es in einen
Halston steckte, seine Augenlider bemalte und es auf
dem Rücksitz einer Limousine arrangierte, wo es sich
zwar bewegen, aber nicht sprechen kann.«

Bourdons elegante Beschreibung der Warhol-Por-

träts als »soziale Ikonen« – *Ikone* vermittelt eine fast by-
zantinische Zeitlosigkeit, mit der ihr Gegenstand und
dessen Inhalte angefüllt werden – nimmt die Grundlage des Hughesschen Sarkasmus vorweg und stellt sie in
ein positives Licht. Robert Rosenblums Einführung in
den Whitney-Katalog, ein Paradebeispiel bravouröser
Gelehrtheit, kommt von einer ganz anderen Seite her,
indem sie Warhols Verliebtheit in die High-Society
dadurch versüßt, daß sie die Tradition der gesellschaftlichen Porträtkunst, die ihre Blüte im Fin de siècle mit
J. S. Sargent, Giovanni Boldini und anderen erlebte,
heraufbeschwört. (Hughes selbst packt Warhol mit
Sargent in eine Kiste, um dann festzustellen, daß Warhol »Sargents Fähigkeit vermissen läßt, ein Bild bewußt zu begreifen und es zu konstruieren« – ein Urteil,
dem ich mich wohl auch dann nicht anschließen würde, wenn ich es verstehen könnte, denn angesichts dieser Äpfel- und Orangen-Einteilung und den damit verbundenen ästhetischen Differenzen erscheint mir das
ziemlich unmöglich.) Aber selbst die sinnvollsten Verschiebungen in der Terminologie und Kategorie, wie
die Bourdons oder Rosenblums, geben keine Antwort
auf die Frage, was der Grund dieser Hughesschen Wut
sein könnte, die mir ganz und gar außerhalb der Kunst
zu liegen scheint – und wohl eher eine grundlegende
Wut ist. Nimmt man, was wir für gewöhnlich sicherlich
nicht tun, die gesellschaftliche Porträtkunst ernst, muß
man ihr zumindest ebensoviel gesellschaftliche wie
ästhetische Bedeutung zubilligen. Der Kunstkritiker
muß, sei es auch noch so zögernd und unbeholfen,
dorthin gehen, wo die Kunst ihn hinführt – selbst wenn
er dabei soziologischen oder potentiell politischen Bo-

den betreten muß.

In den siebziger Jahren wurde Warhol zu dem, dessen man ihn einst voreilig bezichtigt hatte: ein Diener der Reichen. Die Anklage war in den sechziger Jahren deshalb verfrüht, weil er zwar ein williger Liebling der Begüterten war, aber darauf bestand, seine künstlerischen Einfälle aus »klassenlosen« oder anderen gesellschaftlichen Quellen zu schöpfen. Erst allmählich veränderte sich diese Beziehung und führte ihn in eine Sackgasse, in der auch die Inhalte seiner Kunst ihre Grenze fanden. Für uns ist die zentrale Frage – ein abgeschlossener Fall für Hughes –, ob man diesen Zustand mit Wohlwollen betrachten kann. Ist man gewillt, das zu tun, muß man zwei Vorgaben akzeptieren: (1) Kunst als Dienstleistung ist okay und (2) die Reichen – die Reichen im allgemeinen und Warhols Reiche im besonderen – sind ebenfalls okay. Um es anders auszudrücken: (1) Kann Kunst heutzutage von Bedeutung sein, auch wenn sie eher die Interessen anderer als ihre eigenen vorantreibt? Und (2) ist die Legitimität der heutigen gesellschaftlichen Elite eine annehmbare Fiktion? Bevor man versucht, sich diesen unbequemen, großen Fragen zu stellen, muß man zuerst zu klären versuchen, wie Andy Warhol die Position erobern konnte, diese überhaupt aufzuwerfen.

Die eindrucksvolle Übereinstimmung von kulturellem Trend und persönlicher Veranlagung, die Warhol zum Mann der Stunde innerhalb der Avantgarde der frühen sechziger Jahre machte, ist ein Teil unserer Mythologie. Sicherlich war kein erfolgreiches Erscheinen in der Kunstgeschichte jemals zu einem passenderen Zeitpunkt erfolgt als dieses – allerdings kam Warhol, will man den Geschichten glauben, beinahe zu spät. Eine dieser Geschichten zeigt ihn zu Beginn des Jahres 1962, wie er wild entschlossen versucht, ein geeignetes Image zu entwerfen, um doch noch seinen Platz auf dem bereits davoneilenden Wagen der Pop Art zu ergattern. Warhol entdeckte sehr schnell, daß das, was er bereits zur Hand hatte, was ihm aufgrund seiner Veranlagung und Erfahrung zur Verfügung stand, nämlich seine eigene Weltanschauung, die Trumpfkarte der ganzen Bewegung war.

Als Sohn einer aus der Tschechoslowakei emigrierten Arbeiterfamilie ist Warhol einer der wenigen zeitgenössischen Künstler, die der Arbeiterklasse entstammen. Vieles, was an ihm als wundervolle, engelsgleiche Eigenart auffiel, erscheint im Licht der Gier der modernen amerikanischen Arbeiterklasse nach Produkten und Werten kapitalistischer Populärkultur erklärbar. Ein ambivalentes Verhältnis dazu findet eher im Mittelstand, der ihre Verfügbarkeit von Geburt an als selbstverständlich betrachtet. Warhols enthusiastische Einschätzung dieser auf Sachwerte und Berühmtheit ausgerichteten Kultur, die durch den relativ intimen Umgang mit der sozialen Kehrseite dieser Kultur (in den Todesarten der unteren Klassen durch Autounfall und elektrischen Stuhl) verdunkelt wurde, verschaffte ihm im Wettstreit um die Aufwertung des Alltäglichen einen entscheidenden Vorteil. Verglichen mit seinen immer noch elektrisierend mächtigen Marilyns und elektrischen Stühlen von 1962–1966, nehmen sich die Arbeiten anderer Pop-Künstler durch ihre Mittelstandsironie vergleichsweise schwach aus, erscheinen distanziert. Was für sie »Material« war, wurde für ihn zur Materie, wurde Form und Inhalt. Der manchmal gegen Warhol erhobene Vorwurf der Naivität (oder des Zynismus, wie man will), zeugt im Grunde selbst von einer gewissen mittelständischen Naivität (oder Zynismus), nämlich die Unfähigkeit, sich vorstellen zu können, daß unsere Kultur demjenigen, der sie von der Peripherie aus betrachtet, ein radikal anderes Gesicht zeigen könnte.

Die Belohnung für Warhols Begabung und sein zeitlich so treffsicheres Erscheinen erschöpfte sich nicht in bloßem künstlerischem Erfolg. Der zu diesem Zeitpunkt bedeutend einfachere soziale Aufstieg, der den Aufruhr der sechziger Jahre begleitete, mischte Leute des Showbusiness, der Kunst, der Regierung, der kriminellen Szene (Drogenhandel), der Mode und des ganzen Zirkels ansteckender Berühmtheiten, gemeinhin bekannt als Jet-set oder als »beautiful people«, ins Kartenspiel des ererbten und beruflichen Wohlstandes. Diese Minirevolution zog Warhol unter dem Stapel hervor und legte ihn, ohne Zeremonie oder Initiation, ganz oben wieder ab. Quasi als Arrivierter der Arrivierten kreierte er einen neuen Stil für die Neureichen, einen Stil, den man demokratische Dekadenz nennen könnte, eine schalkhafte Erneuerung der sieben Todsünden für Leute, die sich nicht wohl dabei fühlen, ihre neuen Möglichkeiten auszukosten, und die aber auch sonst nichts Besseres zu tun hatten. Die Grundform dieses Stils war mit dem starren, unbeteiligten Kameraauge von Warhols großen, frühen Filmen festgelegt (ganz besonders in *Chelsea Girls*). Vielleicht benahm man sich schlecht, aber solange es noch Andy Warhol, dieses körperlose Genie des Volkes, als Betrachter gab, war alles irgendwie gar nicht so schlecht. Was Warhol seinen neureichen Förderern von Anfang an anbieten konnte, war mehr als oberflächlicher Schein; es war eine moralische Alchemie, durch die eine drohnenartige, gesellschaftliche Rolle Ähnlichkeit mit der historischen Rolle der Avantgarde bekam. So etwas war in Amerika noch nie zuvor passiert, da es noch nie zuvor eine Generation von wohlhabenden Amerikanern gegeben hatte, die so jung, so kosmopolitisch und so ohne jede gesellschaftliche Funktion gewesen war, ein Umstand, der auch für die eigene Existenz und deren »Vorbildhaftigkeit« galt. Erinnern Sie sich, dies war die Generation der sechziger Jahre, und sie war durchdrungen von liberal-anarchistischen Werten; Warhol sagte kürzlich, daß Gerald Fords Sohn Jack der einzige Republikaner sei, den er kenne. Die Ideologie des Wohlfahrtsstaates beendete die Philanthropie, die traditionell das Alibi untätiger Reicher gewesen war, und es blieb nichts als die Aura spiritueller Erwähltheit, die in unserer Zeit anscheinend nur durch die Kunst verliehen werden kann. Mit Andy Warhol bekamen die neuen Reichen nicht irgendeinen Künstler, sondern einen Künstler, der Demokratie, sexuelle Befreiung und die tabufreie Gesellschaft personifizierte, eine engelsgleiche Unschuld, die zu allem oh und ja sagte, selbst zur Langeweile, diesem Wurm im Apfel eines vergeudeten Lebens.

Daß Warhols moralische Zauberkräfte drastisch geschwunden sind, wird wohl für jeden offensichtlich, der in *Andy Warhol's Exposures* hineingeschaut hat, sein unlängst veröffentlichtes Buch mit Fotografien und atemlosen Berichten über das Altern der neuen Reichen.

Seine Welt hat ihn eingeholt, und er hat sich in ihr verfangen. Nun reflektiert seine leidenschaftliche Hab-
gier, seine tiefe Zuneigung zu allem, was sich mit Ruhm
schmücken kann, und seine Arbeitswut nur noch seine
direkte Umgebung. (Die große Sache der achtziger
Jahre scheint für alle zu sein, daß man einen Job hat
oder daß man zumindest so aussieht, als wäre man beschäftigt. Kreierte er früher noch »Berühmtheiten«, so
vergnügt er sich heute hauptsächlich mit anderweitig
beglaubigten Krethi und Plethi. Seine einst hypnotisch
lakonische Redeweise degenerierte vom Orakelhaften
zum Predigerton. Selbst seine Aphorismen sind lahm,
so zum Beispiel, wenn er vorschlägt, sein wohl am häu-
figsten zitiertes Bonmot durch ein »In 15 Minuten werden wir alle berühmt sein« zu ersetzen. Da beginnt man
zu verstehen, wie wichtig Warhols Treibhaus der No-
maden und Obdachlosen, dieses Laboratorium der
Kreativität, für die Entwicklung seiner kulturellen Autorität gewesen war. Diese eigenartige Autorität ist seit
langem verschwunden, aufgefressen von der Angst der
Reichen, die über sich selbst nur Angenehmes denken
möchten. Für Warhol scheint das alles andere als ein
schlechter Tausch zu sein. Seine verdächtige Zufriedenheit zu einer Zeit, in der eine allgemeine Desillu-
sionierung Macht und Versprechen der Kunst in Frage
stellt, ist wahrscheinlich genau das, was seine mittelständischen Kritiker so sehr reizt. Wie dem auch sei,
durch das Verschwinden seiner Aura erscheint er über-
raschenderweise als bloßer Künstler, der einfach arbeitet.

Was uns dabei interessiert, ist die Frage, was für eine
Art arbeitender Künstler Warhol ist: ein Künstler, der

für eine bestimmte gesellschaftliche Klasse arbeitet. Das
ist sicherlich keine Rolle, die er leichtfertig übernimmt,
noch ist sie darauf beschränkt, Auftragsporträts zu malen. Zwei seiner nicht am Porträt ausgerichteten Themen der siebziger Jahre scheinen dabei etwas außen vor
zu stehen: Mao und Hammer und Sichel. Rosenblum
schlägt vor, daß diese einschüchternden Mao-Porträts,
einige sind bis zu fünf Meter hoch, als Untersuchungen
gesehen werden müssen, die »die furchtbare Strenge
und unantastbare Autorität der Führerpersönlichkeit eines modernen totalitären Staates« zu ihrem Gegenstand
haben. Das ist schon richtig, die großen Maos verdichten eine Empfindung, die man das totalitäre Erhabene
nennen könnte, befaßt sich aber nur mit einem Ausschnitt ihrer Wirkung und ist einfach zu düster, um
Andy Warhol zu entsprechen, dessen Absichten fast immer ein Element der Komplizenschaft mit seinem Publikum, einen Kitzel enthalten. Für mich stehen die
Maos und die Hammer-und-Sichel-Bilder im Zusammenhang mit den elektrischen Stühlen und Autounfällen
der frühen sechziger Jahre. Die Differenz der Symbole
besteht darin, daß sie verschiedenen Klassen zugeordnet
werden. Die Intensität des Schocks der frühen Bilder lag
darin, daß sie Darstellungen gewöhnlicher Katastrophen waren. Die Schockqualität der gegenwärtigen Gemälde liegt in der Demonstration von Symbolen einer
sich gegen die herrschende Klasse richtenden, geschichtlichen Bedrohung. Warhol bietet seinen Gön-
nern zwei unterschiedliche Dinge, aufregenden Horror
und das Versprechen, diesen emotional beherrschen zu
können: Sie können ihn sich an die Wand hängen.

Die Revolution in ein Konsumprodukt für die obe-

ren Zehntausend zu verwandeln, ist bereits für viele
Kritiker ein ausreichender Grund zur Mißbilligung,
aber ich glaube einfach nicht, daß das die einzig mögliche Reaktion sein kann. Wie man auch immer zu der
auf Konsumgütern aufbauenden Logik des gegenwärtigen Kapitalismus stehen mag, es sollte stets möglich
sein, Warhols extreme und subtile Erweiterung dieser
Logik positiv zu sehen, als Kunst, die etwas über unsere Kultur und unsere Zeit auszusagen hat – und die es
auch tut, und zwar mit einer enormen Unvoreinge-
nommenheit, die aus seiner ungerührten Akzeptanz
kultureller Entropie und Dekadenz erwächst. Wir bewundern den künstlerischen Ausdruck vergangener
Kulturen, deren Bürger wir nie hätten sein wollen, und
so sehe ich darin nichts Unehrenhaftes, diese Unterscheidung auch für unsere eigene Generation vorzu-
nehmen. Kunst, die sich bewußt mit gesellschaftlichen
Fragen auseinandersetzt, das kann man mit Recht behaupten, geht über politische Richtungen hinaus und
dient dadurch als Maßstab für die Gans von rechts
ebensogut wie für den Gänserich von links. Legen wir
solche Maßstäbe an, dann müßte Warhol ganz oben
stehen – zumindest so weit oben zum Beispiel wie der
beste sozialistische Realismus. Ich nehme nicht an, daß
er so gut wie Bertolt Brecht ist, aber der Vergleich ist
nicht völlig aus der Luft gegriffen.

Zuerst wird bei einem Warhol-Porträt ein bewußt
konventionelles, »charakteristisches« Foto von jemandem gemacht. Ein hoch kontrastiertes Druck- und
Siebverfahren setzt dieses auf einen rauhen, kolorier-
ten Untergrund, was den Informationsgehalt des Fotos
teilweise zerstört, aber nötig ist, um eine Idealisierung

zu erreichen. Farbe und Art des Farbauftrags füllen die zerstörten Flächen des Bildes mit einer Stimmung auf, einer Anzahl bildnerischer Effekte, die auf die Aura der darzustellenden Person zugeschnitten zu sein scheinen. Das ist nicht einfach gewöhnliche Schmeichelei, sondern es bezieht die Person in die privilegierte Zeitlosigkeit der Kunst mit ein – Kunst ist hier praktisch identisch mit gesellschaftlicher Bedeutung, was nun wieder mit Geld und Ruhm identisch ist (meistens mit beidem natürlich). Der ikonische Charakter dieser Porträts sagt ungefähr soviel wie: Diese soziale Ordnung ist ewig. Diese Art der Idealisierung hat nichts Sentimentales oder nur ansatzweise Rhetorisches, sie ist direkt, ein automatisches Ergebnis der Aufmerksamkeit des Künstlers. Und angesichts dieser Meisterschaft und Sorglosigkeit in der Ausführung, dieser konzentrierten, malerischen Freude (wie bei Fragonard), wirkt die Aufwertung des Subjekts nie unheimlich. Vielleicht ist alles nur ein Witz. Aber sollte es ein Witz sein, dann ist es ein gutmütiger, schmunzelnder Witz. Warhol überzeugt uns davon, daß er die Menschen und die Malerei wirklich liebt – auf seine eigene zupackende Art zeigt er diese Leute, die er malt, als Menschen, die deshalb liebenswert sind, weil sie reich sind und sich für die Anfertigung eines Porträts von einem Stück ihres Reichtums trennen (der Preis eines Bildes betrug vor fünf Jahren 25 000 Dollar). Seine Idealisierung tropft nicht vor Süße und Licht, aber sie ist auch nicht härter als der Charakter unserer Zeit.

Unterscheiden sich die Reichen von dir und mir nur deshalb, weil sie mehr Geld haben? Einer berühmten Anekdote zufolge war dies die Antwort, die Hemingway Scott Fitzgerald gab, eine doktrinäre, amerikanisch-demokratische Antwort an Scott Fitzgerald, der es besser wußte. Die Reichen mögen zuerst einmal als ganz normale Neugeborene in ihrem Körbchen liegen, aber nach einiger Zeit verändert der Wohlstand alles, selbst das allermenschlichste. Das kann er deshalb, weil Macht und kostbare, zeitlose Werte alles menschliche Leben in ihrer Umgebung in einen Zwergenzustand versetzen. Ars longa vita brevis, so denken reiche Leute. Natürlich kann jeder Ausnahmen aufzählen, aber reiche Leute lassen fast zwangsläufig einen Sinn für die Mühen und Frustrationen des Lebens vermissen, wie sie von den meisten Menschen erlebt werden. Sie mögen zwar nicht glauben wollen, daß dem so ist, aber es ist so. Und obwohl nur wenige unter ihnen solche Ungeheuer der Achtlosigkeit sein dürften, wie Tom und Daisy Buchanan im *Great Gatsby* es für sich in Anspruch nehmen können, so muß man doch sagen, daß aus dem Blickwinkel der gequälten, von Skrupeln geplagten Mittelklasse die meisten von ihnen ein bißchen monströs aussehen. Sie kapieren es einfach nicht – kapieren nicht die Anstrengung, die Hochs und Tiefs, den hohen emotionalen Einsatz, der sich mit jedem Versuch, die unüberschaubare, amerikanische Normalität um eines besseren Lebens willen zu durchbrechen, verbindet. Also lehnt man sie natürlich ab, und der beleidigte Ton der Warhol-Lästerer in der tonangebenden Presse des Mittelstandes scheint mir genau dieser Tonfall des Ressentiments zu sein. In gewisser Hinsicht hat natürlich das Whitney Museum genau das auch herausgefordert. Die Selbstzufriedenheit der Besitzenden, schamlos in diesen Gala-Porträts zur Schau gestellt, ist wohl seit Fitzgeralds goldenen Zwanzigern nicht mehr so ohne jede Vorsicht und Scheu vorgeführt worden.

Das Whitney, das einst fast eine Hochburg kreativer und kritischer Legionen der Kunstwelt war (die es manchmal regelrecht belagerten), droht unter seinem derzeitigen Direktor Tom Armstrong zur Palisade neupatrizischer Sensibilitäten zu werden. Armstrongs Vorwort zum Katalog führt an, daß »Andy Warhol – dieses stille, omnipräsente Wesen uns Respekt abverlangt, nichts erbittet und alles entgegennimmt«, und kommt dann zu dem Schluß: »Ich habe niemals an Monsieur Warhola gezweifelt ... wenn die Rettungsboote zu Wasser gelassen werden sollten, wünsche ich mir, daß der alte Blondschopf das Ruder übernimmt.« In diesem kleinen Ausschnitt gibt es so viele Freudsche Fehler, daß man nicht weiß, womit man beginnen oder wo man enden soll. Ich werde hier nur auf diese vergnügte Prophezeiung verweisen, in der Warhol und Armstrong zusammen der untergehenden *Titanic* entkommen, ein wahrhaft unterhaltendes Revolutionsbild, würdig einer Marie Antoinette. Leser, die sich damit nicht identifizieren, können sich nur fragen, wo sie eigentlich hineinpassen: Sind sie Gefangene des Zwischendecks oder Teil des Eisberges?

Wie man zu Warhols Klasse der Gönner steht, ist nicht allein ausschlaggebend dafür, wie man auf seine Porträts reagiert. Ich möchte allerdings darauf drängen, daß diese Verbindung als das gesehen wird, was sie ist, als eine äußerst interessante Sache, ein historischer Bonus, der der bloßen Erfahrung der Arbeiten, die als Gemälde an sich gut sind, hinzuzufügen wäre. Wenn

wir Ideologie – in diesem Fall Mittelstandsideologie –
nicht als bestimmenden Einfluß in der Bewertungsska-
la der Kunst akzeptieren, sehe ich nicht, wie man den
Schluß verhindern kann, daß Warhol etwas von blei-
bendem Wert geschaffen hat. Gab es jemals einen
Künstler, der ebenso distanziert wie treu, mit ebenso
großer Intimität wie Offenheit die wichtigen Veränderungen der Gesellschaft erfaßte? Wie ein großer
Reporter blieb Warhol an dieser Geschichte – die
die Marxisten zuversichtlich als »spätkapitalistisches«
Amerika bezeichnen – dran, seit sie in den frühen sechziger Jahren bekannt wurde. Seine Underclass-Kind-
heit machte ihn amoralisch als Mann und, da er zutiefst
indifferent war, unkorrumpierbar als Beobachter. Man
muß ihn nicht mögen, um zu würdigen, was er uns mit
seiner Kunst gegeben hat und uns aller Wahrscheinlichkeit nach mit der weiteren Entwicklung seiner
großen Story auch in Zukunft geben wird. Er hat den
großen Vorzug, daß er sich nicht sonderlich darum
kümmert, was passiert, selbst wenn er mit Kamera und
Tonband jedem Ereignis innerhalb seines signifikan-
ten, sozialen Mikrokosmos beiwohnt. Beobachtet man
ihn dabei, wie er Reiche beobachtet, dann beginnt man
irgendwie zu verstehen, daß, was immer uns auch noch
in diesem Jahrhundert zustoßen mag, wir versichert
sein sollten, daß es für niemanden Rettungsboote geben wird.

Ein Besuch
im Herbstsalon von 1986

Der Herbstsalon von 1986 wurde in Räumen abgehalten, die über Korridore zu erreichen waren, die eigentlich die Straßen New Yorks sind. Die Räume waren die der privaten Galerien, und keine zentrale Autorität hatte darüber entschieden, was gezeigt werden sollte. Die Tatsache aber, daß hier doch eine Art Jury ihre Auswahl getroffen hatte, konnte wohl von niemandem übersehen werden. Als wir durch die luftigen Korridore des Palastes Manhattan schritten, spürten wir, daß wir hier etwas zu sehen bekamen, was uns seit langem versprochen, oder besser, angedroht worden war: eine quasi-offizielle Auswahl, die Stabilisierung von Geschmack und Stil – die Akademie der Zukunft, sie hatte ihre Türen geöffnet. Leuchtend und beeindruckend und mit einer Spur üblen Beigeschmacks präsentierte sich hier das Neue, um mit Neuheiten generell Schluß zu machen. Beinahe alles in diesem Herbstsalon von 1986 war brandneu und frisch und natürlich voller Selbstvertrauen, auch wenn es nicht immer sehr gut war. Und vieles war eben ganz und gar nicht gut, doch es gehörte dazu; daher waren die guten Sachen entsprechend befriedigend, und sie hielten es nicht für unter ihrer Würde, durch die ihnen unterlegenen, minderwertigeren aufgewertet zu werden. Oben zu sein war der gängige Status: Es gab unendlich viele kleine »Oben«.

Berühmt-berüchtigte Spannungen hatten sich aufgelöst und Politik und Ästhetik sich gegenseitig durchdrungen, um diese seltsame Topographie hervorzubringen: Hierarchie überall, eine Demokratie der Aristokraten. Jede denunziatorische Zerrüttung dieser Moral wird vermieden. Im Augenblick herrscht nur eine Revolution, die permanente, die der Narren. Baudelaire begann die großartigste der Salonkritiken, die von 1846, mit einer »an den Bourgeois« gerichteten Adresse, in der er den Platz der Kunst benennt, den diese innerhalb der geistigen Ökonomie der neuen herrschenden Klasse einnimmt. Seine Sprache loderte zwar vor Bedenken, doch er war begeistert von der Möglichkeit einer neuen Kritik, einer Kritik, die, wie er sagte, »parteiisch, leidenschaftlich, politisch« sein würde. Hundertvierzig Jahre später steigt wieder eine neue Klasse auf, eine Klasse, die aus dieser Bourgeoisie geboren wurde, die dieselbe ökonomische Stärke besitzt, die sich allerdings sonst grundlegend von ihr unterscheidet. Mit ihr entsteht eine neue Kunst, die an die Moderne erinnert, aber von dieser doch genauso verschieden ist, auch sie bietet die Gelegenheit für eine neue Kunstkritik, die es verstehen wird, eine veränderte Welt zu fesseln.

Diese neue Klasse ist die immer größer werdende Klasse der Manager. Die meisten Arbeitsplätze, die in den letzten Jahrzehnten neu geschaffen wurden, dienen der Verwaltung von irgend etwas, sei es auch noch so bescheiden: eine Demokratie der Operateure, und, da jeder von einem anderen verwaltet – »gemanagt« – wird, eine Demokratie der Lakaien. Immer seltener arbeiten Arbeiter für Kapitalisten. Angefangen vom Hamburgerverkäufer bis zur Führungskraft, arbeiten die Leute nicht mehr für jemanden, sondern für etwas, für ein System oder einen Mechanismus, die mit größeren und noch größeren Systemen und Mechanismen in Einklang gebracht werden müssen.

Was das mit Kunst zu tun hat? Nichts und sehr viel – und genau in dieser Reihenfolge. Kunst ist, bevor sie absolut an Ort und Zeit gebunden ist, zeitlos und ohne Ort. Ihre spezifischen Bedeutungen und Verwendungszwecke kreisen um die Annahme, daß Kunst Tod und Zufall überwinden kann. »Drei Tage könnt ihr ohne Brot leben; ohne Poesie, niemals«, schrieb Baudelaire, und tatsächlich lebt niemand ohne diese Selbst zufriedenstellenden Modulationen, die die Basis der Wahrnehmung des Ästhetischen sind. Es versetzt unser Nervengeflecht in Schwingungen, doch nur wenige haben die Muße und die Absicht – frei von Mangel, Zorn und Furcht –, diese Musik zu fördern, zu kultivieren oder gar zu transkribieren. In jedem Fall handelt es sich um eine nicht endende Vorstellung, zu der wir mit der Geburt zu spät kommen und die wir durch den Tod zu früh verlassen. Die kulturellen Arten und Formen der Kunst – selbst die Gleichsetzung des Ästhetischen mit diesem Etwas, das man Kunst nennt, sind beinahe zufällig, Variationen von Licht und Kostüm.

Aber nur in der Verfolgung und im Begreifen dieser Variationen findet das Ästhetische Eingang in das wirkliche Leben. Leidenschaft für die Kunst erfordert eine ständige Weiterentwicklung der eigenen, ästhetischen

Kapazitäten, so daß stets höhere Ebenen der Differen-
zierung erreicht werden, und das in und für die Ge-
meinschaft Gleichgesinnter (und damit auch für Leute, die vielleicht bereits tot oder noch ungeboren oder
auf sonst irgendeine Weise imaginär sind). Dadurch
wird ein neuer Blick auf das Ideal der Zivilisation eröffnet: größtmögliche Verschiedenheit innerhalb höchster
Einheit. Es ist dieses Ideal, das als fiebrige Hoffnung die
Geschichte periodisch durchzieht. Selten sind seine Ar-
tikulationen im Augenblick ihrer Entstehung eindeutig und klar. Unsere Gegenwart könnte einer dieser sel-
tenen Momente sein. Beim Besuch des Herbstsalons
von 1986 spürten wir, wie Vereinbarungen ähnlich der
Mechanik eines sich drehenden Schlosses ineinander-
greifen.

Dekadent? Ganz sicher. Die Situation der Kunst in
New York ist implosiv, sie entwickelt Feinheiten, Willensschwäche und Ironie auf Kosten von Energie,
Überzeugung und Strenge. Eine sich an nichts mehr
reibende Abwesenheit des Widerstandes, nicht das Zu-
nehmen an Kraft oder Charakter läßt die Dinge so aussehen, als würden sie schnell vorwärtsdrängen. Und
dann dieses schreckliche Grauen, das sich aus täglichen
Schlagzeilen über Orte des Unverwaltbaren, Orte bar
jeder gemäßigten Mitte, über uns ergießt. So wie ein
tropisches Tiefdruckgebiet einen Sturm ausbrütet, so
gewinnt auch das alte Chaos, marginalisiert durch eine
neue Diszipliniertheit, an Kraft. Aber während des
Herbstsalons von 1986 waren solche Andeutungen
kaum wahrnehmbar oder gerade wahrnehmbar genug,
um einen Schauder zu produzieren, der als Erregung
durchgehen konnte. Es machte auch gar keinen Sinn,

angesichts dessen, was es zu sehen gab, keinen Spaß zu haben.

Zum Beispiel gab es da eine Bewegung.

Was ist Simulationismus?

Simulationismus – die neue, ironisch unterkühlte, abstrakte Malerei und die beinahe mechanisch appropriative Objektskulptur – ist kopflastig, nicht gerade stabil gebaut und so zynisch, daß er die Unschuld neu zu definieren scheint. Er trägt eine seraphische »Was geht mich das an«-Contenance zur Schau, auch dann, wenn er den Katalog poststrukturalistischen, kritischen Jargons für gehobene Klientel herunterrasselt. Simulationismus (meine Auswahl aus den Markenbezeichnungen, deren eingängigste wohl Neo Geo ist) war während des Herbstsalons von 1986 allgegenwärtig, hauptsächlich inthronisiert durch Ileana Sonnabends aggressive Lancierung einer Kerngruppe – Peter Halley, Jeff Koons, Ashley Bickerton, Meyer Vaisman –, aber auch durch ein Koons-Solo bei International with Monument und durch zahllose Miniaturauftritte in verschiedenen Gruppenausstellungen bei Tony Shafrazi, Wolff, Bess Cutler, Craig Cornelius und anderswo. Die Gruppenausstellungen erlaubten uns, darüber zu rätseln, wer nun eigentlich Simulationist ist und wer nicht. Irgendwie ist Philip Taaffe einer, dafür ist Peter Schuyff irgendwie keiner. Allan McCollum ist einer, und Jack Goldstein ist auch einer, beide eher rückwirkend und ehrenhalber. Sherrie Levine könnte eine sein, wenn sie es wollte. Der Schweizer Maler John Armleder ist so gut, daß es von der Bewegung töricht wäre, ihn nicht als einen der ihren zu präsentieren. Und so weiter.

Der auffallendste Posten in diesem »und so weiter« ist die Wiederkehr Richard Artschwagers in Saft und Kraft, so gesehen in einer Mini-Retrospektive seiner Arbeiten aus den sechziger Jahren bei Mary Boone und in diversen Gruppenausstellungen. In der Harm Bouckaert Gallery sahen seine Arbeiten in einer Auswahl von Informel in der Art der Siebziger (vergleiche Pat Steir und Alan Saret) ganz behaglich aus, und bei Kent strotzten sie vor Hochtrabenheit in der politisch angehauchten Ausstellung (vergleiche Leon Golub und Jerry Kearns). Inzwischen war er jedoch bei Wolff und Cutler zum Simulationist avant la lettre geworden, zumindest schien die Sache mir in meinem ersten, fieberhaften Eindruck so. (Ein Bild von Julie Wachtel bei Cutler mit dem Titel »Überstimuliert« zeigte einen glücklichen, völlig ermüdeten Cartoon-Charakter, der mich zum Lachen brachte, da er mir als angemessener Spiegel jenes geistigen Zustandes erschien, in dem ich mich auf meinem Streifzug durch den Salon befand.) Im Grunde machte ich nur meine Erfahrungen mit einer konfusen Perspektive, etwas, das wohl stets eine wirkliche Verschiebung der eigenen Sensibilität begleitet, so daß durch ihren Einfluß die fremden Dinge bekannt und die bekannten – in diesem Fall Artschwagers möbelartige Objekte, die mir einst nur klobig und exzentrisch vorkamen – zauberhaft fremd werden.

Ich werde an diesem Punkt allerdings die intellektuellen Verdienste des Simulationismus, die mir im großen und ganzen ziemlich abgehalftert vorkommen, mit einem Schritt zur Seite umgehen – Baudrillard, der solange eingekocht wurde, bis er dem Maßstab der Galerie-Pressemitteilungen entsprach, garniert mit Anspielungen auf eine Art »Medium als Message«-Marshall-McLuhanismus in verkürzter Ausführung. Als guter Salonbesucher bin ich natürlich hauptsächlich an Empfindungen und Erkenntnissen auf der Ebene der Wahrnehmung interessiert. Auf dieser Ebene liefert der Simulationismus einen unverwechselbaren, aber beachtlich zarten Beigeschmack von etwas Neuem. Er gibt dem Augenblick Würze, ohne irgend etwas zu verändern. In seiner Nähe sieht nichts abrupt unmodern oder ungültig aus (ausgenommen der Idealismus, schon immer ein alter Hut und sehr stolz darauf, es zu sein). Simulationismus ist nicht so sehr eine neue Welle als vielmehr ein Lichtschein, der sich in der Form einer Welle zu erkennen gibt. Es ist die ideale Bewegung für eine Zeit, die an die Fähigkeit der Kunst, die Dinge verändern zu können, nicht glaubt, sondern nur daran, daß sich die Wege der Kunst verändern lassen und das auch nur in begrenztem Maße. Der Simulationismus hat diesen ganz bestimmten Doppeleffekt: Erregung, Entmutigung. Der Geist erhebt sich, doch das Herz wird einem schwer.

Simulationismus ist unbestreitbar die führende Bewegung. Er befriedigt klar und sauber die praktisch-künstlerischen Bedürfnisse der Elite der neuen, herrschenden Klasse. In aller Kürze: Kunst soll ein schönes Objekt sein, das die Intelligenz nicht zu beleidigen hat. Es handelt sich hier um eine Kunst auf dem neuesten Stand der Dinge, die auch das Kritische miteinschließt. Simulationismus assimiliert das Ende der Originalität und die antiexpressionistische Dekonstruktion und verpaßt ihnen dann eine Niederlage, indem er ihren eigenen Skeptizismus gegen ihre verborgene politische

Sentimentalität ausspielt. Freimütig übernimmt er die Handhabung der ästhetischen Techniken – Farbe und Linie, Masse und Kontur, Symbol und Zeichen –, überläßt aber andere Probleme den dafür zuständigen Autoritäten. Was das Management des blühenden, simulationistischen Kanons angeht, so muß man sagen, daß es vor aller Augen mit großer Offenheit ausgeübt wird. Sammler – die Saatchis in London, Michael Schwartz und andere in New York – kaufen in bedenklichen Mengen ein, schaffen gleichzeitig Nachfrage und Mangel; die Händler handeln; die Museen spielen entweder mit oder lassen es sein, verleihen dem Treiben in jedem Fall zusätzlichen Wirbel. Noch nie waren Kunst und Geld in diesem Jahrhundert besser aufeinander abgestimmt. Die Harmonie ist natürlich eine ironische (das ist der Kniff dabei), als »beißende« Ironie kann man sie allerdings kaum bezeichnen.

Simulationismus ist so unwirklich, sein schneller Ruhm so vergänglich, daß er so schnell blühen und absterben wird wie eine Dschungelorchidee. Seine Verbrechen, sollte es sie geben, sind sicherlich die, die sich selbst strafen. Es ist sinnlos, ihn anzugreifen. Und ich mag seine Frische. Ich mag diese sich selbst verleugnende Großzügigkeit, mit der er seinen Betrachter erwartet, dessen vorsichtige Antworten – zusammengefaßt in der Idee der »Verführung« – der Sinn der ganzen Sache sind. Simulationistische Arbeiten möchten unter allen Umständen schön sein – eine Absicht, die an sich schon Freude bereitet. Es handelt sich um eine bewußt generelle Schönheit – angewandtes professionelles Know-how bei Farbe, Proportion, Ausführung etc. –, die die Pikanterie des Allgemeinen, den erdennahen Vorzug eines No-name-Aspirins besitzt. Simulationismus ist ganz offen das, was moderne Kunst nie sein wollte, was sie fürchtete und was sie doch am Ende meist war, etwas, das man über das Sofa hängt. Das sollte dann allerdings ein verdammt perfektes Sofa sein, ein Sofa mit soviel Sofafertigkeit, daß es sich mit der Kunstfertigkeit der Kunst messen kann. Simulationismus ist stubenreiner Minimalismus, der jedoch die mürrische Distanziertheit des Minimalismus zur Welt in eine elegante Détente auflöst. Das ist wahrscheinlich nicht das, was Donald Judd meint, wenn er in seiner Lieblingsillustration ästhetischer Rechtschaffenheit unverwässerten Scotch lobt, aber er könnte es gemeint haben.

Da wir gerade von Judd sprechen: Auch er war im Herbstsalon von 1986 vertreten und stellte einige Standardvarianten der Wand- und Bodenkisten (Aluminium oder geschliffenes Sperrholz oder Cor-Ten-Stahl oder farbiges Plexiglas) bei Paula Cooper aus. Die simulationistischen Schwingungen wehten dem Besucher bereits am Eingang entgegen, trat man von der Wooster Street ins Innere, wo sie dann die Objekte mit einer Aureole des Entzückens umgaben. Ein solcher Augenblick tut für Judds Vorstellung von Schönheit dasselbe, was er für Artschwagers Perversion tut: Er verleiht beiden eine majestätische Großväterlichkeit. Allerdings stimmte irgend etwas an diesen Judds nicht, irgendeine Kleinigkeit, denn sie wirkten immer noch altmodisch. Sie schienen mehr Platz einzunehmen, als wirklich notwendig war, sie waren zu laut in ihrem erklärenden Charakter und wirkten wie jemand, der von der falschen Annahme ausgeht, schreien zu müssen, um sich einem Schwerhörigen verständlich machen zu können. Ihre dekorative Grundstimmung jedoch schien mir zu sagen: Damit läßt sich was verdienen.

Über Möbel

Da wir gerade über Sofas sprachen: Möbel sind augenblicklich das Paradigma der Kunst, zwingend als Referenz und Modell und als Subtext hartnäckig. Scott Burtons geschickte Tarnung der zahllosen Probleme öffentlicher Skulptur – mit zweckbetonten Annehmlichkeiten, die dem Laien schmeichelhaft erscheinen, deren Augenzwinkern und kleine Rippenstöße dem Kenner jedoch nicht entgehen – ist nur eines der expliziteren Beispiele (einige Burtons stehen dem Salonbesucher in den Räumen der Max Protetch Gallery permanent zur Verfügung). Zugegeben, demgegenüber hat Judd wirkliche Möbelstücke hergestellt, die solche Strenge und gnadenlose Unbequemlichkeit besitzen, daß sie selbst die wildesten Träume seines Helden Gerrit Rietveld in den Schatten stellen. Auch in David - Salles Arbeiten gibt es heute so viele Stühle und Leuchtkörper wie es Akte gibt; so daß sich mittlerweile eine Enzyklopädie hauptsächlich des italienischen Designs der fünfziger Jahre konstituiert hat. Der Punkt, den Judd und Salle theoretisch verankern wollen, ist ihr Vorschlag, daß der Stuhl der Königsweg zur innigsten Verknüpfung von Natur und Kultur sei: Dekorative Künstlichkeit umarmt buchstäblich den menschlichen Körper. Wie es sich für die Malerei gehört, apostrophieren auch Salles Leuchtkörper, die nur entworfenen und auch die tatsächlichen, die Sehkraft: Eine Lampe ist das, was gesehen wird, um etwas sichtbar zu machen.

44

(Beiläufig soll vermerkt werden, daß Salle über diesem Salon hing wie Delacroix über dem von 1846.) Was erklärt diese Faszination für Möbel?

Meine Antwort lautet, daß die Bourgeoisie, als Klasse gescheitert, jetzt quasi als Pflichtfach, ein neues Leben begonnen hat. Vom gesellschaftlichen Leben abgeschnitten, sind Ästhetik und Erotik des bürgerlichen häuslichen Interieurs – das Familienschloß – zunehmend frei verfügbar und unendlich anpassungsfähig. So wie der Pariser Salon des 19. Jahrhunderts den neuen Bürger mit dem Thema der aussterbenden Aristokratie unterhielt (einschließlich palastartiger Größenordnung und Kostspieligkeit), so ist die heutige neue Managerklasse, die in einem elektronischen Mutterleib haust, betört vom Aussehen und Lebensgefühl der untergegangenen Mittelstandsvilla. Die Beschäftigung mit dem Möbelstück in der Kunst und als Kunst stillt das Verlangen nach spiritueller Kontinuität – sich darin durch ästhetische Etikettierung von dem entfernend und es doch bewahrend, was nie wieder Norm sein kann.

Die Ironie des Stuhls ist folgende: Man kann ihn nicht gleichzeitig gebrauchen und anschauen. Es liegt etwas Drastisches in dieser Vorstellung: »Stühle zum Anschauen«, ebenso wie bei Tischen, die wortwörtlich umgedreht werden: wie diese zwei von John Armleder, deren Tischplatten mit geometrischen Formen bemalt waren und die bei Bess Cutler an hohen Wänden befestigt waren. Der Gebrauch eines Tisches als Malgrund deutet auf die Tatsache hin, daß im Interieur der achtziger Jahre Kunstwerke häufig die ersten und wichtigsten Möbelstücke sind, die alles andere beherrschen. Die großen Ausnahmen bestätigen die Regel: Interieurs, in denen die Kunst durch den Größenwahn des Architekten oder durch die Antiquitätenseligkeit eines Historismus, der alles »museumisiert«, vertrieben wird. Das Ergebnis ist auf jeden Fall ein leichter Schauer, der einen anhand einer Umgebung überfällt, von der man, selbst wenn man sie besetzt, ausgeschlossen bleibt.

Es gibt einen Ausdruck für Räume dieser Art: öffentlich. Im Zeitalter kollektiver Körperschaften und geschäftstüchtigem Sozialismus wird der öffentliche Raum zur Schablone aller Räume, das gilt auch für den häuslich-privaten Raum. Diese Tatsache kündigte sich bereits durch das vom Ausmaß der Eingangshallen bestimmte Format im Formalismus und Minimalismus der sechziger Jahre an (Frank Stella war der Champion) und hilft uns, die heutige Museumsbauwut besser zu verstehen. (Ein Museum könnte als ein Gebäude betrachtet werden, das ausschließlich Eingangshalle ist.) Wie die Straßen, Büros, die Theater und Plätze, so wird auch das Museum, traditionell ein öffentlicher Raum, gerade wiederbelebt und herausgeputzt, so daß es sich den majestätischen, neueren Typen wie den Autobahnen, Flughäfen und Einkaufszentren annähert. Künstler reagieren darauf mit Arbeiten für oder über diese Vermehrung und Erhöhung des öffentlichen Raumes, wobei einige Arbeiten diese grundsätzlich hinterfragen: Können wir in dieser Welt menschlich und vernünftig leben? Die beste Kunst beantwortet diese Frage nicht vorschnell. Vielleicht aber wird sie vorschlagen, daß die Antwort nein ist. Und wahrscheinlich sollten wir von nun an inhuman und verrückt sein, wenn wir es nicht schon sind.

Das ist natürlich eine Sache, die gesagt werden muß –
und die Kritik ist hauptsächlich dazu da, solche Sachen
zu sagen –, aber ich glaube nicht daran. Ich mag Autobahnen und Einkaufszentren und nach langen Jahren
des Kampfes gegen die Angst auch einige Flughäfen.
Und ich mag sie alle noch viel lieber, wenn ich daran
denke, wie ihr Aufstieg allen Plätzen, die ich wirklich
liebe, ganz besonders den Straßen, Galerien und Museen New Yorks, einen poetischen Reiz, etwas Schnit-
tiges verleiht. Wollen Sie wissen, was die höchste
Wonne dieser Ära der Manager ist? Ich empfehle Ihnen
die Frick Collection! Seit Ihrem letzten Besuch ist sie
in ein perfektes Simulacrum ihrer selbst verwandelt
worden. Und hier ist das Geheimnis: Rembrandt ist der
aktuellste Maler der Stadt.

»Auch Rembrandt hatte seine Montage«

Das wurde kürzlich von einem Kurator gesagt, der davor warnen wollte, einigen Rembrandts ihre Authentizität aufgrund minderer Qualität abzusprechen. Die
Bemerkung paßt ausgezeichnet zu einer Situation, in
der viele Leute (zu viele davon Kritiker) dem ge-
schenkten Gaul der zeitgenössischen Kunst liebend
gerne ins Maul schauen, um ihn dann wegen kariöser
Zähne und gelben Zahnbelags abzulehnen. Aber selbst
die westliche Zivilisation hat ihre Montage. Bedenken
Sie doch bitte die Unwägbarkeit des Wortes *schlecht* in
dem Satz »ein schlechter Rembrandt«. Sicher konnte
Rembrandt straucheln, aber als Instrument der malerischen Offenbarung – und der geschichtlichen, nämlich
in der Prophezeiung des bürgerlichen Pathos – konnte
er nicht immer der Rembrandt sein, der stets interes-

sant ist. Die Entwicklung einer Kultur interessiert immer ihre Mitglieder, es sei denn, diese werden von Verzweiflung oder Eitelkeit belauert. Auf Selbstschutz gründendes Desinteresse an neuen kulturellen Lösungen fügt der Kritiklosigkeit, die wir zu Recht in diesen ablehnen mögen, eine weitere hinzu; daher sollte man begreifen, daß es sich mit einer Zurückweisung der unbedeutenderen Arbeiten Rembrandts ganz ähnlich verhält, ja, daß eine solche Zurückweisung den fieberhaften Drang nach Vergöttlichung dieses Mannes keineswegs dahinsiechen lassen wird, sondern ihm erneut Vorschub leistet.

Intelligenz zeigt sich weniger darin, große, glorreiche Werte zu erkennen, wozu jeder in der Lage ist, als vielmehr darin, kleinen flüchtigen Werten im korrupten Fluß der Welt gerecht zu werden.

Morris Louis war kein Rembrandt

Die bestechende Morris-Louis-Retrospektive im Museum of Modern Art war zeitlich hervorragend auf den Herbstsalon von 1986 abgestimmt. Die Ausstellung war so bestechend, weil sie so spießig war, und das in der Art verblaßter Stilrichtungen, die sich in ihrer Blütezeit in übertriebenem Selbstbewußtsein für überragend hielten. (Die glückliche Zeit der »Ungegenständlichkeit« der wasserköpfigen Epigonen Mondrians und Kandinskys ist eine frühe Erscheinung derselben Sache.) Die Ausstellung lag deshalb zeitlich so richtig, weil sie es erlaubte, noch einmal einen Blick auf den letzten, großen Versuch einer zeitgenössischen Beaux-Arts-Orthodoxie zu werfen, also auf eine Kunst, die mit dem Gütesiegel »Qualität« (wie Lendensteak, besonders abgehangen) zur Konsumation für eine ambitionierte Klasse freigegeben worden war: die Klasse des retro-bourgeoisen Sektors der Reichen und Mächtigen der sechziger Jahre, die, entsetzt über die Warholsche Kulturdemokratie, nach einem autoritären (elterlichen) Stil verlangten. Dieser Wunsch produzierte die Figur des wahrhaft unzeitgemäßen Kritikers, der die Macht besaß, behütete Geister zu verführen. Aber das formalistische Projekt mußte bereits zu Beginn einen heftigen Schlag einstecken, und zwar von der ungleich höher entwickelten ästhetischen Vereinheitlichung des frühen Rauschenberg und Johns. Trotzdem, so stellte sich heraus, war es durchaus in der Lage, das Offensichtliche zu leugnen.

Morris Louis' »Farbfleck-Bilder« wurden augenblicklich zu Relikten einer Vergangenheit des wahren Glaubens, dessen Gesetze vom »Wahren Vater« Moon der Kunstkritik, Clement Greenberg, festgeschrieben worden waren. Greenberg hatte uns allen versichert, daß Louis eine volksnahe Destillation Pollocks via Helen Frankenthaler sei. Falsch. Louis war eine provinzielle Synthese aus Frankenthaler und Franz Kline, ein Produzent kinästhetischer, »lyrischer« Bilder, die die Anmut ersterer und den Elan des letzteren vermissen lassen. Seine historische Bedeutung ist, soweit ich sehen kann, darauf begrenzt, daß er einige technische Möglichkeiten der Acrylfarbe popularisierte. Er rekonventionalisierte die altmodisch »schönen Effekte«, Effekte von Schönheit (einer Schönheit ohne jeden Biß). Nichtsdestotrotz schien Louis in seinen späten Streifenbildern etwas erreicht zu haben, denn in ihnen intensivieren sich chromatische Ladungen so weit, daß

sie die Tyrannei des geschmackvollen Formats durchbrechen. Das Erbe dieses Experiments ist wohl am besten in den Händen von Gene Davis aufgehoben, ein
besserer, weil unprätentiöser Künstler, dessen immer
noch erfrischende Streifenbilder aus den sechziger Jahren in einer Retrospektive bei Charles Cowles den Salon vervollkommneten. Man kann Davis mögen oder
auch nicht – und das ohne selbstverursachte Hysterie.

Louis' Relevanz für den neuen Akademismus ist mit
Vorsicht zu genießen, warnt sie uns doch vor der
menschlichen Tendenz, die Dinge, die wir besitzen,
deshalb zu überschätzen, weil sie die unsrigen sind.
(Das ist eine imperiale Anfälligkeit, ganz im Gegensatz
zu der trübsinnigen, provinziellen Auffassung, daß
alles, was unser ist, als zweitrangig anzusehen sei.) Auf
dreiste Art mit dem Abstrakten Expressionismus kon-
kurrierend, mußte der Farbfeld-Formalismus eine führende Künstlerpersönlichkeit auftreiben, und Louis
machte den Eindruck, als sei er der beste, dessen man
habhaft werden konnte. Daher machte er das Rennen.
Diese formalistische »Eingebung« typisiert das Zeitalter der amerikanischen Arroganz, in dem wir aufgrund
einer Verblendung ins Verderben schlitterten, die uns
glauben machte, daß die amerikanische Macht gut und
unbesiegbar sei, weil sie ein so großartiges Gefühl verursachte. Genauso irrwitzig war die Annahme, daß
»Qualität« einfach von sich selbst zeuge, ja, ich kann
die verrückte Unausweichlichkeit noch spüren, die in
den sechziger Jahren genau dadurch verursacht wurde.
Jetzt rührt sich dieser Impuls wieder, und man begegnet ihnen wieder, diesen nach Eigenlob stinkenden
»Glaubensrichtungen« aller Art; und ihr aufbegehren-

der, verdammt sicherer, anmaßender Ton läßt sich in der Kulturlandschaft bereits wieder vernehmen. Ich hoffe, daß das politisch nicht zur Bedrohung wird – daß das Schlimmste, dem wir beiwohnen werden, die tragische Wiederholung der Geschichte als Farce sein wird –, aber das Muster verlangt eben doch, daß man es beobachte.

Die kleinen Meister

O glückliches Los, Künstler der Künstler zu sein, ein petit maître, dessen spezielle Tugend sich der Welt durch die Wertschätzung seiner Peers und Jünger offenbart. Wahrscheinlich ist dies eine gute Epoche für kleine Meister, da durch die Masse an Künstlern sich die Nachfrage nach uns vertrauten Heroen erhöht hat – ihr Charme besteht darin, daß sie irgendeine Schwäche haben, daß sie irgend etwas nicht haben, das nötig ist, um ein öffentlicher Hit zu sein, was aber genügend Kompensation dadurch erfährt, daß sie Werte, die von allen Kunstbeflissenen geteilt werden, auf extreme Art realisieren. Seltsamerweise können selbst große, erfolgreiche Künstler solche Wirkung haben. Ich habe in verschiedenen Ateliers Diskussionen beigewohnt, die Willem de Kooning so behandelten, als stelle er einen wohlgehüteten Geheimtip dar. Und Jasper Johns ist der Künstler anderer Künstler schlechthin. Aber der wirkliche kleine Meister ist dafür berühmt, daß er nicht berühmt genug ist – eine Meinung, die von genug Leuten vertreten werden muß, um den Makel des Kultischen zu entfernen. Vielleicht versteckt sich darin auch ein Element von gönnerhafter Herablassung. Aber wer möchte nicht gerne diesen hingebungsvollen Eros sein

51

eigen nennen, der das teure Besitzstück des kleinen
Meisters ist?

Ein vorbildliches Exemplar dieses Typus während
des Herbstsalons von 1986 war Ross Bleckner, das muß
man ihm lassen. Es war jedoch nicht so, daß das anhand
irgendeiner bestimmten Arbeit in der einen oder anderen Gruppenausstellung zutage getreten wäre – dennoch, die große, ovale Leinwand bei Tony Shafrazi, die
einen Kronleuchter inmitten einer Rotunde zeigte, war
beeindruckend. Es war eher dieser greifbare Einfluß,
seine ungreifbare Präsenz durch die Vorwegnahme von
Stilrichtungen und Positionen, die ihn zum exemplarischen Bewohner der gegenwärtigen Ordnung der Dinge machte. Seit den späten siebziger Jahren hält er sich
innerhalb oder in der Nähe von Anfängen modischer
Stilrichtungen in der Malerei auf, wie Neo-Abstraktion,
Op-Effekte, Chiaroscurolasuren und Licht-tropft-
durch-Nebel-Illusionen, ohne jemals selbst in Mode
gekommen zu sein. Die Ursache dafür ist eine gewisse
Dringlichkeit, heroisch oder exzessiv – eine gequälte
Ernsthaftigkeit, deren Gegenstand die Malerei selber
ist, die darüber hinaus kein Argument anbietet, warum
an ihr festgehalten werden sollte. Bleckners Arbeit hat
eine bittere Befangenheit, so als wäre er dazu verleitet
worden, geradewegs auf Gebiete zu blicken, die von
anderen Künstlern, die mehr Glück hatten, nie an-
geschaut werden, als hätten sie genau dort einen gut
gepflegten, blinden Fleck im Auge.

Um es einmal anders zu sagen, Bleckners Bilder sind
zu aufrichtig mit ihrer eigenen Situation beschäftigt,
die einer Malerei ohne Vertrauen. Als Produkt der
Avantgarde der siebziger Jahre trägt er die Narben

einer Zeit, in der Malerei vorgeblich und augenscheinlich tot war. Seine optischen und theatralischen Effekte, die nie billig oder faul sind, scheinen von der ängst-
lichen Notwendigkeit hervorgerufen zu sein, wirklich
etwas auf der Leinwand stattfinden zu lassen, während
er arbeitet, irgend etwas, um seine gefährdete Zuver-
sicht nicht ganz zu verlieren. Das kann außerordentlich
anrührend sein und ist es auch, ganz besonders in den
letzten Bildern, die man nur als Nocturnes bezeichnen
kann – Nachtbilder mit Nachtstimmungen voll Sehnsucht und Furcht. Diese Bilder haben vielschichtige,
dunstige Oberflächen, sie sind zur Liedhaftigkeit verdammt. Die besten unter ihnen können zum Weinen
bringen, ohne daß man genau weiß warum. Sie handeln
von etwas Wichtigem, etwas Traurigem und fast Un-
möglichem. Wenn man Malerei liebt, dann muß man
für die Person, die diese Bilder gemalt hat, ein zärtli-
ches Gefühl empfinden.

Gegenwärtig neigt die Mode, die hart gegen die traditionellen Arten von Abstraktion und Realismus
ankämpft, dazu, beinahe jeden, der sich dieser Wege
bedient, für den Wettbewerb um die kleine Meisterschaft nominiert. Eine Abstraktionistin vom Rang Eli-
zabeth Murrays oder ein Realist von der Qualität Rack-
straw Downes' vertreten Positionen, die, obgleich
beide verdiente, sichere Märkte und Reputationen vor-
weisen können, auf verschiedene Art und Weise umkämpft erscheinen. (Es ist so leicht, sich in dieser para-
noiden Kultur als bedroht und umkämpft zu erfahren.)
Der Herbstsalon von 1986 zeigte Arbeiten von seriöser
Abstraktion, wie z.B. Sean Scully bei David McKee,
Gary Stephan bei Diane Brown, Louise Fishman bei

Baskerville+Watson und David Reed bei Protetch, jede von ihnen gut und jede mit dem Glanz resoluter Antizyklik versehen. Inzwischen setzte der Erzkonzeptionalist Joseph Kosuth mit Neon-und-Text-Arbeiten bei Shafrazi und Jay Gorney seine überraschende Rückkehr zum Markt fort, indem er sich als onkelhafter, kleiner Meister der Downtown-Szene feiern ließ.

Ungeachtet der Person Kosuths kann man feststellen, daß kleine Meister nie Künstler mit Ideen sind, denn Ideen fördern die Effizienz, und für kleine Meister kommt es ganz grundlegend darauf an, in allen Dingen den schwereren Weg zu wählen. Ideen machen die Leute auch nervös – sie beleidigen die wertvolle Komplexität unserer Gefühle –, und kleine Meister müssen bestätigen und beruhigen. Allerdings haben kleine Meister eine Vorstellung davon, wie eine bestimmte Sache getan werden sollte, doch diese ist vielleicht zu fordernd und zu nachtragend, so daß ein gewisses Maß an Fehlschlägen zumeist garantiert ist. Solche Künstler sind aller Wahrscheinlichkeit nach Priester des Mißerfolgs. Doch das ist nichts schlechtes in einer Welt – nicht nur in der Kunstwelt –, in der Mißerfolg die Regel und »Erfolg« ein glitzernder, aber zweifelhafter, vergänglicher Zustand ist. Der kleine Meister belebt und adelt das Reich der chronischen und schmerzvollen Ungewißheiten, das sonst nur eine heulende Wüste wäre. Der kleine Meister lehrt die Enttäuschung tanzen.

Worte
Während des Herbstsalons von 1986 boten Galeriekataloge, Presseerklärungen und Künstlerstatements

äußerst anregende Lektüre, wobei sich häufig zeigte, daß der angesagte kritische Jargon äußerst verkaufsfördernd wirkt – entfernt man das Politische daraus. Jeff Koons' sehr anständige, robuste Ausstellung von Schnapswerbeplakaten, die in Öl auf Leinwand gedruckt waren, begleitet von Getränkeutensilien, die aus Edelstahl gearbeitet waren – an beiden hatte man keine besonderen Veränderungen vorgenommen –, zeichnete sich auch durch einen Galerieprospekt aus, der ebenso umwerfend war wie der Inhalt seiner Jim-Beam-Karaffen. Hier ein Beispielsatz: »Die Arbeiten und das Thema der Intoxikation entblößen das Trauma und die soziale Enttäuschung, gleichsam die Investition des sich in die Simulacra, das Abbild entleerenden Wünschens als das Hyperreale und als gesetzgebende Dystopia.« Beim Lesen dieses Foltergerüsts für ahnungslose englische Wörter schoß es mir plötzlich durch den Kopf, erstens, daß ich auf der Stelle etwas zu trinken brauchte, und zweitens, daß ich zustimmend sagen mußte: Wie wahr! Verpflanzt man Ideen in einen ästhetischen Kontext, dann werden sie unwiderlegbar. Die eigentlich kaum ungewöhnlich zu nennende Idee über das Wünschen – daß es sich durch Reklame verändert – wird hier mit einer Terminologie belegt, die genauso gaga und glitzernd ist wie Koons' eigene Arbeiten. Die Übereinstimmung von Ding und Idee, Aussehen und Rhetorik ist sehr zufriedenstellend.

Ich frage mich allerdings, ob ein Antialkoholiker mit mir übereinstimmen würde. Ich meine, würde auch er augenblicklich einen Drink haben wollen? Koons' Konkretisierung der Alkoholfetische machte mich auf mein eigenes, physiologisches Gewohnheitsverlangen

aufmerksam – ein hohles Gefühl im Bereich des Solar-
plexus –, also auf mein Verlangen nach Alkohol und auf
meinen bescheidenen Anteil an den vom Dämon Rum
hervorgerufenen Verwaltungsproblemen. Koons zeigte mir, wie Schnapswerbung es darauf anlegt, die innere Stimme, die nämlich, die mir den guten Rat gibt,
doch lieber kein Trunkenbold sein zu wollen, abzu-
schwächen, und damit erreicht, daß ein Teil von mir die
Oberhand gewinnt, der nur zu gerne, wenn möglich sofort, genau das wäre. Während ich diesen intimen Konflikt so ungeheuer distanziert betrachtete, fühlte ich
mich stimuliert und entleert – hier war er wieder: der
simulationistische Doppeleffekt. Nicht daß dieses the-
rapeutische Zwischenspiel mich mit Dankbarkeit für
Doktor Koons erfüllt hätte. Er spielt sein eigenes Spiel,
wobei ein Teil dieses Spiels darin besteht, die Zu-
schauererfahrung so objektiv vorhersehbar wie möglich zu gestalten (eine seltsame Spielart des russischen
Konstruktivismus). Daß ich mich an meine persönlichen (unhandlichen) Gedanken zu Jeff Koons' Arbeit
klammere, geschieht einzig und allein aus dem Grund,
mich wehrhaft gegen die Arroganz seines Spiels zu
behaupten und dabei doch in seiner Nähe bleiben zu
können.

Ein anderer Text, der mir während des Herbstsalons
auffiel und mir hilfreich zur Seite stand, war dieses
Bruchstück von Theorie, das ich dem Katalog einer
Gruppenausstellung bei Tony Shafrazi entnahm, die
den Titel trug »What It Is« (kuratiert von Wilfred
Dickhoff). Dieser Essay von Mayo Thompson basierte
auf einer Unterhaltung, die er während einer Aus-
stellungseröffnung zufällig mitangehört hatte:

Künstler Nr. 1: Deine Arbeit ist Scheiße.
Künstler Nr. 2: Sie ist, was sie ist.

Thompson wagt die Behauptung, daß der Gegenschlag des zweiten Künstlers, das augenblicklich Vorherrschende, »die Hegemonie einer pluralistischen Laisser-Faire-Ideologie in der produktiven Sphäre ist, die sich hier in der Form eines klassischen Zen-Historismus äußert«. Wenn damit gesagt werden soll, daß die zeitgenössische Kunst eine Oase des Individualismus sei – in der man nur über einen ausgeprägten eigenen Stil verfügen muß –, dann möchte ich da beinahe zustimmen. Der Herbstsalon von 1986 bestand hauptsächlich aus einer Herde von Individualisten, die uns zeigten, daß die Attraktivität der Kunst immer noch darin besteht, eine existentielle Geschichte zu erzählen (die Geschichte von dem Künstler, der immer noch etwas Besonderes ist). Die Geschichte ist aber doch mittlerweile ein bißchen fadenscheinig, eher eine jugendliche Fopperei von der Art eines »Ich weiß etwas, was du nicht weißt«. Vielleicht behauptet aber jedes Bild, jede Person einfach durch bloße Existenz genau das, was eine Krise heraufbeschwören wird, sollten die Leute weiter darauf beharren wollen.

Die Shafrazi-Ausstellung war eine Anthologie solcher Beharrlichkeiten mit hauptsächlich guten Arbeiten (neben den von Armleder, Taaffe, Keith Haring und Kenny Scharf) von Bleckner, Donald Baechler, George Condo, Francesco Clemente, Jiri Georg Dokoupil, Walter Dahn, Jean Michel Basquiat, Peter Schuyff, Andreas Schulze, Jonathan Lasker und einigen anderen, die sich um ein kryptisches Gemälde auf Segeltuch des großen Beharrlichen, Julian Schnabel, gruppierten. Ein Davidstern trug die Lettern FF und war von einem Kreis umschlungen, der wie ein Paar Frankfurter Würstchen aussah. Selbstverständlich ist es völlig unmöglich, sich nicht zu fragen, was es denn mit diesem »FF« auf sich haben könnte, ob es da nicht doch noch mehr gibt als den Verweis auf Frankfurter Würstchen, augenscheinlich ein Spiel, dem sich auch Anselm Kiefer seit kurzem bei seinen Inschriften mit viel Feierlichkeit widmet. (Bei Shafrazi gab es während meiner Besuche stets kichernde Betrachter, deren Ratespiele ganz entschieden unernst und unfeierlich waren.) Befragt darüber, was denn die Bedeutung von »FF« sei, entschied sich Schnabel für ein »Es habe keinerlei Bedeutung« – ein Dementi, das innerhalb des Kontextes dieser Ausstellung die Atmosphäre von »Ätsch, ich weiß etwas, was du nicht weißt« verstärkte und beinahe einer schamanistischen Lizenz bedarf.

Die Inanspruchnahme einer solchen Lizenz nicht nur durch Schnabel veränderte und verjüngte die Kunst beträchtlich vor einigen Jahren und gewann dem Künstler eine Autorität zurück, die er an die Institutionen verloren hatte. Die anarchische Vitalität dieser neuen Kunst kräftigte darüber hinaus das Galeriesystem, das sich als flexibelste Verwaltungsstruktur bewährte. Mittlerweile ist dieser Individualismus jedoch zu einer vorhersehbaren Geste geworden, und die Galerien verlangt es nach einer weniger schweren Kost. Die Figur des lebensspendenden, Sinn produzierenden Künstlers fällt wieder in sich zusammen, da ihre Säfte von genau jenem Apparat aufgesogen werden, der vorgibt, ihr zu dienen. Wie unter dem Bann eines Zaubers bemächtigt sich starke Verwirrung der Künstler, die sich bereits in der Mitte ihrer Karriere befinden und die ihren Ruhm auf den Mythos heroischer Subjektivität gründeten. Für die Besten unter ihnen könnte diese Krise zu einer Feuerprobe werden. Diejenigen, die daraus intakt hervorgehen, werden möglicherweise noch einmal zu Heroen werden, aber sie werden verkleinerte, geläuterte Heroen sein.

Um zu Mayo Thompsons klugen Worten zurückzukehren, »der Hegemonie einer pluralistischen Laisser-Faire-Ideologie«, wird viel zuviel Bedeutung beigemessen. Dem entspricht ein Aspekt des neuen Akademismus, der, grob gesagt, durch die Aussicht eines jungen Künstlers auf eine Karriere in einer wirklichen Welt gekennzeichnet wird. Ohne diese Aussicht – ohne den Karrierismus mit seinem instinktiven Ausbalancieren von Sicherheit und Konkurrenz, seiner Gerechtigkeit der Belohnung und der des schlauen Schachzugs – könnte ich die Kunstwelt von 1986 nicht als einen Salon darstellen. Weltlichkeit kann uns ebenso wie Idealismus zum Narren machen. Wir sprechen hier über das Ästhetische – das ewige und unbeständige Prinzip menschlicher Lebendigkeit, das eher früher als später jeden demütigt, der sich vornimmt, es zu lenken oder vorherzubestimmen. Sollte die Lage der Kunst im Augenblick ohne große Veränderungen sein – Simulationismus ist eine Fiesta des Unveränderten –, dann heißt das nur, daß bedeutende Veränderungen die Gelegenheit bekommen, sich im Dunkeln zu bilden. In der Zwischenzeit sollte man die Sonderbarkeiten des Augenblicks nicht verachten.

Der Heroismus im Leben der Manager

»Ja, es ist wahr: die große Tradition ist verloren, und die neue hat sich noch nicht gebildet«, schrieb Baudelaire am Ende von »Der Salons von 1846«. Das ist auch heute wieder der Fall, obwohl die Situation der Kunst eine sehr viel bessere ist als die von 1846, als Baudelaire – nimmt man den damals bereits in der Mitte seines Lebens stehenden Delacroix davon aus – nichts fand, das er hätte bewundern können, neben Daumier und einigen kleinen Meistern nichts fand, das ihn aufregte. Anderthalb Jahrhunderte bürgerlicher Evolution und antibürgerlichen Aufstandes haben uns eine Kunst beschert, die niemals zuvor so reich, so vielgestaltig war wie jetzt, in der Zeit ihres phosphoreszierenden Zerfalls. Aber ein tiefsitzendes Gefühl von Ebbe, von zunehmender Leere ist unmißverständlich anwesend. Ein solcher Moment fördert die Aufwertung des ästhetischen Verständnisses: ein unabkömmlicher Fühler, eine Lebenslinie für alle, die bereit sind, sich dem Kampf mit der Realität ohne den stumpfen Schutzpanzer der Gewohnheit zu stellen.

Baudelaire schwelgte in der plötzlich aufflammenden Poesie der Straßen, in der sich Bürger in schwarzen Gehröcken zusammendrängten, »ein absehbarer Heerzug von Leichenbittern, politischen Leichenbittern, verliebten Leichenbittern, bürgerlichen Leichenbittern. Wir tragen jeder etwas zu Grabe.« Heutzutage sind diese zusammengedrängten Massen wohl meist motorisiert, und sie sind gekleidet in dem hysterisch variierten, doch stets anstrengenden Glauben an eine angemessene Kleidung (die in den meisten Fällen wieder schwarz ist). Wir alle erleben den einen oder anderen Ausnahmezustand, und wir alle versuchen irgend etwas zu verstehen und richtig zu machen.

Die unser Zeitalter des Managements wohl kennzeichnendste Freude ist der erlösende Seufzer, wenn etwas funktioniert. Unsere Komödie und unsere Tragödie handeln von Dingen, die in Unordnung geraten sind. Unsere Philosophie, selbst unsere Wissenschaft konzentriert sich starr auf die delikate Mechanik des Zusammenbruchs. Selten in der Geschichte ließ die menschliche Imagination eine solch verzweigte und subtile Hochschätzung an der Katastrophe erkennen. Unser Leben wird bestimmt von materiellen und immateriellen Dingen, die zerbrechen. Wir sind Experten der Triage, entscheiden auf der Stelle, welche Dinge von selbst wieder in Ordnung kommen, um welche man sich kümmern muß und welche hoffnungslos sind. Mit einem Wort, wir »managen« die Sache schon. Wir sind Heroen des Managements.

Ich sah Corazon Aquino, als sie von Ted Koppel für die Nachrichtensendung der ABC »Nightline« interviewt wurde, er stellte einige herausfordernde Fragen, die sie mit großer Ruhe umging. »Ich werde die Medien nicht dazu gebrauchen, philippinische Politik zu machen«, sagte sie mild, und die Würde, die sie in diesem Moment ausstrahlte, war niederschmetternd. Koppel wurde, für ihn völlig ungewöhnlich, nervös, und gerne würde ich glauben, daß ihm die nackte Trivialität seiner Tätigkeit auffiel. Hier war eine einfache Frau, die mit wichtigen Dingen beschäftigt war. Ihre ungeschmückte Klarheit war eben dieses Ideal des neuen, alles »managenden« Heroismus, von dem wir uns politische Hoffnung und Schönheit erwünschen.

Im Angesicht von Bedrohungen und zur Routine ge-
wordenen Katastrophen blüht das Poetische. Selbst
oder ganz besonders unter dem Eindruck einer Realität
der Armut und der Unordnung entstehen neue Töne,
neue Farben. Alle diejenigen, die diesen nicht mit Sensibilität begegnen, verdienen es, die Geschichte löffel-
weise wie Medizin von Ted Koppel über das Fernsehen
eingetrichtert zu bekommen. Genauso wird es denen
ergehen, die blind sind für die großartigen Farbschat-
tierungen im Regenbogen der Korruption – das Par-
füm der Blumen des Bösen –, sie werden die Korruption niemals überwinden.

Um eine Sache gut zu managen, muß man sie
kennen. Sie zu erforschen und dabei bereit sein, die am
wenigsten willkommene Antwort entgegenzunehmen,
das ist der Heroismus der Gegenwart. Vielleicht wird
man von denen, die nur ihr Lieblingsmärchen hören
möchten, als zynisch bezeichnet werden. Aber sie haben keine Ahnung.

Der Herbstsalon von 1986 hatte einen distinguier-
ten russischen Besucher, der dem Metropolitan Museum als Leihgabe überlassen war: Matisses große bürgerliche Ikone *Das Gespräch* von 1911. Hat jemals eine
Arbeit Baudelaires Definition der Schönheit von 1846,
in der es heißt, daß Schönheit eine Kombination »von
etwas Absolutem und etwas Besonderem« sei, besser
vertreten als diese verteufelte Anekdote eines mild ge-
stimmten Monsieur und einer formidablen Madame,
die sich, ich glaube, es ist morgens, am Fenster wiederfinden. Das ist religiöse Ekstase und Situationskomik
in einem. (Meine Frau und ich entschlossen uns anzunehmen, daß er sagt: »Was gibt es zum Frühstück,

mein Schatz?«, und sie antwortet: »Mach dir doch dein gottverdammtes Frühstück selber.«) Nie wieder wird es so ein Bild geben, das phantastische Bild einer untergegangenen Welt, aber wir werden eine ähnliche Schönheit anstreben.

Wir werden den Salon unserer Tage durchwühlen, um ihr auf die Spur zu kommen. Wenn keiner unserer Künstler es fertigbringen kann, die Höhe von *Das Gespräch* zu erreichen, werden wir es ihnen nicht übelnehmen, denn wir sammeln Hinweise und Spuren – nicht Spuren einer paradiesischen Vergangenheit oder Hinweise auf eine utopische Zukunft, sondern Zeichen für etwas, das so nah ist und uns derart umhüllt, daß wir es nicht sehen können.

Wie Schlafende, die davon träumen, wach zu sein, überlegen wir es uns, aufzuwachen.

Die Zeichnungen von
Jasper Johns

Seit den späten fünfziger Jahren war Jasper Johns
»Mister Art« der Kunstwelt Amerikas – wenn auch Europäer dies nicht zu begreifen schienen. Er ist es allerdings nicht mehr. Die Ansichten darüber, was denn nun seine letzte, große, erfolgreiche Serie gewesen sei, gehen natürlich auseinander. Für mich sind es die »Kreuz-Schraffierungen«, die vor ungefähr einem Jahrzehnt entstanden sind. (Man sollte dazu übergehen, sie nur »Schraffierungen« zu nennen, da sich die diagonalen Markierungen nicht kreuzen.) Diese gemalten, gedruckten und gezeichneten Dornenfelder können singen. Sie besitzen jenen alten Zauber, den Johns durch die Einführung eines unpersönlichen, nicht gerade intelligent zu nennenden Motivs erzeugt, das er dann mit einer geduldig streichenden und streichelnden Hand dazu bringt, sich in Ekstasen von Licht und Farbe zu verwandeln. Sie sind Palimpseste der tausend kleinen Dringlichkeiten und Entdeckungen, die sich proportional zur Leblosigkeit des Motivs entwickeln. Das verschwiegene Motiv gibt den Bildern eine unheilschwere Ironie, gleichsam als führe Saturn den Vorsitz über ein

Bacchanal. Die gegenwärtige Retrospektive von 117 Zeichnungen, die zwischen 1954 und 1989 entstanden sind, verleitete mich dazu, immer wieder zu den »Schraffierungen« zurückzukehren, um herauszubekommen, was einst an Johns so gut und richtig schien und warum sich seither alles so falsch entwickelt hat.

Die Richtigkeit und die Mangelhaftigkeit, über die ich hier sprechen möchte, gehen weit über den Aufstieg und Fall eines individuellen Talentes hinaus. Sie umfassen ebenso die historischen Gegebenheiten, die einst dieses Talent mit kolossaler Bedeutung ausstatteten und ihm diese Bedeutung dann wieder entzogen. Johns war der große amerikanische Künstler des Kalten Krieges. Er war der erste, der das Vorrecht Amerikas für sich in Anspruch nahm, die Entwicklung westlicher Ästhetik (damals noch vorgeblich eine machtvolle, einheitliche Strömung) nach Wunsch und mit Recht umbilden zu können.

Seine amerikanische Flagge war rein geschichtliches Zeichen, das nun der Kunstgeschichte zu Füßen gelegt wurde. Es erhob nonchalant Anspruch auf etwas Augenblickliches, auf etwas, über das jeder, der wußte, was gut für ihn war, völlig im Bilde war. Diese zärtliche Betriebsamkeit des Pinselstrichs, in einer verletzlichen Enkaustik schmiegt sich an dieses manifeste Schicksal und macht es sich gemütlich, als wäre es ein kleines, verhätscheltes Tier im Schoß eines sanften Riesen. Der junge Johns erstaunt damit, daß er nichts zu beweisen, vielleicht aber etwas zu verbergen hatte. In der Zeit des Spionageromans und der wirklichen Spione war Geheimhaltung ebenso vernünftig wie pikant.

Der Kalte Krieg war für einige Zeit das apollinische

Zeitalter Amerikas, eine Zeit der römischen Tugenden, und Johns war auch dafür der geeignete Künstler, obgleich eine dionysische Willensschwäche seine entschieden öffentlichen Bilder spielerisch untermalte – und damit die Freiheiten des römischen Privatlebens andeutete. Er lud die Symbole einer verhinderten Libido – Zahlen, Landkarten und Farbnamen – mit Libido auf. Er besaß diese vulkanische Zurückhaltung, die innerhalb der Kunstwelt als avantgardistischer Professionalismus gehandelt wurde und die den Stil, in dem sich Meisterschaft zu zeigen hatte, für die sechziger Jahre und weit darüber hinaus bestimmte.

Weil er ein Vorbild abgab, gelang es Johns, das Rüstzeug der schönen Künste, die in Unordnung geratenen Disziplinen Malerei, Zeichnung, Graphik und Skulptur aufzupolieren. Er schuf diskrete und maßgebliche Arbeiten auf all diesen Gebieten und erforschte die jeweiligen technischen Möglichkeiten und Grenzen aufs erschöpfendste – nebenbei verhalf er damit dem Kunstmarkt, auf dem sein Warenangebot alljährlich herausragend war, zu einem geordneten Wertesystem. (Im Hinblick auf den Kunstmarkt behauptete er seine zynische Haltung, indem er teure Gemälde billig und billige Drucke opulent aussehen ließ – ein Spiel, das durch den grotesken Anstieg der Preise in den achtziger Jahren für alles, was seine Unterschrift trug, kaputt gemacht wurde.) Was sich durch alle Disziplinen hindurch erhielt, war die vielfältige und hartnäckige Stummheit der Bilder, deren Botschaft zu sagen schien: frage nicht nach. Manche Künstler spielen mit dem Betrachter Versteck; in Johns' Versteckspiel allerdings wurde das Versteckte nie gefunden.

Das war der frühe Johns, dessen Sinnlichkeit und Intelligenz, dessen Hang zur Schönheit (eine Schönheit, die ihm wie ein Unfall einfach zustieß, und das immer wieder) und dessen skeptischer Pragmatismus (»Nimm irgendeinen Gegenstand, mach etwas daraus, mach noch irgend etwas anderes daraus.«) der Kunstwelt ebenso deutlich erschienen wie dem frommen Dörfler die Madonna im Weinberg. Johns gab der künstlerischen Berufung den Zauber alltäglicher Erregung. Wenn junge Künstler sein Werk sahen, begannen sie zu ahnen, was sie selbst einmal werden wollten, und Kunstleute aller Art konnten an sich ein Aufleben der Selbstachtung feststellen. Die Unmöglichkeit, darüber zu reden, minderte diese Gefühle keineswegs. Es war eine verwirrende Liebe, aber ich bin doch etwas überrascht, daß ich in den sechsundzwanzig Jahren, die ich jetzt Kritiker bin, nie zuvor über ihn geschrieben habe.

Johns' engelsgleiche Wirkung blieb, obwohl schon im Vergehen begriffen, während der, auch für ihn, rezessiven siebziger Jahre bestehen. Sie wurde dann noch einmal kurz durch die »Schraffierungen« wiederbelebt, die in einem Augenblick erschienen, da die Kunstwelt unverhohlen die expressionistische, figurative Malerei umarmte. Die abstrakteste Arbeit der gesamten Karriere Johns', die »Schraffierungen«, stellte diesem Augenblick ein reines Destillat seiner gewohnten Werte, leidenschaftliche Objektivität und fanatische Zurückhaltung, gegenüber. Es sollte sich zeigen, daß es sein letzter Sieg war. Vielleicht zog der immer so strategische Johns es vor, dem Selbstausdruck zu erliegen, um nicht Gefangener einer erniedrigenden Nichtübereinstimmung mit der Zeit zu sein.

Johns' Arbeiten der achtziger Jahre mit ihren autobiographischen Nippes und thematischen Eitelkeiten sind nicht schlecht. Sie sind nur schlicht und einfach schwach. Ein allseits beliebtes Lob, das man immer wieder über sie hört, ist: Sie geben Aufschluß über den Künstler. Dieser Standardvers entspricht dem Wesen eines Zeitalters, das besessen ist von obligatorischen Enthüllungen und öffentlichen Beichten, die das Innere nach außen kehren. Er trifft wohl zu, allerdings ist das, was enthüllt oder worüber Aufschluß gegeben wird, nur banal.

Das uns offenbarte Innere Johns' ist, bis auf diese ungewöhnliche Vorliebe für die sinnentleerte intellektuelle Sportart des Wortspiels und des Anagramms, durch und durch gewöhnlich, wir erfahren zum Beispiel, daß er Angst vor dem Altern hat. In seiner Vorliebe folgt er seinem Vorbild, Marcel Duchamp, ohne allerdings dessen pointierte Verweigerung aller konventionellen Ernsthaftigkeit zu besitzen, die Duchamp so ungeheuer provokativ machte. Johns' Bagatellen besitzen für mich ungefähr den gleichen Reiz wie ein Zahnarzttermin.

Wie viele Leute sind denn wirklich über Johns' Allegorien, die ihm zu seiner Badewanne einfallen, entzückt? Wen interessieren denn diese Schweizer Lawinenwarnschilder, Picasso-Verkrüppelungen, optischen Neckereien, George-Ohr-Gefäße, Leo-Castelli-Geduldsspiele, Grünewald-Altarstücke, *Die Jahreszeiten* und so weiter? Mich interessieren sie nicht. Wenn ich mir Johns' letzte Arbeiten ansehe, dann schaue ich besser nur durch die untere Hälfte meiner Brillengläser, um meinen Augen aus nächster Nähe diese Tiefenmassage zu gewähren, die sein immer noch umwerfender Pinselstrich stellenweise bietet. Trete ich allerdings zurück, überfällt mich sofort Langeweile, und ich denke aufgrund von Johns' bloß exzentrisch zu nennenden, letzten Motiven darüber nach, ob das Persönliche, mag es nun politisch oder sonst irgend etwas sein, nicht völlig überbewertet wird.

Leute, die ihre Gefühle zwanghaft verstecken, entzünden in anderen natürlich brennende Neugier. Diese Neugier ist ein oft fehlgeleitetes Interesse, da sie versucht, das Besondere des Versteckten zu entdecken. Das Versteckte aber kann kaum mehr als banal und gewöhnlich sein, da es aufgrund eines fehlenden Austauschs mit der Welt unterentwickelt ist. Daher ist das wirklich Besondere, das, was an einer solchen Person fasziniert, der hochentwickelte und komplexe Drang, die eigene Persönlichkeitsstruktur zu verbergen. Das ist des Pudels Kern. Darüber sollten wir erfahren wollen.

Johns war emotional sehr viel kommunikativer, als er seine Undefinierbarkeit noch ohne Scheu inszenierte. Seit er jedoch den Schwerpunkt seiner Kunst verlagerte und dem Vorenthalten das Darbieten folgen ließ, ging er in so manche Falle, die er früher zu umgehen verstand – u. a. in die, sich selbst allzu ernst zu nehmen. Seine gegenwärtige Nichtigkeit ist nicht nur an sich entmutigend, sondern auch im Hinblick darauf, was sie über unsere Kultur als Ganzes aussagt. Diese Kultur wirbt mit dem »Recht auf Privatheit«, selbst wenn sie darauf besteht, alles über alle wissen zu wollen. Eine zerbrechliche, gesellschaftliche Vereinbarung, die Johns' einst alkyonische Größe ermöglichte, ist, so scheint es, unwiederbringlich zerstört.

Sol LeWitt
Wandzeichnungen

Wenn man auf Sol LeWitts Wandzeichnungen blickt, »spürt man, wie der eigene Blutdruck nach unten geht«, sagte mir kürzlich einer meiner Freunde. Wie wahr. Es gibt sonst nur sehr weniges, dem es gelingen will, den überreizten Organismus des Kunstkenners so sanft zu beruhigen. Ein anderer Freund sagte: »Ich lief so umher und dachte mir, daß das doch wirklich ein extrem guter Monat für neue Kunst sei, und da fiel mir plötzlich auf, daß ich diesen Gedanken nur wegen der LeWitt-Ausstellung hatte. Eigentlich ist das doch ein genauso schäbiger Kunstmonat wie alle anderen auch, hab' ich nicht recht?« Stimmt. Also auf zur Pace Gallery Downtown, wenn Sie Ihrer und unserer kränkelnden Verfassung auf die Sprünge helfen wollen.

LeWitts Wandzeichnungen sind eine brillante Idee, die eine wunderschöne Realität erzeugen. Ihre Brillanz und Schönheit sind auf umwerfende Weise vielsagend. Sie lassen die westliche Hochkultur der Kunst als ein gutes, solides Anliegen erscheinen, das philosophisch zuverlässig und gesellschaftlich konstruktiv ist. Es ist selten und daher wundervoll, wenn man das

Gefühl hat, solche Dinge berechtigterweise sagen zu können.

Die Grundausstattung einer gängigen LeWitt-Wandzeichnung enthält immer eine schriftliche Anleitung zur zeichnerischen Gestaltung einer Wand von beliebiger Größe. Hier ein einfaches Beispiel aus dem Jahr 1990 (nicht in der Ausstellung): »Eine Wand wird horizontal in zwei gleich große Bereiche unterteilt. Oben: sich abwechselnde, horizontale Streifen, in Schwarz und Weiß 8 Inches (20 Zentimeter) breit. Unten: sich abwechselnde, vertikale Streifen in Schwarz und Weiß, 8 Inches breit (20 Zentimeter).« Dieses Rezept garantiert die Herstellung einer architektonisch mächtigen Anordnung rhythmischer, zaunpfahlartiger Gitterstäbe unten und geschickter, schrankenartiger Gitter oben. Dadurch wird der Raum vorübergehend zum Ort eines heraldischen Dramas, das mit dem Ende der Installation und dem Übermalen der Wand wieder verschwindet.

Wandzeichnungen werden durch die Vergabe von Ausführungsrechten verkauft oder gesammelt. (Ich glaube allerdings nicht, daß die Polizei Ihre Tür aufbrechen wird, wenn Sie sich dazu entschließen sollten, eine Raubkopie in Ihrem Schlafzimmer anzubringen.) Obwohl sie theoretisch jeder ausführen kann, sieht die Praxis eher so aus, daß LeWitt fliegende Arbeitsgruppen erfahrene Techniker beschäftigt. Trotz seiner genauen Instruktionen schleichen sich jedoch unvermeidbare Unterschiede in der Handhabung und im Material ein. Daher ist keine Ausführung endgültig.

Als Kunstwerk existieren LeWitts Zeichnungen auch dann, wenn sie augenblicklich nicht vollzogen werden.

Aber wo lebt das Kunstwerk, wo ist es tatsächlich vorhanden? Sicher nicht »in« und »als« Instruktionen, denn diese sind lediglich Instruktionen. Denkt man darüber nach, stellen sich einem die Nackenhaare auf.

Ist eine Zeichnung von Sol LeWitt als Software zu verstehen, deren Hardware der menschliche Körper innerhalb einer institutionellen Matrix ist? Analogien finden sich dazu viele: die Spielregeln einer Sportart zum Beispiel, Choreographien, das morgendliche Aufstehen-Kaffee trinken-zur Arbeit gehen. Die Wandzeichnung könnte als Muster geordneter, menschlicher Aktivität erscheinen, die für unsere Gattung außerordentlich typisch ist. Sie ästhetisiert etwas, das wir einfach tun, ohne uns zu fragen, warum. Der Verstand, der von der Wandzeichnung miteinbezogen wird, fragt auch nicht nach dem Warum. Er verwahrt sich selbst gegen die Frage: »Warum nicht«. Er ist auf so gütige Art unerbittlich wie ein Engel.

Der Engel schwebt unsichtbar und allgegenwärtig in der Luft und ist stets bereit, sich als Innendekoration zu vergegenständlichen.

So wären wir also hier in einer Galerie, deren Wände – palastartig ausfernd bei Pace – die willkürlichen Dimensionen einer Anzahl flüchtiger LeWitts anbieten, die von drei elementaren Arbeiten der sechziger Jahre aus Bleistiftlinien bis zu einer Gruppe trügerisch solider Geometrien reichen, die in vielfarbigen, leuchtenden Tuschen dünn aufgetragen wurden. (Ich werde nicht damit beginnen, das Bildmaterial zu beschreiben, was in LeWitts Fall einfach Langeweile erzeugen würde. Es genügt zu wissen, daß sie ohne Mühe beschrieben werden könnten. Während sie das Auge erfreuen, spielen sich zwischen Gehirn und Auge jedoch seltsame Dinge ab.)

Wissenschaftlichen Erkenntnissen zufolge ist der Sehnerv mit datenverarbeitenden Funktionen und einem Speicher ausgestattet – eine Art Funktionseinheit des Gehirns; nun, jeder Liebhaber der Malerei weiß das. Das ist der Grund dafür, weshalb das Auge das am schnellsten arbeitende Sinnesorgan ist, das heißt, es ist in der Lage, riesige Informationskomplexe blitzschnell und in schönster Ordnung an das Denkvermögen weiterzureichen. Für gewöhnlich werden wir uns dieses automatischen Prozesses nur bewußt, wenn das schnell um sich blickende Auge, das die Plausibilität seiner Informationen nicht überprüfen kann, entscheidet, daß ein zerknüllter Strumpf auf dem Fußboden ein kleines Tier ist. Das alarmierte Denkvermögen wird dem Auge daraufhin befehlen, noch einmal hinzuschauen.

LeWitts Wandzeichnungen versetzen das Denken fortwährend in Alarmbereitschaft, ausgelöst durch die Wahrnehmungen des Auges. Das Denkvermögen, das durch andere Informanten weiß, daß die Zeichnung nur eine rein mechanische Pflichterfüllung ist, versucht, das Auge davon zu unterrichten; das Auge jedoch schickt seinerseits unablässig Berichte ausschließlich sinnlicher Erfahrungen (mit gekritzelten Randbemerkungen, die des Lobes voll sind) an das Denkvermögen. Empirische Überzeugungen des Vergnügens überstimmen die Vernunft – ein fabelhafter Witz, geht man davon aus, daß es sich hier um ein hyperrationales Projekt handelt.

LeWitt ist ein freundlicher Kobold in der Maschinerie des Minimalismus und der Konzeptkunst. Er ging

Mitte der sechziger Jahre als der »system«-orientierteste Künstler einer Generation, die verrückt nach Systemen war, an Bord. Sein kubisches Gitterwerk und andere Skulpturen erarbeitet er sich im voraus, basierend auf mathematischen Vorgaben. Der physischen Präsenz seiner Skulpturen haftet oft etwas Unbeholfenes an, auf das die Skulptur zu entgegnen scheint: »Pech. Ich wurde genau nach Plan gemacht.« Am Ende liest sich die Rationalität des Planes als Laune und Freiheit, als Irrationalität.

Sol LeWitt ist ein sehr netter Mann und unter anderem auch ein hingebungsvoller Partner seiner Künstlerkollegen. Ein Verhalten, das es wert ist, erwähnt zu werden, da unter Minimalisten Tyrannen die Oberhand haben. Das erklärt in etwa, warum Kunstfans, wenn sie über LeWitt sprechen, ihren Tonfall ändern, da sie, wie gesagt, spüren können, wie ihr Blutdruck nach unten geht, denn dieser Künstler ist durchaus ein besonderer Fall – ein menschliches Geschenk – dieser letzten Blüte einer Avantgarde. Ich frage mich, ob wir nicht unsere Vorstellungen von der Bewegung dahingehend ändern könnten, daß wir ihn zum König und die anderen Herrschaften einfach zu Edelleuten ernennen. (LeWitt wäre dann eine Art skandinavischer König, einer, der seinen Wagen selbst fährt.) Das würde sicherlich auch von der Kritik begrüßt werden.

Der Minimalismus vertauschte die Polarität der westlichen Ästhetik, und so haben wir anstelle eines faszinierenden Objekts im Norden den sich seiner selbst extrem bewußten Betrachters im Süden. Er kehrte die Renaissance-Perspektive um, die Welt konzentriert sich im Fluchtpunkt des erkennenden Verstandes. Was könnte diesen Vorgang besser und klarer beschreiben als eine LeWitt-Wandzeichnung? Die Wandzeichnungen reduzieren das metaphysische Chaos des In-der-Welt-Seins auf eine kleine Balgerei, die sich im Kopf abspielt und deren Vermittler die Schönheit ist. In der Gegenwart dieser Zeichnungen versteht man die Konditionen und Freuden eines kosmischen Bürgerseins.

»Irrationalen Gedanken sollte man ganz und gar und auf logische Art Folge leisten«, das ist einer von LeWitts berühmtesten Aussprüchen. Man kann dasselbe auch im Hinblick auf eine perfekte Demokratie sagen, wobei man an die Stelle des Irrationalen das irrationale Bündel Mensch setzen sollte, anstelle von »Folge leisten« das Wort »respektieren« (vielleicht sogar »lieben«). (Nur in Polizeistaaten leistet man Folge und nur dort werden Bürger verfolgt.) LeWitt ist der letzte der Utopisten der modernen Kunst, die abstrakte Musterbeispiele des Himmlischen auf Erden realisieren. Darüber hinaus ist er unter ihnen der praktischste. In der Welt, wie sie hier und jetzt besteht, übt seine Kunst eine wunderschöne, moralische Kraft aus.

Robert Morris
Das Geist-Körper-Problem

In den sechziger Jahren dieses Jahrhunderts gab es haufenweise Revolutionen. Wir konsumierten seismische Verschiebungen in Gesellschafts- und Kulturformen, in Fragen des Stils und der Verhaltensweisen. Es war verrückt und abenteuerlich und schien doch einer unentrinnbaren Logik zu folgen. Wir waren nicht gerade beglückt über all diese Revolutionen, geschweige denn von der Aussicht auf *die* Revolution – die große, politische, die, die mit 8,3 Punkten auf der Richterskala zu Buche schlagen würde und sich irgendwo hinter dem bekifften Regenbogen der Möglichkeiten verborgen hielt. Auch an so etwas sollte erinnert werden: nicht alle Geistesblitze der sechziger Jahre trafen bei einigen von uns ins Schwarze, manche waren eher miserabel. Aber was konnte man schon dagegen tun? Die Schleusen waren geöffnet. Man wurde von den Wassern fortgerissen. Auch wenn man die eingeschlagene Richtung ganz und gar nicht mochte, die impulsive Stoßkraft machte süchtig, verursachte eine hormonelle Abhängigkeit: neuer Tag, neues Delirium.

Robert Morris war und bleibt ein Sechziger-Jahre-

Hipster, ein ansteckender Opportunist, ein machistischer Wellenreiter, der sich stets oben hielt, ein romantischer Zyniker. Ich werde die sensationelle Wirkung, die er damals hatte, nicht vergessen. Stets war er der allerletzten künstlerischen Spitzfindigkeit um einen halben Schritt voraus, angefangen von Neo-Dada mit seinem Fluxusgeschmack (einen ersten Eindruck hinterließ er 1961 mit einer Installation in Yoko Onos Fabriketage) oder den phänomenologischen Performances des Judson Dance Theaters Menüs à la carte des Minimalismus und Postminimalismus bis hin zu »Earthworks«, »Bodyworks« und ausgesuchten, konzeptuellen Bagatellen.

Das heißt allerdings nicht, daß Morris ein Anführer war. Er führte Extrapolationen durch, war eine Art Aktionskritiker, dessen Spiel darin bestand, andere Künstler auf Spielfeldern zu schlagen, die, zynischerweise, wohl eher die ihren waren. Er war ein brillanter Parasit, aber doch ein Parasit. Als dieses künstlerische Spielertum der sechziger Jahre in den frühen Siebzigern kollabierte, war es auch mit Morris' Glückssträhne vorbei. Seinen letzten Coup landete er 1974 mit einer Fotografie, die als Anzeige in *Artforum* geschaltet war und ihn als Nazi-Kraftmeier darstellte: seine feixende Seele endlich völlig entblößt, aber gut eingeölt. Die Anzeige gab Anlaß zu einer Gegenanzeige von Lynda Benglis, in der diese nackt und mit Dildo auftrat und eine plastische Anschauung davon vermittelte, daß es sich von nun an um einen völlig neuen Deal handelte.

Das ist meine Geschichte über Robert Morris, und ich weiß, daß sie in unterschiedlichsten Kreisen Verbreitung findet. Man holt auf ganz besondere Weise

Luft, wenn in Gesellschaft von Kunstveteranen der sechziger Jahre das Gespräch auf Morris kommt: Dieses Luftholen verbindet Ehrfurcht mit Verachtung. Natürlich läßt die riesige, enorm unbefriedigende Retrospektive, die zur Zeit im Guggenheim Museum Uptown gezeigt wird, nichts von dieser Geschichte erahnen, da sie Morris als einen hundertprozentig großartigen Künstler feiert. (Das jahrmarktartige Arrangement von Morris' Spiegelinstallationen im Guggenheim Downtown erzählt dann allerdings überhaupt keine Geschichte mehr, dafür macht es aber viel Spaß. Nehmen Sie also die Kinder mit.) Die Ausstellung stellt Leichtgläubigen durch ihren Untertitel »Das Geist-Körper-Problem« eine Falle und ist darauf angelegt, künstlerische Fakten aus erster Hand zu den Erfindungen einer Second-Hand-Philosophie umzufunktionieren.

Da er rein strategisch arbeitet, unaufrichtig bis auf die Knochen, ist Morris das perfekte Gegenüber für eine Nabelschau betreibende, akademische Kritik. Mit Ausnahme von David Antins eigenartig ambivalenter Grübelei ist der mit Texten vollgestopfte Ausstellungskatalog eine fortlaufende, pompöse Spintisiererei. Erwähnenswert erscheint mir ein Essay von Rosalind Krauss, in dem sie Morris' Kunst so unbeirrbar an die Schriften von Samuel Beckett anbindet, daß man meinen möchte, der Künstler wäre eigentlich ein beglaubigter Literaturkritiker. Wenige Vergleiche nur könnten unangenehmer auf ihn zurückfallen. Die qualvolle Humanität des Iren erniedrigt die abgebrühte Cleverness des Amerikaners. Krauss scheint davon auszugehen, daß emotionale und geistige Signifikanz sich ganz selbstverständlich entwickeln und mit dem Schwanz zu wedeln beginnen, wenn nur an der Leine der rhetorischen Analogie etwas gezogen wird.

Der Gehalt von Morris' Kunst basiert auf schlauer, skrupelloser, studentischer Angeberei und Imponiergehabe, also auf etwas, mit dem man in den sechziger Jahren durchaus gewinnen konnte. Die meisten anderen supererfolgreichen Minimalisten teilten dieses glückliche Los, wie zum Beispiel Stella und, an vorderster Front der Pop-Künstler: Roy Lichtenstein (dessen eigene Guggenheim-Retrospektive vor kurzem noch steriler war als die von Morris). Die Devise lautete: akzeptieren oder Maul halten. Arroganz war, was stark machte. Mädchen und schwächliche Jungs, den populärsten Meister der Manipulation, Andy Warhol, ausgenommen, gehörten nicht dazu. In der sich unablässig revolutionierenden Kultur dieser Zeit war der Trick der, sich so zu verhalten, als wäre jeder Zickzack des Zeitgeistes von einem selbst erfunden worden.

Niemand erreichte bei diesen Weitpisswettbewerben so regelmäßig die Höchstwerte wie Morris. Es wurde für ihn zu einer regelrechten Manie, sich zu schnappen, was auch immer in der Luft lag, während er selbst nichts beisteuerte. Nur mit einigen wenigen Arbeiten glitt er in den Bereich wirklicher künstlerischer Vollendung. Seine aus den sechziger Jahren stammenden Arbeiten aus Maschendraht und zerschlitztem Filz sind Prüfsteine des Minimalismus, die komplexe Erfahrungen von Raum und Materie auf elegant ökonomische, hellsichtige Art darstellen. (Man kann das auf keinen Fall über eine spätere Serie von Filzarbeiten sagen, die nur lächerliche sexuelle Metaphern forciert.)

Aber die meisten seiner Arbeiten, auch die seiner besten Jahre, sind im Grunde nur Dinge, die er eben mal aus dem Ärmel schüttelte, obgleich sie oft sorgfältig konstruiert sind. Kunstgeschichte seit 1960 wäre, hätte er nie gelebt, nur geringfügig anders verlaufen. Eine seltsame Bilanz für jemanden, der als Jockey des nächsten historischen Schrittes ein solches As gewesen war.

Als Richtlinie kann man folgendes annehmen: Was auch immer Morris bewerkstelligte, es wurde von anderen auf solidere Weise realisiert. Die Igel unter den verbindlichen Minimalisten, Donald Judd, Carl Andre, Dan Flavin und Sol LeWitt, überholten ihren Hasen ständig, und später requirierte eine ebenso disziplinierte jüngere Generation – Bruce Nauman und Richard Serra, unter anderen – die Aschenbahn. Selbst Morris' Ersatzstatus als Theoretiker, der für sein eigenes kreatives Wohl viel zu schnell dachte, muß gegenüber dem unangenehm synchronen, aber authentischen Genius von Robert Smithson den zweiten Platz einnehmen. Morris übervorteilte den Künstler in sich, so daß ihm als Tröstung nur übrigblieb, zum Pin-up akademischer Umkleideräume zu werden, in denen der nackte Hintern des Klugscheißers die Lust anstachelt.

Das seit 1974 wohl wichtigste Ereignis seiner Karriere ist eine einzige Peinlichkeit: Reliefs, Skulpturen, Malerei und Zeichnungen, die unter dem Thema der Apokalypse stehen und mit welchen er sich offenbar einbildete, den Neo-Expressionismus mit einiger Finesse gemeistert zu haben. »In den frühen achtziger Jahren kreisten Morris' Gedanken zunehmend um die Möglichkeit globaler Zerstörung«, so unternimmt es der unglücklich gewählte Text eines an der

Wand angebrachten Schildes, uns mit seinen Feuer-
sturm-Bildern bekannt zu machen. Morris scheute sich
nicht, die Abbildungen von Holocaustleichen auszu-
schlachten. Ein ungeheuerlicher Fehlgriff – es wäre viel
zu mild, so etwas nur eine Geschmacklosigkeit zu nennen –, der die Achillesferse seiner hippen Selbstüber-
schätzung enthüllt, seine Blindheit angesichts der
Differenz zwischen einem Herumspielen mit semanti-
schen Strukturen und dem Umgang mit emotional auf-
geladenen Themen.

Unser Grauen über die in der Vergangenheit verübten Verbrechen und unsere Furcht vor einem in der
Zukunft liegenden Untergang sind keine vorgefertig-
ten Reaktionen, die man einfach aus dem Regal holt,
um sie dann vors Ohr zu halten und prüfend zu schüt-
teln. Sie sind eine ernsthafte Angelegenheit, die eine
Berührung nur dann erlauben, wenn sie von einem pro-
funden, taktvollen Empfindungsvermögen getragen
wird, oder wenn sie vom Geist der sprichwörtlich hy-
sterischen Komödie zeugt (wie z. B. in *Dr. Strangelove*
oder *The Producers*), der auf seine Art ernsthaft ist. Morris besitzt weder die Umsicht noch den Humor, um
Themen aufnehmen zu können, die für alle anderen
wirklich bedeutungsvoll sind.

Vielleicht wäre es besser gewesen, er hätte sich weiter dem Theater gewidmet. Die Videoprojektionen der
frühen Tanz- und Performancestücke im Guggenheim
Uptown sind zwar ermüdend, da sie nüchtern-pedanti-
sche Wiederaufführungen der Inszenierungen zeigen.
(Man mußte dabei gewesen ein.) Aber ihre damals
avantgardistischen Elemente der »Task Performance«
und des Tableau vivant bewahren in sich immer noch

einen Hauch von Entdeckung. Allgemein gesprochen bedeutet das, Morris' leichtlebiges Talent war innerhalb des Theaters sicher keine Untugend, denn dort sitzen geschickt manipulierte Ideen nicht einfach angreifbar herum wie in den Museen, um nur darauf zu warten, daß man ihre Seichtheit entdecke. Auf jeden Fall hinterläßt diese Retrospektive den Eindruck eines sagenhaft begabten Mannes – wenn auch nicht auf dem Gebiet der Kunst.

Unser Kiefer

»Wäre es nicht wahnsinnig, wenn sich herausstellte, daß er einer von den *ganz* Großen ist?« Mit diesem Satz überfiel mich kürzlich jemand und meinte Anselm Kiefer. Ich verstand die gemischten Gefühle des Sprechenden und teile sie: Die Freude darüber, der Zeitgenosse eines außergewöhnlichen Künstlers sein zu dürfen – ein beglückendes Gefühl, eine Erlösung aus zweiter Hand –, ist von der Vorahnung eventueller Enttäuschung überschattet. (Der Sprechende war wie ich etwas angetrunken.) Die im Zaum gehaltene Ehrfurcht ist die großzügige Variante geistigen Kummers – man könnte es Anselm-Angst nennen –, der in diesem Winter weit verbreitet ist, da die langerwartete Kiefer-Retrospektive (Art Institute of Chicago) endlich beginnt und sie einen triumphalen Marsch durch die Vereinigten Staaten anzutreten verspricht. Die schäbigere Variante ist derzeit die seltsame Reizbarkeit der Puristen und Bohemiens, deren Faszination für die Arbeiten des Deutschen sich in ungewohnter Übereinstimmung mit der des durchschnittlichen Verbraucherpublikums befindet. Sie wären nur zu glücklich, wenn sich herausstellte, daß Kiefer doch nicht zu den »*ganz* Großen« zu zählen sei, insbesondere dann, wenn sie zu den ersten gehört hatten, die seine Achillesferse aufs Korn nahmen. Bewiesen sie damals keine Treffsicherheit, kann man von ihnen nun erwarten, daß sie ihre Gewehrläufe auf die Exzesse von Kiefers Anhängerschaft richten werden, die sich unter anderem aus salbungsvollen Journalisten und millionenschweren Sammlern zusammensetzt, denen ja bereits das Wasser im Munde zusammenläuft.

Warum ist Kiefer in den Vereinigten Staaten so populär? Diese häufig gestellte Frage wäre sicherlich äußerst interessant, wenn er nicht auch an anderen Orten populär wäre. Seine Ausstellungen werden in ganz Westeuropa und in Israel gelobt und sind ein Magnet für Zuschauermassen. Selbst einige Engländer und Franzosen – reizbar und hochmütig, wenn es sich um zeitgenössische Kunst handelt – haben sich erlaubt, etwas aufzutauen. Überall schmeicheln junge Maler dem Künstler, indem sie ihn imitieren. Nur in seinem eigenen Land wurden dem Propheten, zumindest bis vor kurzem, alle Ehren verweigert. Ich habe Deutsche mit einer Vehemenz über ihn herziehen hören, die ich mir nicht ganz erklären kann. Da scheint eine Bitterkeit zu walten, die sich darauf gründet, daß sie international von einem Künstler vertreten werden, der irgendwie nicht wirklich deutsch ist, jedenfalls nicht so deutsch, wie ihr geliebter *echt deutscher* Georg Baselitz, *echt deutsch*. Bizarre Unterstellungen, die dort überhandnahmen, wo Kiefer unterstellt wurde, ein Neonazi zu sein, scheinen allerdings abzuklingen. Auch eine Ausgabe des *Spiegel* berichtete im letzten Jahr von einer großen Gesinnungsänderung, mit der sich die deutsche Öffentlichkeit jetzt hinter Kiefer versammelt, wahrscheinlich weil er zu einem weltweiten Exportartikel avanciert ist, der gleich hinter BMW kommt. Trotzdem verbindet sich Kiefers Ankunft in den USA mit einem ganz bestimmten Beigeschmack und einer eher unheimlichen Einmütigkeit. Das mag mit einer Mischung ästhetischer, historischer und emotionaler Empfindlichkeiten zusammenhängen, die ich auch in mir, als einem Musterbeispiel eines Amerikaners, wiederfinde – ausgestattet mit den konsequent bösen Ahnungen, die die Anselm-Angst so mit sich bringt.

Kiefer trifft bei uns auf mindestens vierfache Art und Weise ins Schwarze. Keine läßt sich dabei unabhängig von seinem Talent sehen, aber jede gibt seiner Anziehungskraft einen ganz bestimmten Dreh. In zufälliger Reihenfolge: (1) Er schürt unsere sehr komplizierten Gefühle, die sich mit dem Zweiten Weltkrieg verbinden, einem Ereignis, das den amerikanischen Stolz glorifiziert; (2) er erweckt den Glanz europäischer Vergangenheit zum Leben, einen fast vergessenen, amerikanischen Schmerz über verlorene Wurzeln; (3) er ist eine Art öffentlicher Individualist, der Untreue sowohl gegenüber den Sitten als auch der Mode gelobt, ein Typus also, den wir immer noch idealisieren, und dabei wird es uns immer unmöglicher, ihn selbst hervorzubringen; und (4) ist er eine Art »amerikanischer« Maler. Indem ich letzteres sage, bin ich mir natürlich darüber im klaren, daß Kiefers Sensibilität einem wahren Rorschach-Test für nationalen Narzißmus entspricht: Manche Franzosen sehen in ihm den Wiedererwecker der französischen Romantik des 19. Jahrhunderts

(Victor Hugo verknüpft mit Baudelaire), manche Skandinavier sehen in ihm den Nachfolger Munchs und Strindbergs (und berufen sich auf das wenig bekannte und doch dem Vergleich angemessene bildnerische Werk des letzteren), und manche Engländer halten ihn für den wiedergeborenen Turner (eine Affinität, die jedem, der Augen besitzt, auffallen sollte). Alle fremden Ansprüche jedoch müssen jetzt erst einmal zurückstehen, denn dies ist ein amerikanischer Aufsatz. Um es kurz zu machen, seit vierzig Jahren hat es keinen europäischen Künstler gegeben – nicht einen! –, der die ästhetischen Lehren Pollocks so durch und durch assimilierte und vorantrieb wie Kiefer, insbesondere Pollocks Verbindung von räumlicher Illusion und materieller Tatsächlichkeit, und das in einem Ausmaß, welches nicht nur groß, sondern explodierend, umfassend und beunruhigend ist.

Im Gegensatz zum unerklärlich beständigen, kritischen Schibboleth hat Pollocks Ästhetik nichts mit einer Hervorhebung der Bildebene zu tun. Es ist vielmehr so, daß er die »Oberfläche« unlokalisierbar macht, sie gleichzeitig durch optische Tiefe und greifbare Fakten ersetzt – Unendlichkeit und *Krimskrams* –, und es uns damit verwehrt, genau zu wissen, worauf wir blicken. Die Allgegenwart dieser Spannung gibt in seinen Bildern den Ausschlag. Pollocks eigene Uniformität der Markierung ist dabei gar nicht notwendig, sondern nur der allgemeine, energetische Widerspruch zwischen dem Frontalen und dem Zurückweichenden, wodurch sowohl der Eindruck einer Wand als auch eines Schleiers entsteht. Ist das jetzt mittlerweile zu einer akademischen Konvention in der Malerei geworden? Es scheint so (und als das wird es auch von Kiefers älteren Landsleuten Gerhard Richter und Sigmar Polke mit sardonischer Wirkung gebraucht), aber Kiefer erhöht diese Spannung so weit, daß sich eine vorher nie dagewesene Steigerung ergibt – durch zurückweichende Landschafts- und architektonische Bilder, welche die Illusion verstärken, und durch Inkrustierungen, die die wortwörtliche Tatsächlichkeit maximieren. Er läßt uns die Konvention wieder neu erfahren, er erneuert sie auf ganz ähnliche Art, wie der junge Manet die vergangenen spanischen Meister wiederbelebte. Das daraus resultierende formale Idiom ist für Amerikaner so klar verständlich wie das eines Nachrichtensprechers aus dem mittleren Westen, so großartig wie ein Leben in der freien Natur, schlicht und ergreifend phänomenal.

Was unklar bleibt, ist, warum so viele von uns vor Kiefers Arbeiten während einer ersten Begegnung in Bruchteilen von Sekunden mehr sehen (ich sah eine Bekannte während ihres ersten Blickes fast ohnmächtig werden) als nur eine befriedigende, ästhetische Präsenz. Seine großen Bilder flößen ein Gefühl der Überzeugung ein, das an religiösen Glauben grenzt, ein intuitives Wissen, das sich gegen Artikulierung wehrt, will man andere Leute davon unterrichten. Das kann kein Effekt der erzählerischen und poetischen Motive Kiefers sein, da viele Anselm-Kiefer-Fans genau diese selbstzufrieden ignorieren (dafür gibt es ja seit Mark Rosenthals Einleitung, die uns eine verständliche, wenn auch nicht endgültige Exegese des Werkes im Katalog der Retrospektive anbietet, keine Entschuldigung mehr). Das Gefühl aber erscheint auch jenen unerklärlich, die sich mit einem gewissen intellektuellen

Stolz gebärden, und da sie es für regressiv halten, würden sie es gerne hinweganalysieren – doch leider muß dieses Gefühl empfunden werden, um analysiert werden zu können. Dieses Empfinden wiederum setzt die analytischen Fähigkeiten unter Zugzwang. Wenn ich mir anhöre, was man so gemeinhin zu all dem zu sagen hat, und wenn ich die Kritiken der Chicagoer Ausstellung lese, bekomme ich den Eindruck, daß die emotionalen Antworten Amerikas auf Kiefer, verglichen mit meiner Einschätzung seiner Kunst, meistenteils verdreht und wahrscheinlich unwiderstehlich sind – ein Zurückfließen kollektiven psychischen Materials, das mehr über uns als über ihn aussagt. Gleichzeitig spricht all dies für ihn als einen Künstler am Puls seiner Zeit und seiner Umgebung.

Die sofort erkennbare Leitmetapher der Kiefer-schen Kunst ist das Ödland (the wasteland), der Tropus der Moderne par excellence zur Charakterisierung der großen Erfahrungen dieses Jahrhunderts: Fragmentierung und Chaos. Ein Engländer, Charles Harrison, beobachtete: »Das Ödland« nimmt in Kiefers Bildern einen ähnlichen Platz ein wie die pastorale Landschaft in jenen des 17. Jahrhunderts: Es funktioniert als ahistorisches Terrain, auf dem verschiedenartiges Material versammelt und in Form von Allegorien absorbiert werden kann. Das scheint korrekt zu sein, versucht aber nicht einmal, dem Einfluß einer Metapher Rechnung zu tragen, die selbst als Metaklischee nichts Neutrales an sich hat. Die Ödland-Idee wurde mit vielen widersprüchlichen Lasten beladen, seitdem ihr ein verstörter, jugendlicher Exilant aus St. Louis, T. S. Eliot, vor fast siebzig Jahren den größten literarischen Ausdruck ver-

liehen hatte. Für die meisten Amerikaner besitzt sie
noch genau diese spezielle Aura, die sie auch für Eliot
hatte, und es scheint undenkbar, sie mit einem Deutschen zu teilen, der 1945 geboren wurde: eine Aus-
strahlung tiefer, unzerstörbarer Sehnsucht nach dem
»Gehäuf zerbrochner Bilder«, die von einem verloren-
gegangenen, europäischen Erbe zurückgeblieben sind.
Eliot konnte sich sicherlich nicht stärker von seinem
Kollegen James Joyce unterscheiden, von Kiefer spür-
bar sekundiert: »Die Geschichte ist ein Alptraum, aus
dem ich zu erwachen versuche.« Ganz im Gegenteil
dazu ist die Geschichte für viele von uns ein Traum, in
dem wir nur zu gerne versänken, würde doch das Spektakel der Modernisierung, das durch die Medien auf
uns herniederprasselt, die bereits vergessen haben, was
letzte Woche geschah, für eine Sekunde verstummen.

Kiefers Pollock-Maschinen – mit ihren herzzer-
reißenden Gelb-, Schwarz- und Brauntönen, die an-
rühren wie Klänge, Gerüche, Geschmack, und ihren
einbezogenen Fotografien, die den Verstand mit den
Farbtönen der Erinnerung überschwemmen – rufen,
angesichts der unverfälschten Altertümlichkeit, ein
quasi religiöses Gefühl von köstlicher, melancholischer
und leicht masochistischer Demütigung hervor. Das
scheint auch die Hauptaussage eines sehr eloquenten,
sehr amerikanischen Versuchs über Kiefer zu sein, der
von Sanford Schwartz stammt:

> Bezaubernd und doch kalt, sind [Kiefers Bilder] wie der Be-
> such einer großen Kathedrale an einem Winternachmittag,
> wenn das Licht sonnenlos und weiß ist, Schnee in der Luft
> liegt und man den Ort ganz für sich allein hat. Wenn man ihn

wieder verläßt, glaubt man, dieses heilige und traurige Drama in sich aufgenommen zu haben, fühlt man sich geadelt und erhöht: Aber später wird man sich vielleicht mit einem Gefühl wiederfinden, daß diese Erfahrung nicht ins Leben paßt, ja, daß sie mehr von einem nimmt, als sie gibt.

Anstelle von »einer großen Kathedrale« lesen Sie jetzt einfach »Europa« oder »Idee Europa« oder was immer gleichbedeutend für Sie ist mit einer zivilisierten spirituellen Nahrung, nach der es Sie gelüstet und die Sie, würden Sie sie unglückseligerweise bekommen, unmöglich verdauen könnten. Eine solche Reaktion auf Kiefers Kunst birgt einige Schwierigkeiten, da sie aller Wahrscheinlichkeit nach genau das Gegenteil von dem ist, was er intendiert. Sie ist zum Beispiel humorlos. Kiefer aber ist meistens komisch.

Bringt man Kiefers Humor ins Gespräch, so kann dies das Ende desselben bedenken, zumindest ist das meine Erfahrung. Die Leute schauen äußerst erstaunt, und ich beginne darüber nachzudenken, ob ich vielleicht völlig falsch liege. Nur geduldiges Schauen, eigentlich ein penetrantes Anstarren dieses »heiligen und traurigen Dramas«, für das auch ich sehr anfällig bin, überzeugt mich davon, daß ich recht habe. Selbst die wehmütigsten und angstvollsten Arbeiten Kiefers, in denen er ganz offensichtlich vor Aufrichtigkeit brennt oder sich in den Fängen unlösbarer Hysterie wiederfindet, offenbaren Strukturen des Witzes: Clownerien mit Paletten und Engeln, äußerst alberne Ungereimtheiten des Maßstabs, wie zum Beispiel in *Operation Seelöwe*, Schlachtschiffe in Badewannen auf umgepflügten Feldern, das Buch , in denen absolut gar nichts passiert (ausgenommen, daß einem an einem bestimmten Punkt des Umblätterns plötzlich die Haare zu Berge stehen). Für den Fall, daß wir es dann immer noch nicht verstehen – Kiefer mag sich vielleicht manchmal fragen, ob irgend jemand im Land der industrialisierten Komödie überhaupt Sinn für Humor hat –, zerstören schmiedeiserne Skier – an ein sechs Meter breites Bild *Jerusalem* montiert – die subtil bedrohlichen Assoziationen auf der geschichteten und übel zugerichteten Oberfläche durch die Anspielung auf ein Aspen des mittleren Ostens. Die Provokation ist so offensichtlich, daß man am liebsten ein paar Entschuldigungen zur Wiedergutmachung vorbringen möchte, zu denen man sich ja verpflichtet fühlt, wenn ein Freund auf dem gesellschaftlichen Parkett ausrutscht; aber Kiefer ist unverbesserlich. Er befestigt einen Bleipropeller an einem weiteren großartigen Gemälde (*Ordnung der Engel*, nicht in der Ausstellung), um auf einem sehr stubengelehrten Wortspiel herumzuhämmern, dessen Gegenstand der Name eines frühchristlichen Theologen, Dionysius der Areopagit, ist – »Areopagit« vielleicht deshalb, weil Dionysius' obsessive Lust auf Engel eine Schwäche für fliegende Jungs nahelegt. Mit solchen Sachen veranstaltet Kiefer, inmitten seiner von ihm selbst gewissenhaft herbeigeführten Träumereien, einen unflätigen Krach, und sollten die Betrachter darauf bestehen, davor ihre Knie zu beugen, so ist das ganz allein ihre Sache.

Der Kunststudent Kiefer begann seine Karriere vor zwei Jahrzehnten damit, daß er sich an verschiedenen europäischen Orten, als Nazi salutierend, fotografieren ließ, ein Possenreißer also –, wenn auch ein sehr ernsthafter und verblüffend unverfrorener –, der auf etwas aufmerksam machte, auf das man hatte aufmerksam machen müssen, um zu einer allgemeinverständlichen, ungebundenen Kunst zu gelangen, nämlich auf die verdrängten Empfindungen des Dritten Reiches. »Wie konnte das passieren?« so fragte er, als junger Deutscher, der sich von den Ausflüchten der Alten abgestoßen fühlte, doch hauptsächlich als ambitionierter, rebellischer Künstler, der von Anfang an trotzig darauf bestand, daß er ein absolutes Recht auf eine eigene Imagination hatte. Hinter diesem Trotz könnte sich selbstverständlich faustischer Stolz verbergen, aber seine tatsächliche Handlungsweise zeugt von mephistophelischer Ironie: In den Nazigruß-Bildern (man vergleiche auch das verwandte Aquarell *Jeder Mensch steht unter seiner Himmelskugel*, 1970), in einigen darauffolgenden Arbeiten, wie zum Beispiel den Zeichnungen brennender Horste und düsterer Bunker, genannt *Des Malers Atelier*, und in der sehr komischen Bleiskulptur einer mit Flügeln ausgestatteten Palette, einem Raubvogel, wird er selbst zum Ziel seiner Satire. Im Augenblick beschäftigt sich Kiefer mit der Alchemie, mit der er ebenso zweischneidig verfährt, so daß auf der einen Seite die mystische Metapher der Kreativität evoziert wird und auf der anderen das Bild der Dummheit vor sich hin murmelnder Verrückter, in deren stinkenden Laboratorien Materie zur Idee umgeformt werden soll. Kiefer mokiert sich direkt über den Großteil seines thematischen Materials, sei es historisch oder mystisch, indem er es bis zur Absurdität theatralisiert. Während dieses Prozesses entweichen einige sehr ernsthafte, kaum noch gesund zu nennende, vielleicht sogar giftige Inhalte als berauschende poetische Dämpfe.

Ich kenne eine Frau, die, wenn sie aufgeregt oder gerührt ist, nicht wie ich aufschreit oder einen Kloß im Hals spürt, sondern stets lacht – »weil es wunderbar ist«, sagt sie. Ich denke, daß Kiefer ihr gleicht. Selbst seine dunkelsten Arbeiten sind von einer Wärme, wenn nicht des Humors, so der Erotik, die aller Wahrscheinlichkeit nach diesem polymorphen, »wundervollen« Typus des Lachens zugrunde liegt. Ich denke an die *Margarethe/Sulamith*-Serie. Arbeiten über den Holocaust, in denen er das Unmögliche realisiert – gelungene Kunst aus dem ultimativen Schrecken zu machen –, indem er Paul Celans tragisch erotische Projektionen, das »goldene Haar« der Arierin und das »aschene Haar« der Jüdin, weiterverarbeitet. Da gibt es keinen Humor, aber den emotionalen Zusammenhang von Verlangen und Verlust, von Liebe und Tod, der physiologisch durchaus mit dem erlösenden Lachen verwandt sein könnte (die plötzliche Wiederherstellung der Subjektivität, die bedroht gewesen war).

Das gefühlsgesättigte Terrain dieses oder anderer Themen aus dem Kieferschen Ödland – ein Reich der Geschichten, mit denen er sich seit langem beschäftigt und aus denen er Furcht und Anregung bezieht – hat mit der amerikanischen Art, für historische Dinge zu schwärmen und uns so in eine Vergangenheit hineinzuträumen, die wir nie besaßen, nichts gemein. Von der Geschichte unterdrückt, benutzt Kiefer die Phantasie, um die Schlösser zu den Verliesen der Vergangenheit, eines nach dem anderen, aufspringen zu lassen. Ist er erfolgreich, bemerkt man Schwung und Fröhlichkeit. Ich glaube, daß wir das sogar spüren, auch wenn wir auf der Projektion unserer eigenen Nostalgien beharren. Kein Wunder, daß uns Kiefer derart verwirrt.

Das einzig wirklich umwölkte Element in der amerikanischen Reaktion auf Kiefer ist der Komplex der Gefühle, der sich für uns mit dem Zweiten Weltkrieg, mit Nationalsozialismus und Holocaust verbindet. Themen, die er nur in einigen seiner Arbeiten anspricht, aber auch dort niemals so direkt, wie man es von Zuschreibungen wie »Trauer«, »Katharsis« und »Exorzismus« (die obligatorischen Begriffe kritischer Kiefer-Rezeption) annehmen möchte. Selbst indirekte Referenzen verschwanden vor ungefähr fünf Jahren, als die *Margarethe/Sulamith*-Serie und eine andere ausgedehnte Serie, die sich auf Motive der Naziarchitektur gründete, mit dem Meisterwerk *Sulamith* (Menora- artige Flammen in einem Kriegerdenkmal) ihren Höhepunkt erreichten. Seitdem verweilt Kiefer in ahistorisch mythischen, theologischen, alchemistischen oder sonstigen auf sich selbst verweisenden Regionen, so daß er hauptsächlich Kunst über den geistigen und physischen Prozeß der Fertigung von Kunst macht. Man muß sich Kiefers Beschäftigung mit Themen des Dritten Reiches einfach stellen – sie sind auch weiterhin der fesselndste Aspekt seiner Karriere –, allerdings in bezug auf die einschlägigen Arbeiten und weniger in bezug auf das Gesamtwerk. Die Genialität eines Jack Kroll, der für *Newsweek* schreibt, zeigt uns, gegen was Kiefer da eigentlich ankämpfen muß, wenn er angestrengt versucht, dieses Sujet hinter sich zu lassen: »[*Jerusalem*] ist ein anrührendes, surreales Bild der Transzendenz, als würde Deutschland, verrückt vor Reue, zu Israel sagen: ›Hier, nehmt unsere Skier. Sie tragen uns

qualmter, erotischer Cabaret-Wildheit sieht. (Könnte Kiefer sein Land vielleicht dadurch besänftigen, daß er sich wie Fassbinder einer spektakulären Selbstzerstörung hingibt?) Dieses besondere Spektakel, mit Kiefer in der Rolle des Feindes jeder Repression, könnte wunderbar zu unserem Mythos der Individualität passen. Die genaue Art dieser Repression – in diesem Fall wohl die deutsche Kriegsneurose, die nicht unser Problem ist – zählt weniger als die Tatsache, daß sie die uns eigenen Werte, derer wir nur noch schwer habhaft werden, aktiviert. Anselm Kiefer ist nicht Ralph Waldo Emerson und auch nicht Davy Crockett. Aber er ist selbstsicher und hat Courage. Ihn hörend, scheinen wir uns an etwas Gutes in uns selbst zu erinnern.

Zum Schluß schlage ich vor, alle diese Projektionen zur Seite zu legen: die krankhafte Erregung historischer Assoziationen, die Inspiration des Nachmittags in der Kathedrale, die Schmeichelei wiederaufgebrühter amerikanischer Ästhetik und die Anziehungskraft, die Kiefer als guter, alter Landjunge aus dem Schwarzwald für uns besitzt. Was bleibt dann noch übrig? Ich glaube, es ist die Figur des Künstlers im Atelier, der auf interessante Art und Weise mit interessanten Ideen und Materialien herumbastelt. Er hat exemplarischen Charakter. Sein Werk hat die Beschaffenheit, das Empfinden, das sich vermittelt, wenn aus beinahe nichts etwas Substantielles gemacht wird. Er ist der Schöpfer, er entscheidet darüber, was er gerne machen möchte, und tut es. Jedes Element bewahrt das rohe Zeichen seiner Entscheidung, und sein Stil zeigt sich nur in der Manier, in der es gemacht wurde, etwas, das einfach und selbstverständlich aussieht und so, als ob jeder es könnte. Ich habe solche Gedanken und Gefühle bei Marcel Duchamp, Jasper Johns, Bruce Nauman, Ed Ruscha und anderen Künstlern gehabt, nicht bei vielen. (Die Leute sind erstaunt zu hören, daß Ruscha ein Favorit Kiefers ist, aber das sollten sie nicht sein: Die Bücher, der Gebrauch von Sprache und Fotografie, die eigenartigen Materialien, das Herumspielen mit Maß und Umfang, das Einfügen von Worten in Landschaften und ein Individualismus, der sich in geographischer Isolation ausdrückt, all das führt zu einer ganz natürlichen Affinität.) Wie diese Künstler und wie Beuys und Warhol rüttelt Kiefer an der herkömmlichen Weisheit, die genau weiß, was ein Künstler ist und was er tut, und damit läßt er uns wissen, daß die Welt sich geändert hat, da auch die Kunst einen neuen Weg gefunden hat, auf dem sie weitergeht.

Unser Kiefer? Einer unter vielen (meiner, deiner, ihrer). Kiefer ist Produkt, Katalysator und Testfall eines neuen Internationalismus in der Kultur, der versuchen wird, eine Einheit der Verweise und der Konversation aufzubauen. Mit anderen Worten, Kiefer ist für diesen Zeitabschnitt ein erstklassiger Konversationsgegenstand – für jeden Künstler eine schwierige Position, wenn nicht gar eine Krise. Aus dem Regen des »Deutschsein« kam er in die Traufe des internationalen Starkults. Man fragt sich, wie er diesen Wassern Einhalt gebieten wird.

Vielleicht ist das nicht zu schaffen. Und wie ist es mit den Bildern? Sie sind gut, aber wie gut sind sie? Es gibt sicherlich Unterschiede. Daran werde ich erinnert, wenn ich das relativ leblose Bild *Rotes Meer* im Museum of Modern Art betrachte – MoMAs unpassende Auswahl aus einer Galerie-Ausstellung von 1985, die auch dieses wunderbare Bild *Auszug aus Ägypten* enthielt (jetzt im Museum of Contemporary Art in Los Angeles). Doch selbst seine mißlungenen Bilder können, gelegentlich, wertvoll wirken, nämlich als Teile eines Puzzles, einer kreativen Summe, die man gerne in ihrer Gesamtheit erfassen möchte. Ist Kiefer wirklich ein »*ganz* Großer«? Setzt man diesen Satz in Anführungsstriche, dann muß die Antwort darauf »absolut« sein – was geradezu tautologisch ist, da sein ganzes Werk die Idee der Größe zur Schau stellt. Die mag hier oder dort nicht anwesend sein, wenn es darum geht, die Qualität seiner Arbeiten zu beurteilen, aber sollte unsere Exkursion ins Feld amerikanischer Reaktionen auf Kiefer irgend etwas beweisen, dann das eine, daß es gar nicht so einfach ist, mit einer gewissen Abgeklärtheit an seine Arbeiten heranzugehen. Vielleicht müssen wir unser Bild von Kiefer erst in vielen berauschenden Gesprächen erschöpfen, bevor wir Kiefer selbst klar und unmißverständlich sehen können. Was soll die Eile?

Der Dämon und Sigmar Polke

Einer der produktivsten Künstler der letzten zwanzig Jahre ist wohl auch der mysteriöseste: Sigmar Polke. In New York basiert das Mysterium seiner Person teilweise auf dem Umstand, daß wir erst seit kurzem die Möglichkeit haben, die Vielfalt und die Höhepunkte der Arbeiten des dreiundvierzigjährigen Deutschen besser zu sehen. Die gegenwärtige Ausstellung markanter Bilder in der Mary Boone Gallery ist ein großer Schritt voran, bedenkt man, daß wir unsere Unkenntnis zu vermindern wünschen. Aber jeder, der davon ausgeht, daß einfache Kenntnis der Polke-Produktionen ihre obskure Natur auflösen würde, kann sich noch auf etwas gefaßt machen. Ich habe feststellen müssen, daß mehr und mehr über ihn wissen zu wollen eigentlich dazu führt, ihn immer weniger zu verstehen. Seine Kunst ist gleich dem Kaninchenloch aus *Alice im Wunderland*, ein Eingang in ein Reich spiralförmiger Verwirrungen, wovon eine seine unheimliche Beziehung zur amerikanischen Kunst ist, die ihn erst zum provinziellen Anhänger und später zu einem prägenden Einfluß werden ließ.

Aus Ostdeutschland kommend, dieser offenbar uner-
schöpflichen Quelle talentierter Emigranten, studierte er während der späten fünfziger und frühen sechziger Jahre in Düsseldorf. 1963 gründete er zusammen
mit Gerhard Richter und Konrad Fischer (dem Kunsthändler, der damals noch selbst Künstler war) die deutsche Variante der Pop Art, die sie mit charakteristisch
kritischer Finesse Kapitalistischer Realismus nannten.
Es handelte sich dabei um einen Stil, der die amerikanische Vorliebe für vermittelte Bildwelten übernahm
und sie mit einem intellektuell weiterentwickelten Begriff der Repräsentation versah: Diese Künstler waren
über Popkultur im Bilde und kannten sich zugleich ausgezeichnet mit Walter Benjamin aus. Im Fall Polkes
führte das zu einem Stil, der zwar mechanische Methoden parodierte, graphisch und malerisch jedoch sehr
viel freier war als die mehr am Design orientierten amerikanischen Gegenstücke. Den Eindruck des Hand-
werklichen, den Polke in seinen Bildern bewahrte, diesen im Halbtonverfahren gedruckten Playboy-Bunnies,
in den Dufy-ähnlichen, dekorativen Motiven und in einer über sich selbst belustigten, »expressiven« Pinselführung, muß wohl zur damaligen Zeit ungeheuer altmodisch gewirkt haben (eher den frühen Pop-Bildern
Warhols und Lichtensteins verwandt als dem glatten
Stil ihrer reiferen Arbeiten). Aber natürlich war es etwas völlig Neuartiges. Polke umging die Falle des
»Looks« und blieb für eine halluzinatorische Vielfalt
von Impulsen offen, alten und neuen, hehren und alltäglichen, Impulse, die von Francis Picabia bis zu
Science Fiction reichten. Er zwangsernährte die Praxis
spontaner Bildproduktion mit einer Diät paradoxer Be-

wußtseinszustände und trug so direkt zur Entstehung dieses epochalen Deliriums bei, das heute in der Kunst herrscht.

Die fabelhafte Vielfalt von Polkes technischen und stilistischen Tricks – das Malen auf Textilien, die nicht aus Leinwand sind, das Überlappen der Bildmotive, das Mischen eines Hexengebräus undefinierbarer Malmittel, nur um die offensichtlichsten hier zu erwähnen – hinterließ einen sehr sichtbaren und beflügelnden Einfluß auf andere Künstler. Dabei liegt Polkes Signifikanz durchaus jenseits der trickreichen Oberflächen seiner Kunst, in einer philosophischen Geisteshaltung, die in der gegenwärtigen Kunsttheorie und -praxis herumspukt wie ein Geist in einer Maschine. Es handelt sich dabei um den bodenlosen Skeptizismus, der – »mit Terror und Entzücken«, wie Baudelaire es seinen Mitbrüdern, den Connoisseuren der Hysterie, empfiehlt – über die eigenen, unendlich verästelten Widersprüche nachsinnt. Polke ist Erbe eines großen, geheimnisvollen (weil praktisch unbeschreibbaren) Themas in der modernen Kunst: des Themas des Dämons.

Mein Lexikon führt unter *Dämon* »eine untergeordnete Gottheit, wie z. B. der Geist eines Ortes oder eines Menschen, der ihn stets begleitet«. Das scheint zu passen, allerdings ohne die damit verbundenen religiösen Anspielungen. Modernes Dämonentum ist die weltliche Offenbarung unpersönlicher Energien, die in der intensiven Aktivität eines scheinbaren Nichts erfahren werden. Durch das spirituelle Dandytum des späten 19. Jahrhunderts wurde ihm eine definitive Form verliehen, die in ihren Ansichten empirisch und materialistisch, ja sogar wissenschaftlich ist. Denn worüber,

glauben Sie, spricht Oscar Wilde in dieser Passage aus
»Der Kritiker als Künstler«?

> ... im Bannkreis der Persönlichkeit, dort, wo die Seele webt,
> kommt es zu uns, dieses schreckliche Gespenst, und hält man-
> che Gaben in seinen Händen – die Gaben des seltsamen We-
> sens und der verfeinerten Empfindlichkeit, die Gaben wild-
> leidenschaftlicher Glut und kühler Gleichgültigkeit, die
> vielfältigen Gaben der einander widerstreitenden Gedanken,
> der einander bekriegenden Leidenschaften. So leben wir
> nicht unser eigenes Leben, sondern das Leben der Toten, und
> die Seele, die in uns wohnt, ist kein einzelnes geistiges We-
> sen, das uns das Gepräge des Individuellen gewährt, das, zu
> unserm Dienste geschaffen, zu unsrer Freude in uns einge-
> kehrt ist.

Was Wildes »schrecklichem Gespenst« vorausgeht, ist
das »wissenschaftliche Prinzip der Vererbung«, welches (im Jahr 1890) die Illusion einer eigenen Subjektivität, eines autonomen »Ichs«, annullierte. Daß Wildes
»Wissenschaft« überholt ist, spielt keine Rolle. Er hatte an eine Metapher gerührt, die als Darstellung der
Spaltungen des modernen Geistes immer noch para-
digmatisch ist und die sich uns durch bestimmte Künstler in blitzartigen Epiphanien offenbart.

Polke ist einer dieser Künstler. In seiner Kunst ist
nichts völlig subjektiv oder völlig objektiv, obwohl alles wie durch ein unmenschliches Begriffsvermögen
geordnet erscheint. Man muß sagen, daß dieses Begriffsvermögen – der Polkesche Dämon – nicht gerade
beruhigend wirkt. Es ist höhnisch, unverschämt und
mephistophelisch. Es kommt einem blanken Zynismus

sehr nahe, ist ohne jeden erkennbaren Stolz und von gemeinem Charakter. Es hat einen Hang zum Niederen in Bildsprache, Material und Verfahrensweisen und bemüht sich nicht im geringsten, diese Niederungen zu tilgen. Man möchte fast annehmen, daß die dynamische Unordnung vieler Polke-Bilder das Werk eines Blinden ist, der einfach Glück hat. In meiner Phantasie sehe ich ihn ein noch nie zuvor benutztes, sauberes Atelier betreten, voll der exquisitesten Materialien, alle bestens geordnet, und es zerstören. Die Zerstörung – eine Serie von Bildern – wird abtransportiert. Das Atelier wird von einer Planierraupe überrollt.

Die Zerstörung des Ateliers – gemeint ist die Konventionalität der Malerei – scheint der immer wiederkehrende Traum der Avantgarde zu sein. Er war bereits das dominante Thema in der Kunst der späten sechziger Jahre, als Polke, der im Kontext von Pop völlig regressiv erschien, dem Eindruck vollständiger Irrelevanz geradezu hofierte, indem er, im Gegensatz zum Minimalismus und dessen Ablegertendenzen, darauf bestand, weiter zu malen und zu zeichnen. Wie sich in einem Jahrzehnt alles verändert! Heutzutage spürt man den radikalen Geist der sechziger Jahre sehr viel stärker auf dem Gebiet des Bildermachens – im besonderen bei Polke –, als daß man ihn in dieser »Post-Atelier«-Ästhetik wiederfindet, beziehungsweise in dem, was von ihr übrigblieb und was jetzt selbst hoffnungslos in die eigenen Konventionen verstrickt ist. Die durchaus überlegenen ironischen Möglichkeiten der Malerei werden deutlich in den Taten des künstlerischen Vandalismus Polkes, Taten, die zwar auf dem Rücken der Malerei ausgetragen wurden, die jedoch in und als Malerei endeten. Er zeigt, daß Malerei, gleich der Pechmarie aus dem Märchen, fähig ist, die Gewalt der Schläge, die gegen sie geführt werden, zu absorbieren und sie in sich zu verschließen. Dabei schlägt er gleichzeitig mit einer zwingenden Irrationalität um sich, die wie eine Naturgewalt zu spüren ist.

Wenn Polkes Perversion ein Rätsel sein sollte, dann sind seine immer wieder auftretenden, seltsamen Scherze beinahe eine Beleidigung. In seinem Werk kommen Beispiele brutalen Witzes mit dekorativem Getue und zweifelhaftem Mystizismus zusammen, so daß man sich manchmal beinahe gedemütigt fühlt, überhaupt hingeschaut zu haben. Wir haben es allerdings hier mit einer wohlmeinenden Demütigung zu tun. Polkes Geschmacklosigkeit (nicht schlechter Geschmack, der ja immer noch Geschmack ist) ist das Unterpfand seiner dämonischen Ernsthaftigkeit, sein Sinn dafür, daß im Herzen jeder kulturellen Konvention ein permanenter Ausnahmezustand herrscht. Für ihn scheint in dem gegenwärtigen Zustand der Kultur ästhetisches Dekorum ungefähr genauso wichtig zu sein wie Tischmanieren während eines Bombenangriffs. Das schließt das verstohlene Dekorum, das verschwiegene, leichte Übereinkommen mit ein, das das Bedrückende, den Wahn, die Apokalypse zum unverdienten Wechselgeld des gegenwärtigen Stils werden läßt. Polkes Immunität gegenüber den sich selbst befriedigenden, sich selbst rechtfertigenden Imperativen einer wie auch immer gearteten Stilrichtung qualifiziert ihn in einer Zeit, in der wir in Stilrichtungen zu ertrinken scheinen, als Künstler der Künstler unserer Tage.

Wie nicht anders zu erwarten, überfordert Polkes Arbeit die üblichen Methoden der Analyse, seien diese nun konventionell oder heuristisch. Er produziert einfach unlösbare Dilemmata, in denen jedes Element eines Bildes sich zwei Arten der »Verneinung« bewahrt, so daß man ausschließlich poetische Lichter aufblinken sieht, wenn man es auf seine formale Seite festnageln will und nur dumpfe Materialität erblickt, wenn man versucht, es als Metapher zu lesen. Ein gutes Beispiel ist das Bild *Lager* (Camp). Mag sein, daß die Lösungen, derer sich Anselm Kiefer bei ähnlichen Themen bedient, ein Grund dafür sind, daß auch hier die Erwartung entsteht, ein solches Motiv – die Stacheldrahtumzäunungen der Konzentrationslager –, ein Motiv, das einem das Blut in den Adern gefrieren läßt, müßte Katharsis beinhalten. Aber was wird uns tatsächlich angeboten? Eine Wolke schwarzer Trübheit, die uns einfach ins Gesicht gedrückt wird, das ist alles. Eine Trübheit, die in ihrer Physikalität weniger den Eindruck des Todes hervorruft, als daß sie abtötend wirkt und dabei folgendes zu sagen scheint: »Hier ist ein bißchen Farbe. Hast du wirklich in einem Bild etwas anderes erwartet?« Und das heißt keineswegs, daß sich die Provokation des Stacheldrahtes dadurch einfach auflöst. Auf was man schließlich und endlich reagieren muß, ist das Phänomen des gegenseitigen Ausschlusses, eine Art aggressiver Gleichgültigkeit: der Dämon.

Auf dem metaphysischen Schrottplatz der Kunst Polkes gibt es nur Zerbrochenes, das dann noch einmal zerbrochen wird. Keines der überkommenen Abbilder scheint, einmal in seinen Händen, zu bösartig oder zu zerstört, um sich jenseits von weiterer Erniedrigung und Zerstörung zu befinden. Ja, selbst das Medium Farbe (oder welches Gebräu er statt dessen benutzen mag) ist von seinen Eigenschaften abgetrennt, im besonderen von seiner Farbigkeit (die ausnahmslos willkürlich, fast unangebracht aussieht), und es ist auch auf tückische Art uneins mit seiner Trägersubstanz. Polke bedeckt nicht eine Oberfläche, sondern er löscht sie aus, wie im Beispiel *Lager* mit seiner dunklen Trübheit oder durch die galligen Flecken in *The Computer Moves In.* Jules Olitski äußerte einst seine Sehnsucht nach einer luftigen Malerei, die ohne Leinwand auskommt, Polke scheint willens, eine einfache Schweinerei auf Wänden und Fußböden zu hinterlassen, aber aus irgendeinem Grund kommen ihm immer wieder irgendwelche Leinwände in die Quere: Man hat oft das Gefühl, daß das verwendete Material brutal vom eigentlichen Weg abgebracht worden ist. Das Ergebnis all dieser Verwüstungen ist eine Roheit, die noch jenseits des Primitivismus der Art brut anzusiedeln ist, die der schmerzhaften Roheit blanker Nerven gleicht.

Sollte Populärkultur eine Form haben, in der sich der Dämon zu Hause fühlen könnte, dann ist dies sicherlich die Form des Alleinunterhalters, dieses seltsame Ritual, in dem ein Mann oder eine Frau, isoliert und entblößt, zum offenen Ventil für persönliche und kollektive, dunkle Abgründe werden, zu einem konvulsivischen Redner, der über das spricht, was unaussprechlich ist. Polke ist nicht der einzige, der in der Kunst ein strukturelles Äquivalent dieser Form sieht – heutzutage gilt sie als bestimmende Ausdrucksform besonders für junge amerikanische Künstler. Aber seine Version ist sicherlich die profundeste, da er die Effekte der

Komödie in Gang setzt, während er sie gleichzeitig auf einen Bereich zusteuern läßt, der so tief und unerforscht ist, daß man darüber nicht lachen kann. Polkes Kunst ist die der kosmischen Bauchlandungen, die des Ausrutschers – allerdings eines Ausrutschers im freien Fall, dem nie die peinliche, aber beruhigende Realität eines Bodens begegnet. Eine meiner typischen Reaktion auf seine Arbeiten ist ein bestimmter Schmerz –, ein schmerzliches Lachen, das nicht hervorbricht, eine Störung im Mechanismus des Humors, ein Schraubenschlüssel, der in dem Kreislauf von Anspannung und Entspannung steckengeblieben ist. Es ist ein kurzes, unstetes, nicht sehr angenehmes Gefühl, trotzdem ist es die Basis meiner Sichtweise Polkes.

Der dämonische Künstler ruft eine bestimmte Überzeugung ins Leben, eine Überzeugung, daß man sich in der Nähe von Dingen aufhält, die aus sich selbst heraus wahr sind und, was das Wichtigste ist, er stellt diese auch gewaltig auf die Probe. Oscar Wildes Ästhetizismus nimmt in der Passage, die ich zitierte, deshalb eine überraschende Großartigkeit an, weil in ihr der Ästhetizismus dazu gebraucht wird, mit einer Situation fast ursprünglicher Angst sinnvoll umzugehen und diese Angst, die darin besteht, von dem eigenen Selbst abgetrennt zu werden – eine unheilvolle Begleiterscheinung wissenschaftlicher Imagination –, zu überwinden. Auch Polkes unbedachter, schlampiger Umgang mit den Mitteln der Kunst – sein sarkastischer Schamanismus – ist voll Würde angesichts dieser Zersetzung des Selbst in einer hypertrophen, vom Untergang bedrohten Kultur, die er sowohl vorführt als auch zu bekämpfen sucht. Polke erzeugt einen organischen Heroismus, einen Heroismus ohne Feinde ... Vielleicht zählt das in einem größeren Zusammenhang nicht viel, aber die Polkesche Widerspenstigkeit ist ein zeitgemäßer Prüfstein der stets provisorischen Fähigkeit der Kunst, Hoffnung und Appetit auf die Zukunft zu wecken.

Der Tod und der Maler
Gerhard Richter

Gerhard Richters fünfzehn bestechend gemalte, aber
bescheidene, überwiegend klein gehaltene Ölgrisaille-
arbeiten, in denen er sich mit der westdeutschen, ter-
roristischen Rote Armee Fraktion beschäftigt, die in den
siebziger Jahren als Baader-Meinhof-Gruppe bekannt
wurde, vermitteln einen bewußt überwältigenden Eindruck und sind ganz dazu angetan, sowohl den politischen als auch den ästhetischen Nerv zu treffen. Diese
drastisch düsteren Bilder führen eine visuelle, intellektuelle und moralische Zweideutigkeit vor, die sich sehr
wahrscheinlich als unerschöpflich provokativ heraus-
stellen wird. Einige europäische Intellektuelle haben
Richter vorgeworfen, einen schauerlichen Cause célèb-
re – nämlich das Ende der 1977 in ihren Stuttgarter Ge-
fängniszellen, möglicherweise durch Selbstmord, zu
Tode gekommenen Personen, Andreas Baader, Gu-
drun Ensslin und Jan Carl Raspe (Ulrike Meinhof hatte sich anderthalb Jahre zuvor in ihrer Gefängniszelle
erhängt) – im Geiste eines bloßen Ästhetizismus aus-
gebeutet zu haben. Ich halte es jedoch für angemessener zu sagen, daß Richter damit die Qual des Ästheti-

schen im Angesicht politischer Gewalt ausgedrückt hat. Er verkomplizierte so auf riskante Weise seine schon immer schwer verständliche Einstellung zur Malerei – für nun beinahe drei Jahrzehnte ein verwirrendes Wechselbad von abstrakten, fotorealistischen und konzeptuellen Motiven, die er in ebenso spektakulären wie strengen, virtuosen wie nüchternen Stilrichtungen ausführt. Die Folge über die Rote Armee Fraktion bietet eine Gelegenheit, über Richters Vorgehen weitere Vermutungen anzustellen, ein Vorgehen, das stärker als je zuvor mit der ungewissen Natur und der umkämpften Bedeutung der Malerei in der gegenwärtigen Geschichte verbunden zu sein scheint.

Allen Bildern liegen Polizei- und Presseaufnahmen zugrunde. Zwei von ihnen zeigen den Schauplatz der Festnahme Baaders, Raspes und eines weiteren Mitglieds der Roten Armee Fraktion, Holger Meins', im Jahr 1972 (Meins sollte im Gefängnis an den Folgen eines Hungerstreiks sterben): ein banales, modernes Gebäude, vor dem ein spielzeugartiger, gepanzerter Mannschaftswagen steht. Drei weitere sind Ansichten der Zelle: eine Wand mit Büchern, ein Plattenspieler und ein verschwommenes, allgemein gehaltenes Interieur, in dem ein hängender Körper auszumachen ist (es ist der von Ensslin). Zwei Bilder zeigen den ausgestreckten Körper von Baader, erschossen. Eines der größten Bilder ist ein Panorama des Leichenzugs der drei Terroristen: Drei Särge, die in verblassendem Weiß aufleuchten, stehen in einer im Dämmerlicht versinkenden Umgebung, deren Details fast völlig ausgelöscht wurden, da Richter die gesamte bemalte Oberfläche horizontal verwischte. Es verbleiben noch sieben Porträtbilder von Meinhof und Ensslin: Ein gestelltes Porträt von Meinhof als junges Mädchen, eine Sequenz von drei Aufnahmen, die Ensslin nach ihrer Festnahme zeigen (sie entdeckt die Kamera, sie grinst, sie dreht sich weg), und die drei postumen Ansichten von Meinhofs Kopf im Profil, der Nacken von einer sonderbar eleganten Linie umschlossen, von der sich herausstellt, daß sie eine vom Erhängen zurückgebliebene Druckstelle, ein Striemen ist. Die drei letzten Bilder gehören zu den schockierendsten Darstellungen, die ich jemals zu sehen bekam, doch was genau dargestellt wird hier, und warum, beziehungsweise, zu welchem Zweck, ist nicht leicht zu sagen. Vielleicht ist es auch nur sehr schwer, sich damit auseinanderzusetzen, da, wiewohl auch beabsichtigt, schuldbeladene, erschreckende, eigensinnige Geheimnisse ästhetischer Vorlieben im Umkreis des Todes berührt werden.

»Der Tod ist das perfekte Motiv der Fotografie«, erzählte mir einst der ausgezeichnete Fotojournalist James Hamilton. Er sagte es nüchtern und sachlich, aus eigener Erfahrung, und schien damit wenig mehr zu meinen, als daß der Tod die meisten der Probleme eines Fotoreporters im voraus löst. Man muß sich zum Beispiel über den richtigen Zeitpunkt keine Gedanken mehr machen. Und ähnelt der Leichnam nicht bereits einer Fotografie – in einer sich verflüchtigenden Lösung? Der Fotograf reproduziert hier nur. Jede Entscheidung, die bei der Aufnahme des Bildes getroffen wird, ist, wenn sie mit einiger Intelligenz ausgeführt wird, von einer absoluten und eloquenten Präzision – so etwa der Aufnahmewinkel der Kamera und der Abstand von dem Leichnam, die eine spezifische Einstel-

lung des Lebens gegenüber dem Tod inszenieren. (Ein
Betrachter mag gerade aufgrund des *nicht menschlichen*
Ausdrucks verstört reagieren.) Genau das kann Malerei
nicht leisten. Sie ist zum einen das Medium der Fiktion, ein Medium, das den Tod, sagen wir mal, wie bei
Davids *Marat* oder wie in Manets *Matador*, nur inso-
weit überzeugend darstellen kann, wie es auch ein in-
szenierter Tod auf einer Bühne kann. Darüber hinaus
versteht es die Malerei jedoch, auf fundamental erotische Weise die Imagination zu beschäftigen. Die Malerei ist ein *gelebtes* Medium, verstrickt in die aktive
Zeit, in der ein Bild entsteht, die in der Zeit der Betrachtung zurückgewonnen wird. Die Lebendigkeit
der Farbe und die Berührung des Pinselstrichs können
psychologische und in gewisser Hinsicht auch physische Distanz überwinden, da sie sich symbiotisch mit
sinnlicher Wahrnehmung unseres eigenen Körpers
verbinden. Nur ein intellektualisiertes, graphisches
Medium – und die Fotografie ist der graphische Tri-
umphator – kann auf zufriedenstellende Weise thana-
totisch sein.

Was ist also zur Entscheidung eines Malers zu sagen,
der die Fotografie einer Leiche in Öl reproduziert?
Wir können es für pervers halten, da es sich gegen die
Struktur von beidem, von Fotografie und Malerei,
wendet, oder auch der Meinung sein, daß damit eine
zersetzende Eigenwilligkeit demonstriert wird. »Perversion«, eine Herabsetzung, die manchmal als Ausdruck widerspenstigen Lobes verwendet wird, bezeichnet nicht so sehr eine schlechte Tat als vielmehr
ein fragwürdiges Motiv, das Motiv von jemandem, der
etwas – das für sich betrachtet durchaus nicht unge-

wöhnlich sein muß – aus abnormalen, unberechenbaren Gründen tut. Warum sollte also ein meisterhafter Maler die unzähligen Möglichkeiten seines Mediums in den Dienst sklavischer Repräsentation banaler und schrecklicher Fotografien stellen? Aus einem anderen Blickwinkel betrachtet: Warum sollte sich irgend jemand, der sich ernsthaft mit dem politischen Drama, das in diesen Fotos dokumentiert wird, beschäftigt, dies durch das synthetische, vielleicht unvermeidbar blendende Medium der Malerei tun und nicht doch lieber innerhalb eines analytischen Essays? Ich denke nicht, daß diese Fragen rationale Antworten zulassen werden. Das Unbehagen, das sie ausdrücken, kann nicht aufgelöst werden, da es der springende Punkt im Werk des Künstlers ist: die Krise der allgemeinen Ordnung der Medien, eine Krise der richtigen Zuordnung ihrer Intentionen, also der normalen Beziehungen zwischen bildnerischen Mitteln und Zielen. Die Krise schlägt sich als verstörendes Gefühl purer Willkürlichkeit nieder, eine giftige Verwirrtheit, dazu geeignet, sich nach Erklärungen zu sehnen, die entweder den »perversen« Akt aus der Überlegung verbannen (was der Reflex von konservativen Institutionen ist) oder ihn, nach vollendeter Tat, beruhigend normalisieren (der Reflex der liberalen Institutionen und ihren alles absorbierenden Avantgarden). Eine dritte, kaum ertragbare Option wäre der Gedanke, daß »Perversion« – Selbst-Widerspruch, ein Sich-selbst-Besiegen – nicht nur eine fundamentale Bedingung der gegebenen, konventionellen Ordnung ist, sondern auch der allgemein gesellschaftlichen, menschlichen Aktivitäten – Malerei und Politik eingeschlossen –, denen die konventionelle Ordnung die Masken der Vernunft leiht. Ich denke, daß Richters RAF-Bilder keine Alternative zu genau diesem radikalen Pessimismus anbieten.

Der übergreifende Titel, den Richter diesen Bildern gibt – *18. Oktober 1977* – ruft einen bewegten Tag in der deutschen Geschichte ins Gedächtnis zurück, an dem der terroristische Versuch, Freiheit für Baader, Ensslin und Raspe zu erringen (die im Gefängnis Stammheim eine lebenslange Haftstrafe für die 1972 verübten Bombenmorde an vier amerikanischen Soldaten verbüßten), fehlschlug. Die Gefangenen starben, kurz nachdem sie die Nachricht erhalten hatten, daß der Angriff westdeutscher Kommandos in Mogadischu, Somalia, die Flugzeugentführung arabischer Verbündeter der RAF beendet hatte. Später dann töteten RAF-Entführer, die den Industriellen Hanns Martin Schleyer seit dem 5. September gefangenhielten und die Freilassung der Inhaftierten, Geld und sichere Ausreise forderten, ihre Geisel.

Die RAF existiert immer noch – erst letzten Dezember bekannte sie sich zu dem Mord an einem Frankfurter Bankier –, aber die Ereignisse des 18. Oktober 1977 waren der Höhepunkt einer siebenjährigen Periode (die mit dem ersten kriminellen Akt der Journalistin Meinhof begann, die die Flucht Baaders aus einem Berliner Gefängnis organisiert hatte), die von Bombenlegungen, Schußwechseln und Banküberfällen sowie von juristischen und polizeilichen Gegenmaßnahmen gekennzeichnet war und die westdeutsche Gesellschaft brutalisierte und zeitweise beinahe paralysierte. Fast alle Beweisstücke der Gefängnistode von Meinhof, Baader, Ensslin und Raspe, einschließlich der Frage nach dem Motiv, sprechen gegen die Theorie eines Mordes von offizieller Seite, allerdings kann diese Theorie auch nicht widerlegt werden. Das Vermächtnis Baader-Meinhof bleibt ein mit Schwefel getränkter Streitfall zwischen politisch Linken und Rechten in Deutschland. Richters RAF-Bilder müssen in diesem traumatischen Kontext gesehen werden, der den Bildern, die für sich genommen bereits quälend genug sind, einen zusätzlichen aufrührerischen Gehalt verleiht.

Ich denke da an die zwei Bilder von Baader, der in einer »unbequemen« Stellung daliegt (so der Eindruck des Betrachters), mit nach hinten gefallenem Kopf, wodurch sein Hals bloß und »ungeschützt« erscheint (als ob ihm jetzt noch irgend etwas passieren könnte). Aber hauptsächlich denke ich an die drei Ansichten von der toten Meinhof, auf denen der Hals ganz ähnlich schutzlos ist, was zur Folge hat, daß man als Beobachter das Gefühl hat, eine verbotene Grenze zu überschreiten, in eine schreckliche Intimität einzudringen, die zu schützen dem Subjekt verwehrt ist, ein Gefühl, das sich mit der Faszination durch den Charme dieses speziellen Opfers vereinigt. Ich finde diese Bilder verzweifelnd grausam und auf sehr verhaltene Weise sinnlich. Sieht man Meinhofs Kopf und Nacken als Gesamtform, dann ist diese deutlich phallisch. Was bedeutet das? Vielleicht bedeutet es gar nichts. Aber der Prozeß der Assoziationen und Reflexionen muß, einmal begonnen, zu einem Ende kommen. Es läuft darauf hinaus, daß er zum Test an den Fähigkeiten der Malerei wird, zu einem Test, der feststellen will, inwieweit diese mit einer schockierenden Realität umzugehen vermag, der durch die Fotografie etwas Spektakuläres und gleichzeitig Entfremdendes verliehen wurde, ob es ihr zumindest gelingt, diese Entfremdung begreifbar zu machen.

Betrachtet man die drei Bilder, die Meinhof tot zeigen, heftet sich das Auge unwillkürlich auf das dunkle Band, das ihren Hals umgibt und das zwangsläufig an das samtene »Halsband« erinnert, das von Manets *Olympia* getragen wird – eine Assoziation, die wieder *nichts* zu bedeuten haben muß und einen weiteren Widerstand bietet. Der gespenstische Anblick dieser Bilder, die wahrscheinlich im Leichenschauhaus einige Zeit nach dem Tod aufgenommen wurden, da die eingefallenen Züge bereits auf den Verfall hindeuten, erlaubt keine Fortsetzung gefälliger Träumerei. Aber die Zartheit, in denen die Bilder ausgeführt wurden, wirkt, ohne daß man es will, stimulierend. Zum einen erstaunt die Farbe. Die Bandbreite von Weiß, Grau und Schwarz erinnert an eine verschwommene Fotografie, gleicht aber auch dem Bild eines altersschwachen Fernsehgeräts, und doch bleibt alles strikt auf das Mittel des Chiaroscuro beschränkt – durchsichtige Öllasuren, die Licht regulierend zurückhalten. Das Gesicht tritt aus einem glänzendschwarzen Hintergrund durch außergewöhnlich kräftige Modellierung in rußigem Grau hervor, und das Weiß des Fleisches hat eine einmalige Leuchtkraft, ist gleichzeitig blaß und bleifarben wie ein schwacher Lichtschein in einer nebligen Nacht. Der Effekt ist der von spärlicher Beleuchtung in schlechter Luft, von einer dumpfen, vielleicht modrigen Atmosphäre. Aber er beglückt, so wie jede Verfeinerung der Wahrnehmung.

Der aschfarbene Schein dieser fünfzehn Bilder über die
Rote Armee Fraktion ähnelt der Helligkeit des Lichts,
nachdem sich die Augen an die Dunkelheit gewöhnt
haben, daher sind sie in einem gut ausgeleuchteten
Museum ein seltsamer Anblick. Einen ganz ähnlichen
Effekt hat auch der zeitgenössische Maler Ross Bleckner
erzielt, der diesen jedoch für lyrische, »spirituelle«
Zwecke nutzt. (Eine bessere Entsprechung findet man
in den erstaunlichen kleinen Ölbildern Vija Celmins',
dessen imaginäre Sternlandschaften schimmernd und
kompakt sind und die Dichte von Uran besitzen.) In
einer Installation befremdet das Erscheinungsbild der
Arbeiten auch dadurch, daß die Unterschiedlichkeit
der Formen und Größen dieser Leinwände so hilflos
und disparat wirkt. Schaut man direkt in diese Bilder
hinein (und das trifft eigentlich auf alle zu, wird aber in
den verwischten, also in der Verhaftungsszene, dem
Bücherregal, dem Hängen und dem Begräbnis besonders deutlich), wird man aus Raum und Licht des Ortes
entführt, um nirgendwo anzukommen. Statt dessen
dieses Gefühl von schwindendem Augenlicht, das sich
bemüht zu sehen und doch nur ungenügend sieht. Betrachtet man dieselben Bilder aus den Augenwinkeln
heraus oder mit ausreichendem Abstand, dann sind sie
komprimiert und starr und offenbar von einer derarti-
gen Schwere, daß sie, fielen sie zu Boden, diesen spren-
gen könnten. Auch mit Kenntnis der Thematik der
Arbeiten ist die Empfindung, die am Ende übrigbleibt,
nicht so sehr traurig als vielmehr jenseits von Traurigkeit und ruft eher ein Gefühl der Betäubung hervor,
einer Betäubung, die aus Schmerz oder aus Wut entstanden ist. Die Arbeit ist gnadenlos deprimierend und

besitzt eine erschöpfte saturnische Feierlichkeit. Sie ist ein Todesstreifen, ein eigentümliches Ding, das jeden belebenden Funken von Verstand und Herz verschlingt.

Sieht man sie als ein Ganzes – besonders im Hinblick auf einen heutigen Betrachter, der wahrscheinlich mit der Zeitungsmeldung, die selbst damals in den Vereinigten Staaten erstaunlich wenig Beachtung fand, nicht sehr vertraut sein dürfte, dann summieren sich diese fünfzehn Bilder durchaus nicht zu einer erkennbaren Erzählung, obwohl sie auf Fragmente einer solchen hindeuten: versprengte Bruchteile einer gewaltigen Geschichte, Sätzen und Abschnitten gleichend, die aus einem langen Roman herausgerissen wurden. Zwei Bilder erzählen uns zum Beispiel davon, daß es einem Gefangenen erlaubt war, Bücher zu lesen und Musik zu hören, etwas, das mir eine recht kärgliche, narrative Ausbeute zu sein scheint, bedenkt man, daß fast vierzehn Prozent der gesamten Folge ausmacht. Oder will der Erzähler, Richter, hier auf die dürftige Basis verweisen – Liebe zu Büchern, Liebe zur Musik –, auf deren Grundlage ihm eine Identifikation mit dem Gefangenen Baader möglich wird? (Alternativ dazu könnte der Plattenspieler, um mit Alfred Hitchcock zu sprechen, ein »MacGuffin« sein, ein unschuldig aussehendes Objekt mit unheilvoller narrativer Signifikanz: Die zuständigen Behörden gaben an, daß Baader eine Pistole darin versteckt gehalten haben soll.) Beinahe die Hälfte der Fragmente rankt sich um zwei weibliche Charaktere, Meinhoff und Ensslin, und bringt eine dominante Nebengeschichte hervor, deren zufällige, auf Personen bezogene Eindringlichkeit diese zur stärksten Empfin-

dung der Serie macht. Wir sehen ein reizendes
Mädchen auf einem dieser Bilder, die von (völlig) ver-
narrten Eltern gerahmt und aufgestellt werden. Wir
sind durch die mechanische und besessene Sequenz –
klick-klick-klick – Zeuge der Lebhaftigkeit einer jungen Frau. Wir sehen dreimal das Abbild einer toten
Frau – mit nur geringen Unterschieden, was entweder
darauf hindeutet, daß es sich hier um drei verschiedene
Fotografien handelt (wurden sie mit unterschiedlichen
Linsen hergestellt?) oder um drei verschiedene Be-
handlungsweisen desselben Bildes – so, als hätte man an
ihre Bewegungslosigkeit nicht glauben können und
daher auf irgendeine Veränderung, auf eine Kommunikation, auf irgendein Lebenszeichen hofft. Es gibt hier
ein Rätsel, das mit dem unglückseligen Bedürfnis vermischt wurde, der Sache auf den Grund zu kommen,
um zu erkennen, was nicht erkannt sein will, etwas, das
vor dem Zugriff des Wissens zurückschreckt. Wer
waren Meinhof und Ensslin, Terroristinnen, die zu Op-
fern der Gewalt wurden? (*Welcher* Gewalt? Es spielt für
sie nun keine Rolle mehr.) Richter behauptet, Hunder-
te von Fotografien untersucht zu haben, deren Gegenstand Baader-Meinhof gewesen sei, bevor er diese Serie
begann. Folgte man also seinem Vorbild, indem man
genügend Bilder von Meinhof und Ensslin studierte,
könnte man vielleicht einer Wahrheit habhaft werden,
die der übergreifenden Tragödie zugrunde liegt. Vielleicht aber auch nicht.

Es wäre nützlich, die RAF-Serie als Teil der fortlau-
fenden Antwort Richters zu sehen, die dieser, von Kritikern häufig kommentiert, während seiner gesamten
Karriere auf Warhols bedeutendste, auf der Basis von

Fotografien entstandene Bilder gab, aus den Jahren 1962 bis 1965 (in diesem Zusammenhang besonders erwähnenswert: die Katastrophen-Serie, jene gelassen obszönen Ikonen gewöhnlicher und anonymer Tode). Wie jeder andere Maler der letzten 25 Jahre, so hat auch Richter die Kunst der Malerei auf einen Post-Warhol-Zustand hingelenkt, der von zwingenden und allgegenwärtigen Einflüssen einer mechanischen Bildersprache bestimmt wird. Mit seinen verführerischen, fotorealistischen Landschaften und Stilleben und, wie wir sehen werden, ebenso mit seinen Abstraktionen und nicht minder mit seinen aus den Medien abgeleiteten Bildern hat Richter die Begleiterscheinungen der epochalen »Perversität« Warhols tiefer und einschneidender gestaltet: die extreme Transformation der Malerei (so wie Malerei in ihren formalen Konventionen und modischen Gebrauchsformen am Ende der Ära des Abstrakten Expressionismus verstanden wurde) in ein parasitäres Gewächs am Körper einer Welt, die vollständig von fotografischen Produkten ausgedrückt wird.

Damals, in den sechziger Jahren, schien Warhols Kunst eine radikale, von dem Tod der Malerei ausgehende Bedeutung zu besitzen. Seither haben wir aber die konservativen Aspekte seiner Manipulationen begriffen: das Erhalten und Überhöhen dieser Fertigkeit der Malerei, transzendierende Präsenz zu haben und mitteilen zu können, die noch um einiges pikanter erscheint, wenn mechanische Formen und Themen der Massenkultur in sie eindringen. Warhol bewies, daß die Malerei – trotz der erlittenen Herabwürdigung durch die Medien als Kommunikationsmedium – auf ihrem eigenen Terrain, das man mit *Communion* bezeichnen könnte, immer noch unbesiegbar war. Richter hat das Warholsche Patt, das zwischen radikaler Negation (Malerei als willkürliche Trickkiste) und konservativer Affirmation (Malerei als unwiderstehlicher Spiegel des Bewußtseins), rigoros beobachtet. Richters überbordendes Schaffen hat sich davon befreit, ohne Vormarsch oder Rückzug, so als entspringe all das einem einzigen, in der Zeit steckengebliebenen Moment. Er geht hauptsächlich im Ausmaß seiner moralischen Ernsthaftigkeit über Warhol hinaus – eine sich nie entschärfende Konfrontation mit den Schattenseiten der Malerei und des Bewußtseins, das diese reflektiert.

Für mich zeichnen sich alle Arbeiten Richters durch ein dürres, praktisch gefriergetrocknetes Pathos aus, eine Emotion, die so überzeugend machtvoll ist, daß sie unter seinen leidenschaftslosen Händen auch die extremste Abschwächung überleben kann. Ich entdecke ein lang verklungenes Echo eines solchen Pathos in der Bemerkung Edgar Allan Poes wieder, in der er sagt, daß der poetischste aller Gegenstände eine junge Frau sei, die im Sterben liegt. Für Richter, so denke ich, ist die Malerei eine junge Frau, die stirbt. Um ihrem Tod Bedeutung zu verleihen, ist es unumgänglich, daß er sie liebt, ebenso wie es absolut erforderlich ist, daß sie stirbt, um seiner Liebe Unsterblichkeit zu verleihen. In dieser Metapher *ist* das Ästhetische das Erotische, und es ist überaus präzise gestaltet. Die darin eingeschlossene Empfindung ist zugleich morbid und zärtlich. Sie ist männlich. In Arbeiten, die von dem 1966 entstandenen Bild (auf einem Foto basierend, das die betreffende Person noch am Leben zeigt) einer ermordeten Prostituierten namens Helga Matura bis hin zu den Bildern von Meinhof und Ensslin reichen, wird diese Thematik von Zeit zu Zeit direkt umgesetzt – die Verschiebung beschreibt seine Einstellung gegenüber dem immer geliebten und stets dahinschwindenden Fleisch der Malerei selbst.

Eine solche Haltung läuft auf eine »Perversität« hinaus, die, um idiosynkratisch oder auch nur persönlich sein zu können, viel zu tief sitzt, da sie einen fundamentalen Konflikt zwischen dem Wunsch, erkennen zu wollen, und dem Wunsch, eins sein zu wollen, beschreibt. (Man muß eine Sache töten, um sie begreifen zu können, sagt D. H. Lawrence.) Genau dieser Gegensatz erreicht in den Bildern der toten Meinhof seinen Höhepunkt, da diese sich dem von der Fotografie versprochenen allumfassenden Wissen (vorrangig über den Tod) durch den vollkommenen Genuß der stillschweigenden Liebkosung der Farbe (Leben ohne Ende) widersetzen. Der Konflikt wird in allen Ensslin- und Meinhof-Bildern, wenn auch mit weniger Intensität, anhand von dramatischen Anspielungen auf mögliche männliche Rollen durchgespielt, die den Frauen gegenüber eingenommen werden könnten, wobei alle Charaktere durch eine unterschiedliche Art des Blicks bestimmt werden: durch den Blick des Vaters, Liebhabers, Freundes, Kampfgenossen und Trauernden (und vielleicht auch des sich aufdrängenden Fotografen oder des Mörders). In allen Fällen gibt es keine Errettung einer Welt, in der die Zärtlichkeit der Seele keine Immunität gegen das Grauen gewährleisten kann.

Ist das Ästhetische, als eine exklusive Art der Erfahrung und Bewertung von Existenz, nicht doch eine

Erbsünde, die früher oder später das Grauen heraufbeschwört? Vielleicht will Richter genau das vorschlagen,
indem er seinen Schwerpunkt auf eine westliche urba-
ne Terroristengruppe, ein paraartistisches Phänomen
politischen Handelns verlagert, das, gemessen an ratio-
nalen, politischen Maßstäben, sinnlos ist. In Interviews
erklärte Richter seine Aversion gegenüber ideologisch
motivierter Gewalt, dabei pries er gleichzeitig die Beschaffenheit der »Hoffnung« der RAF. Hoffnung auf
was? Richter ist da in keiner Weise deutlicher, als es die
Mitglieder der Baader-Meinhof-Gruppe waren, aber
die jeweiligen moralischen Aspirationen, die seinen
und die ihren, scheinen, trotz ihrer gegensätzlichen politischen Einstellung, von einer Sehnsucht nach Reinheit des Willens, von einem Zorn auf weltliche Kom-
promisse und von der ikonoklastischen Verschmähung
rein symbolischen Ausdrucks geprägt zu sein, die extreme Traditionen des nordeuropäischen, protestanti-
schen Denkens sind. (Ensslin war wahrscheinlich nicht
zufällig die Tochter eines evangelischen Pastors.) In
dieser verhangenen, verzerrten Grisaille sehe ich die
Agonie des Gewissens, mit welcher Richter, unter dem
ironischen Vorwand, doch nur unscharfe Fotografien
nachahmen zu wollen, auf physische Weise diesen
Drang, sehen zu müssen – den Voyeurismus –, attak-
kiert, der die Bilder überhaupt erst hervorbrachte. Solche bilderscheuen Bedenken erscheinen ausgesprochen nordeuropäisch und stehen in scharfem Kontrast
zu dem unverfrorenen Bilderrausch Warhols. (Der
gleiche transatlantische Kontrast wiederholt sich in
den verschiedenen Stilen des politischen Extremismus,
was deutlich wird, wenn man die Strenge Baader-

Meinhofs mit dem faktischen Warholismus der
berühmtesten amerikanischen Terroristengruppe der
Gegenwart vergleicht: der Symbionesischen Befrei-
ungsarmee, die der Presse ihr verblüffendes, ikonen-
gleiches Foto der entführten Medienerbin Patti Hearst
übersandten, abgebildet mit Maschinengewehr und in
der archetypischen Pose der heroischen Guerilla.)
Richters charakteristische Geisteshaltung – eine de-
pressive Dichte, die dem frontalen Zusammenstoß von
unwiderstehlichem Ästhetizismus und unbeweglichem
Moralismus entspringt; Feuer des Voyeurs, Eis des Pu-
ritaners – mag amerikanische Zuschauer, denen die
Freuden der Imagination relativ wenig Sorgen berei-
ten, verblüffen. Trotzdem verdient diese Geisteshaltung Empathie, da sie so energisch den gewaltigen und
dubiosen Charakter der Malerei einer Zivilisation of-
fenlegt, an der wir alle teilhaben.

Richters zweispurige Karriere in der abstrakten und
der fotorealistischen Malerei ist für mich ein Tanz der
Anziehung und des Ekels mit der mythischen Kraft des
Mediums. Dieser Tanz scheint zum Teil ein bewußter
zu sein, zum Teil aber auch unbewußt. Richters be-
wußtes Projekt der Manipulation von Stilen, die sich
bereits am Rande der Erschöpfung befinden, legt nahe,
daß diese eine strategische Einsicht in die anhaltende
Krise der Malerei ausdrücken, die sich zwischen dem
Teufel der Fotografie und der Medien und dem tiefen,
blauen Meer des rein archaischen, edlen Handwerks
aufhält. Er verbürgt sich für beide Wertordnungen, erklärt sich für beide verantwortlich, umarmt keine und
schwört keiner ab. Das unbewußte Element, das ich
durch die Metapher der jungen sterbenden Frau einge-

führt habe, bleibt nicht aufgrund einer persönlichen Schwäche Richters unterbewußt, sondern deshalb, weil es auf einer primordialen, psychologischen Ebene existiert. Sie ist die Ebene, die es uns erlaubt, vom Mythos als etwas Realem zu sprechen. Im Fall Richter wird der Mythos der westlichen Malerei – Königin der visuellen Künste – eben durch die Stärke seiner einfallsreichen Anstrengungen, sie einzugrenzen und zu überwinden, bekräftigt. (Solche unbeabsichtigten Resultate oder plötzlichen Verschiebungen in der Polarität eines intendierten Aktes sind Visitenkarten des Unterbewußten.) Es bleibt abzuwarten, wie Richters geteilte Antworten auf die Krise der Malerei, seine Abstraktion und sein Fotorealismus, einzeln und zusammen hinsichtlich der unkontrollierbaren Ziele funktionieren werden.

Richters Abstraktionen, die er seit Mitte der siebziger Jahre in großer Menge produziert, drücken eine ursprünglich visuelle Wirkung aus, ebenso sensationell und ebensowenig zu einer Analyse anregend wie die kosmischen Spezialeffekte eines Films von George Lucas. Sie heizen eine jähe, aber seichte Erregung an, eher bewundernder als erhabener Art. Betrachtet man sie so lange, bis das Auge jenes Stadium erreicht, wo es vorsichtig damit beginnt, nach einer formalen Ordnung des Bildes zu tasten, dann sind diese Bilder enttäuschend, da die auf den ersten Blick vorhandene, großartige Einheit in ein Gemisch einfacher, malerischer Effekte zerfällt – ein zu erwartendes Resultat von Techniken, die stark vom Zufall abhängen. (Richter stellt diese Abstraktionen mit ihren unglaublich komplexen Gebilden visueller Ereignisse sehr schnell und recht einfach meist dadurch her, daß er Farbe auf die gesamte Oberfläche schmiert und dann ein Brett über sie hinwegzieht.) Die schönen Bilder sind leblos. Als ich in den frühen achtziger Jahren erstmals Richters Kunst begegnete, entschied ich, daß die wahrhaft mühsame Problematik eine Parodie des Abstrakten Expressionismus sein mußte, die sich über die malerische Poetik von existentieller Aufrichtigkeit und »Aktion« lustig macht, und dies mit dem Prunk eines Feuerwerks vollkommen unverantwortlicher, beiläufiger Markierungen. Ich übersah deshalb die nüchterne Intelligenz und diese seltsam aufgeladene Verzweiflung seiner Arbeiten, welche sich an die Abstraktion in ihrem bereits verspotteten und fast verdinglichten Zustand wandten – eine Abstraktion in einem Zustand, der zum Beispiel von einer zu oft übersehenen Bilderserie Warhols, den reizenden tödlichen *Flowers* von 1965, angekündigt worden war. (Warhol sagte damals, daß dies seine letzten Bilder seien, eine heldenhafte, überzeugende Position, da er aber kein Puritaner war, zögerte er nicht, das später mit einem Achselzucken abzutun.) Diese makellos frontalen, reduktiven *Flowers* erfüllen die kritischen Bedingungen formalistischer Abstraktion der damaligen Zeit auch dann noch, wenn man ihnen das Formaldehyd aufrichtiger fotografischer Repräsentation injiziert, das jede noch fortlebende, romantische Idee wahren Ausdrucks vernichtet. Ausgehend von diesem Punkt, dem einbalsamierten Leichnam der Abstraktion als Repräsentation ihrer selbst, beginnt Richter – und beginnt wieder und wieder – an einem vor sich hinstotternden, toten Punkt, der zwischen einer unrettbar verlorenen Vergangenheit und einer unerreichbaren Zukunft liegt. Daher diese Empfindung eines düsteren Schwindelanfalls, die mich stets als eine typische Reaktion überkommt, wenn ich auf Richters Abstraktionen blicke.

Heute sehe ich in Richters abstrakten Bildern hinter all dieser animierten Leblosigkeit, in und jenseits der Enttäuschung, die geduldig ertragen wird, die für ihn einzige Möglichkeit seiner Liebe zur Abstraktion weiterhin Ausdruck zu verleihen – nach dem epochalen Zusammenbruch des Glaubens an ihre sinnstiftende Kohärenz. Oder besser, ich sehe darin eine der *zwei* Möglichkeiten, dieser hingebungsvollen Liebe zur Abstraktion treu zu bleiben, wobei die andere die seiner entschieden lebendigeren, fotorealistischen Landschaften und Stilleben ist. (Als »fotorealistisch« bezeichne ich jedes Bild, dessen eigentlicher, ästhetischer Effekt an die spürbare Intervention der Kamera anknüpft.) Wollen Sie eine einmalige Gelegenheit, diese sich verschiebenden Polaritäten genauer betrachten zu können, dann vergleichen Sie die Leblosigkeit der Farbe in Richters lyrisch anmutenden Abstraktionen und die Sinnlichkeit der Farbe in den sich beschreibend ausnehmenden Landschaften, Schädeln und Kerzen. Dieser Kontrast hat nichts Geheimnisvolles, er basiert auf einer fast mechanisch ausgeführten Technik, die der Handarbeit des Pinsels gegenübergestellt wird, doch die damit verbundenen Effekte laufen auf eine Umkehrung der erwarteten und angezeigten Freuden dieser zwei Methoden hinaus: Richters Abstraktionen erfreuen uns als Repräsentationen (eines Genres der Malerei), und seine Repräsentationen befriedigen als Abstraktionen (Malerei um ihrer selbst, unter dem Vorwand eines

Gegenstandes). Ziehe ich meine allgemeinen Erfahrungen mit zeitgenössischer Kunst zu Rate, muß ich etwas verstimmt feststellen – was ich ohne die Hilfe Richters niemals so intensiv wahrgenommen hätte –, wie charakteristisch dieses Phänomen sprichwörtlicher Duplizität des visuellen Vergnügens geworden ist. Es ist vielleicht der verstohlene Gebrauch des Eros in einer Kultur, die so sehr vom Skeptizismus bedrängt wird, daß wir äußerst rasch (und mit bestem Gewissen) dazu bereit sind, unseren Appetit auf Bilder durch abstrakte Designs zu befriedigen und unseren Hunger nach malerischer Sublimität mit den Gemälden fotografischer Bilder zu stillen. Richter ist der gegenwärtige Meister dieser epochalen ästhetischen Psychologie, während er vielleicht auch ihr Gefangener ist.

In Edgar Allan Poes eindrucksvoller Erzählung *Ligeia* stirbt eine Frau und kehrt nur deshalb wieder in das Leben zurück, um noch einmal zu sterben, um wieder und wieder zurückkehren und zu sterben, um endlich zu einer vollkommen anderen Frau zu werden (die große Liebe des Erzählers). Es handelt sich hier um eine Gruselgeschichte. Gleichzeitig ist es eine unschlagbare Allegorie auf die männliche ästhetische Obsession, auf das Drama unvereinbarer Beweggründe, die dem Femininen zustreben: zu besitzen und zu wissen, die jeweiligen Handlungsweisen des Begehrens und der Furcht. Wie Poe tendiert Richter von Natur aus zu dem Pol des Wissens und des »logischen Denkens« (Poes Lieblingsbeschäftigung), etwas, das sich in der rigorosen Überbestimmtheit seines Stils feststellen läßt, und fühlt sich dann in symbolischen Episoden vom Pol des Sich-Vereinigens angezogen. Meiner

Meinung nach ist es mehr als einleuchtend, diese Bilder von Meinhof und Ensslin als die Darstellung von Richters »Ligeia« zu sehen. Die terroristische Muse, die eine bewundernswerte Frau ist und zugleich eine furchterregende Figur fanatischer Reinheit, wird zu einem Ligeia-gleichen Leichnam, der nicht zur Ruhe kommt und den Spieß zwischen Verlangen und Furcht so lange umdreht, bis er herumzuwirbeln beginnt.

Polnisches Haiku
Mirosław Balka

Weiße Enten auf dem Hof einer baufälligen Fabrik.

Ein Arbeiter entfernt mit einem Hammer Unmengen von Rost von einem Laternenpfahl. Es scheint so, als wolle er feststellen, ob es auch dann noch einen Laternenpfahl gibt, wenn aller Rost entfernt ist.

Kohlenrauch steigt in einen pudrigblauen Himmel.

»FUCK OFF« und »PUNK NOT DEAD«, Graffitis, die immer wieder auftauchen.

Ein kleiner Junge inmitten einer Gruppe von anderen kleinen Jungen – einem vorbeifahrenden Zug zeigt er den Stinkefinger. Alle anderen, die um ihn herumstehen, sind voll Bewunderung für ihn.

Sonnenblumen!

Für einen Amerikaner, der das erste Mal durch Mitteleuropa reist, ist Polen ein schroffes Land, doch voll bezaubernder und beunruhigender Lebendigkeit. Er versteht nichts, daher sammelt er Eindrücke, von denen er annimmt, daß es die wesentlichen sind, aber er weiß nicht, ob das stimmt.

Plötzlich befindet er sich in Gegenwart eines polnischen Künstlers.

Mirosław Balka ist ein großer, kräftiger 34jähriger Mann mit einem Bürstenhaarschnitt und hellblauen Augen. Er steht in einem ziemlich heruntergekommenen, beengten Haus, das aus drei Zimmern besteht und den Eindruck macht, als wäre es für ihn viel zu klein, als hätte sich ein Riese in ein Puppenhaus verirrt. Dieses Haus ist das Haus, in dem er aufwuchs. Seit kurzem ist es sein Atelier, denn die Eltern zogen nach nebenan, in ein größeres und schöneres Haus. »Ich kann mir überhaupt nicht mehr vorstellen, wie wir hier lebten«, sagt er. Er zeigt auf die Nische, in der sein Kinderbett stand.

Balka sucht für seinen Besucher einen Aschenbecher. Ihm fällt ein, daß der Aschenbecher sich in Krefeld, Deutschland, befindet und daß er Teil einer Skulptur ist (ein Ersatz wird gefunden).

Ich sah Balkas Arbeiten, von denen ich bis dahin nichts gehört hatte, zum ersten Mal auf der Aperto, während der Biennale in Venedig, 1990. Ich war betroffen von der Schönheit der Objekte, die das Wesen der Armut so ausdrücklich und so entschieden wiedergaben, daß die ganze Arte povera, an die ich mich erinnern konnte, mir im Vergleich dazu wie übertriebener Luxus erschien. Woher kam diese Qualität der Arbeiten. Erst jetzt, nachdem ich in Polen gewesen bin, beginne ich, etwas davon zu verstehen: das Charakteristische des vorgefundenen Materials zum Beispiel, auf das die Kategorie *Abfall* fast nie zutrifft, weil dort nichts zu kaputt, zu elend sein kann, um jemals vor dem prüfenden Auge menschlicher Nützlichkeit in Ungnade zu fallen. Wenn etwas in einer solchen Umgebung irreparabel kaputtgeht, dann erst ist es frei für eine andere

Verwendung. Balka erlöst seine Materialien nicht von
ihrer Unbrauchbarkeit, aber er bewahrt sie vor der
zwielichtigen Karriere, als Objekte einer Ökonomie
der Notbehelfe zirkulieren zu müssen. In Ausstellungen scheinen seine verrosteten Metalle und verhutzel-
ten Hölzer über ihre elegante Verwendung beinahe
schockiert, angesichts der weißen Wände und der
Leuchtschienen wirken sie genauso verlegen wie ein
Gelegenheitsarbeiter, den es in die Räumlichkeiten eines Aufsichtsrates verschlagen hat.

Balka führt mich zu seinem ehemaligen Atelier, einem winzigen Raum in einer zweizimmerigen Hütte
hinter dem Haus. Der andere Raum ist voller Grabsteine, die der Vater graviert, wenn er nicht als Ingenieur in einer Fabrik arbeitet. Balkas Großvater, der
vor zwölf Jahren starb, war Steinmetz und stellte Grabsteine her – der lokale Friedhof legt davon Zeugnis ab.
Der Großvater brachte Balkas Vater die Kunst des Gra-
vierens bei. Manchmal, wenn Balka arbeiten wollte,
trieb ihn das beständige Klirren von Hammer und
Meißel (schrink, schrink, schrink), das aus dem Raum
seines Vaters drang, fast zum Wahnsinn und ließ ihn
die Flucht ergreifen. Er sagt, daß sein Großvater ihn
zum Künstler gemacht habe. Nur ihm würde er es ver-
danken. Er erinnert sich mit Freuden daran, wie er den
alten Mann auf dem Pferdefuhrwerk begleitete, um mit
ihm Grabsteine auszufahren, die auf den Friedhof gebracht werden mußten. Er erzählt von einem schmud-
deligen Fotoalbum mit Fotografien der Grabsteine des
Großvaters, das als Katalog für mögliche Kunden diente. Dieses Buch ist irgendwann weggeworfen worden,
und wie Balka davon redet, hört es sich an wie der

schmerzliche Verlust einer kleinen beschmutzten Bibliothek von Alexandria.

Beinahe überall in Polen sind die Orte und die Objekte, wie in jedem Land, das schon lange in Armut lebt, nicht ganz sauber, aber auch nicht gerade dreckig. *Beschmutzt* wäre wohl der passende Oberbegriff für einen physischen Zustand, der so viele verschiedene Arten der Verunreinigung kennt wie ein Eskimo in seiner Sprache Bezeichnungen für Schnee. Was für eine Gelegenheit also, verstehen zu lernen, wie sich der von außen kommende Schmutz, der »Dreck«, von dem im Inneren entstandenen Schmutz, einem Abfallprodukt des Zerfalls, unterscheidet, und welche Abstufungen es dabei jeweils gibt und welche Kombinationen die beiden eingehen können. Man muß das Paradoxe studieren. Ist Schmutz wirklich »schmutzig«? Ist er nicht vielmehr sauber: in sich sauber, also sauberer Schmutz? Er kann unbefleckt, ja rein sein, wenn ein Künstler eine künstlerische Verwendung für ihn findet. Er kann, wie es bei Balka der Fall ist, ein Kasten voll Asche sein, die einem kleinen, alten Holzofen entnommen wurde, der (sehr schlecht, wie Balka sagt) sein ehemaliges Atelier beheizte: sanfte, graue Asche von zartem, fast schillerndem Schein, so zerbrechlich wie feinste Gaze. In dieser Asche ruhen klumpige Gipskugeln, die, so sagt Balka, ihn an Seifenbrocken erinnern, die sein Vater aus den gesammelten Scheibchen beinah völlig aufgelöster Seifenstücke herstellte.

Balkas Materialien schwanken zwischen ihrer vergangenen und zukünftigen Verwendungsform und der Entropie des Zerfalls, der molekularen Auflösung. Ich muß oft an diesen durchaus funktionierenden Later-

nenpfahl denken. Ist er nun verrostet, oder besteht er
einfach nur ganz und gar aus Rost?

Der Hammer des Arbeiters, der die Wahrheit des
Laternenpfahls entdecken wird, könnte zum Symbol
für ein neues Polen werden. Dasselbe gilt auch für die
Arbeiten Balkas, der als Künstler internationale Beachtung erfährt, es aber vorzieht, in seinem alten Warschauer Vorort zu arbeiten, dort, wo er aufgewachsen ist
(während er in einem anderen, angrenzenden Gebiet
lebt). Der Vorort Otwock, der in den frühen Geschichten von Isaac Bashevis Singer immer wieder auftaucht,
war die Endstation einer berühmten Straßenbahnlinie
Warschaus und der Standort eleganter Tuberkulose-
sanatorien. Es ist ein Ort quälender Erinnerung an die
zerstörte bürgerliche und jüdische Vergangenheit
Polens. Auf dem stark verwüsteten jüdischen Friedhof
Otwocks kann die sandige Erde, die seit langem zur
Herstellung von Zement abtransportiert wird, die zu
Tage geförderten, menschlichen Knochen nicht mehr
bedecken. Balkas Atelier scheint sich in unmittelbarer
Nähe einer Welt zu befinden, die sich intensiv mit Fragen nach Dauer und möglicher Transformation – Zerstörung oder Erlösung – des Menschlichen auseinandersetzt. Als Besucher Polens denkt man viel über
solche Sachen nach.

Letzten Sommer zeigte Balka auf der documenta 9
eine Arbeit, die die Steine des Grabes wiederverwen-
dete, das sein Großvater einst für sich selbst entworfen
hatte. Die Steine waren aus Terrazzo (Kieselzement,
der zu einer glatten Oberfläche gepreßt wird), diesem
Marmor der armen Leute. Die Familie, die relativ
wohlhabend geworden war, hielt das Material für zu

bescheiden. Balkas Großvater liegt jetzt unter einem Granitstein begraben. Der Enkel hält dem Großvater die Treue, dessen Seele und Gesinnung der verschmähten Grabstätte um die Welt folgt.

»In der Kindheit passiert etwas so Bedeutendes, das sich auch später nie verändern wird«, sagt Balka. Das minimalistische Vokabular und die Syntax der Formen, die er für sich in Anspruch nimmt – die Lingua franca in der Welt internationaler Skulpturausstellungen, in der er ein aufsteigender Stern ist –, ist »nur der visuelle Aspekt«, so erklärt er. Ein offensichtlich von Joseph Beuys beeinflußtes Vokabular metaphorischer Materialien (fleischähnlicher Schaumgummi z. B. und Salz für den ursprünglichen menschlichen Körper) könnte man daher als semiotischen Aspekt seiner Kunst betrachten. (Eine andere westliche Wahlverwandtschaft ist der frühe Bruce Nauman, der, wie er sich erinnert, eine strenge, sehr spezielle Vorgehensweise für ein Problem wählte, das man am besten als das Problem der Autarkie in der Kunst bezeichnet: Du bist ein Künstler in deinem Atelier, allein und losgelöst von Raum und Zeit. Nun, was wirst du tun? Schau dich um. Was gibt es dort zu sehen? Was kannst du daraus machen?) Balka ist noch kein Erneuerer der bildhauerischen Ästhetik oder Poetik. Er ist einnehmend und anziehend, da er die Fähigkeit besitzt, durch eine erlernte Sprache seine Geschichte zu erzählen. Wert und Tugend der Sprache scheinen für ihn in der Fähigkeit zur Vergeistigung zu liegen – darin, das Unbewußte sichtbar zu machen –, eine Vergeistigung anstürmender Gefühlswelten, die ansonsten unkontrollierbar mächtig und antagonistisch bleiben.

Balka erzählte mir, daß er 1985, er ging noch zur Hochschule, einem Mann mit zerbrochener Nase eine Flasche Wodka zum Tausch für eine kleine, grobe Nikolausfigur, ebenfalls mit zerbrochener Nase, angeboten hatte. Er arrangierte dann in einer studentischen Ausstellung eine Vielzahl von Gipsabdrücken dieses kläglichen Objekts und stellte diese so auf, daß sie einer Pyramide aus Schnee gegenüberstanden, in die von oben ein Seil führte. Als der Schnee geschmolzen war, kam der ursprüngliche Nikolaus zum Vorschein. Er baumelte an einem Seil, das ihm vorher um den Hals gelegt worden war. Handelte es sich hier um einen Fall von Lynchjustiz? »Ja«, sagte Balka, »das ist das richtige Wort dafür.« Ein anderes performanceartiges Stück zeigte einen großen, aus Pappmaché gefertigten Hasen, der von scharfzahnigen Papierhaien umkreist und augenscheinlich bedroht wurde. Nach nochmaliger Prüfung entschloß sich Balka dazu, auch dem Hasen ein scharfzahniges Maul auszuschneiden, damit dieser sich selber besser verteidigen konnte. Beide Installationen sprechen in Form einer Parabel über den Künstler in einer beschwerlichen Welt. Ich fragte ihn danach, wie denn diese bestürzenden Arbeiten aufgenommen worden seien. »Sehr gut«, sagte er, »niemand sah sie als Kunst.«

Als eine seiner prägendsten Erfahrungen bezeichnet Balka die Lektüre des englischen Originals von James Joyce' *Porträt des Künstlers als junger Mann*. Dieses Buch ermutigte ihn, sich seiner einfachsten und oft erniedrigenden, frühen Erfahrungen als Themen der Kunst anzunehmen. Wie gelähmt fand er sich vor Joyce' Beschreibung der sinnlichen Wahrnehmungen des

Bettnässens wieder: erst warm, dann kalt. Er machte das zum Thema einer Skulptur. Emotional aufgeladene Körpersäfte spielen in seiner Arbeit eine wichtige Rolle. Zwei verrostete Rohre, nebeneinander und aufrecht an eine Wand gelehnt, brechen in Augenhöhe ab. Balka stellt sich vor, daß sie mit Tränen gefüllt sind. Kurze, in den Boden eingelassene Rohrabschnitte vergegenständlichen für ihn die Positivformen der Spuren, die dem für einen Jungen geheimnisvoll befriedigenden Akt des Pissens in Schnee entspringen.

In Warschau sah ich noch eine andere Skulptur Balkas, und zwar in diesem polnischen Heiligtum zeitgenössischer Kunst, der Galerie Foksal, die sich in dem Komplex einer alten, von der Regierung benutzten Villa befindet. Die Galerie Foksal besteht aus einem Büro und einem sehr kleinen Ausstellungsraum, dessen Proportionen wunderbar rechteckig sind, so daß der Eindruck erweckt wird, der Raum sei nur das Modell einer wesentlich substantielleren Galerie – oder die funktionierende Taschenminiatur der versammelten freien, internationalen Kunstwelt, die, abgesehen von dieser erfreulichen Nische, in Polen bis vor kurzem nicht Fuß fassen konnte. In dieser Galerie wurden seit 1966 trotz vieler Schwierigkeiten denkwürdige Ausstellungen polnischer und westlicher Kunst gezeigt (Giovanni - Anselmo, Lawrence Weiner, Arnulf Rainer, Joseph Beuys, Tony Cragg, Anselm Kiefer). Während dieser langen Zeit war Jerzy Barowski ihr Leiter, eine Art Heiliger der Ästheten, dessen Leidenschaftlichkeit ihren Ausdruck in einer aufmerksamen, scharfsinnigen Hochachtung findet. Seine Ausstellungen wurden immer zuerst von der Zensur besucht. Er erzählte mir achselzuckend, daß die polnische Zensur nicht die schlimmste gewesen sei; denn wenn die Zensoren die Kunst nicht verstanden, nahmen sie einfach an, daß sie ungefährlich sei und kümmerten sich nicht weiter um sie. (In der Tschechoslowakei, sagte er, herrschte die umgekehrte Praxis.) Als ich nun die Galerie besuchte, zeigte man gerade eine Balka-Skulptur, die aus einem tiefliegenden, schmalen, verrosteten Stahltrog bestand, dessen Querschnitt ein Dreieck bildete, der ein kleines Rinnsal getrockneten Salzes enthielt. Der Trog selbst hatte die Länge eines menschlichen Körpers, war also für diesen kleinen Raum ein großes Objekt. Stellte man ihn sich aber als tatsächlich liegenden menschlichen Körper vor, erschien seine Lage durchaus angenehm, so als würde er sagen wollen: »Schaut nur, wieviel Platz ich habe.« Auf gewisse Weise scheinen alle Arbeiten Balkas dies oder ähnliches zu sagen, gleichsam, als beabsichtigten sie, herauszufinden, was die minimalste Voraussetzung an Raum und Zeit sein könnte, die das *Sein* gerade noch gestattet.

Balkas Welt hat sich vergrößert. Dasselbe gilt auch für die Welt Polens. In einem Land aber, das im Hinblick auf seine Infrastruktur eigentlich alles braucht und dessen Währung eine *Eine-Million-Złoty*-Note kennt (ihr Wert lag letzten Sommer ungefähr bei 80 Dollar), verkleinert sich das Ausmaß der Freiheit durch die unmittelbaren, beschränkten Aussichten, diese auch effektiv gebrauchen zu können.

Zusammen mit Balka und seiner Frau, der Künstlerin Zuzanna Janin, aß ich Karpfen in einem gemütlichen Restaurant in der Warschauer Altstadt, diesem Renaissancebezirk, der wie fast alles im Stadtinneren während des Zweiten Weltkrieges zerstört wurde und durch die minutiöse Kleinarbeit des Wiederaufbaus seine alte Gestalt zurückerhielt. Das Ergebnis der Restaurierung erinnert ein wenig an Disneyland, trotzdem ist es vielversprechend in seiner Kraft. Nach dem Abendessen saßen wir nachts in der Mitte des Hauptplatzes an einem Kaffeehaustisch. Mir gefiel es ausnehmend gut, dort mit Balka und Janin zu sitzen und zuzuschauen, wie sie die vorbeigleitende Szenerie beobachten. Ihre Szenerie.

Wir hier in Amerika haben darauf gewartet, daß irgend etwas Neues aus diesem ehemaligen Reich der Sowjetunion zu uns herüberkommt. Wir gieren nach Kreativität aus diesem Teil der Welt. Die Begierde läßt sich als Ausdruck gesunder Neugier und guter Absichten verstehen, sie ist aber auch, das sollten wir uns eingestehen, ein Zeichen dafür, daß unsere eigenen künstlerischen Quellen zu versiegen beginnen und wir daher eine exotische Transfusion sehr gut gebrauchen könnten. Bisher war die Ausbeute nicht sehr groß, doch ihre besten Künstler – wie im Falle Ilya Kabakov oder Balka – helfen uns zu verstehen, warum das so ist. Sie lehren uns, die eigenen Erwartungen dem, was wir möglicherweise bekommen können, anzupassen. Ein »Ost«-Künstler muß zuerst ein künstlerisches Idiom des Westens meistern, da kein anspruchsvolles, lokal gefärbtes Idiom die Zeit der langen Dunkelheit überlebt hat. Daraufhin muß er in einer fremden Ausdrucksweise über schmerzliche Dinge sprechen, uns mit stockender, dem Sprechen entwöhnter Zunge von den vielen Wahrheiten erzählen, die so lange unausgesprochen bleiben mußten, daß sie, wie in einem Flußbett, zu

Stein wurden. Nur wenn es gelingt, alle diese Schichten des Schweigens abzutragen, werden wir dem, im gehetzten, westlichen Sinne, »Neuen« begegnen.

Balka zeigte mir einen völlig ruinierten, öffentlichen Abfallbehälter, den er in Deutschland entdeckt hatte und den er in seine erste Ausstellung, die er 1989 dort installierte, aufnahm. Er sagte, daß diese Ausstellung ihn damals sehr nervös gemacht habe: »Aber als ich das hier fand, wußte ich, daß alles gutgehen würde.« Unterhalb des weit aufklaffenden Mauls dieses Behälters stand in deutschen Lettern das hungrige, zwingende Gesuch:

»Bitte«

Kunst und Geld

Die, die kaufen, was kaufen die eigentlich, wenn sie Kunst kaufen? Sie, diese sehr reichen Individuen – und nicht die Institutionen, die schon seit langem von einem davonpreschenden, kostspieligen Markt in einer Staubwolke zurückgelassen wurden –, diejenigen, die diese sagenhaft hohen Preise auf Auktionen bezahlen, wo man sich dafür einsetzen möchte, daß zur besseren Effektgestaltung der Auktionator bitte mit Narrenkappe erscheine und die Bietenden kleine Scherzkissen auf ihren Stühlen vorfinden mögen.

Oder sollte man sich besser fragen: Kaufen denn diese Leute – europäische Industriebarone, amerikanische Finanziers und japanische Repräsentanten von ich weiß nicht was – überhaupt irgend etwas? Ist es nicht vielmehr so, daß sie ihren Reichtum öffentlich von einer Form in die andere gießen, so daß die damit verbundene Verwandlung zum Spektakel einer verrückten Alchemie wird?

Als Ware der Waren verhält sich Kunst auf dem Markt fast wie das Geld selbst, so daß sich die Unterschiede – seien Sie versichert, es gibt Unterschiede –

verwischen. Wie auch Geld an sich wertlos ist, besitzt das Kunstwerk im Augenblick des Austausches keinen tatsächlichen, sondern einen ihm zugesprochenen Wert. »Dieses Stück Stoff, unterzeichnet von ›Jasper Johns‹, ist gleich x Millionen grüne Scheine Papier, unterzeichnet von ›James A. Baker III.‹«

Wenn Sie das nächste Mal auf die Preisliste irgendeiner Galerie schauen, dann denken Sie vielleicht kurz darüber nach. Worauf Sie da nämlich blicken, ist nichts anderes als der augenblickliche Wechselkurs einer Währung, deren Münze in irgendeinem Atelier geschlagen wurde.

Der Moment des Tausches ist auf obszöne Weise magisch und erklärt das krankhafte Gelächter, das sich in jedem Auktionssaal vernehmen läßt, wenn wieder einmal ein Gemälde für eine Summe versteigert wurde, mit der man sich vor nicht allzu langer Zeit die Vorherrschaft auf dem Weltmarkt für Gemälde hätte erkaufen können – für einen sich auflösenden van Gogh wurden 1987 mehr als 40 Millionen Dollar gezahlt, für einen eher mittelmäßigen Pollock erzielte man erst im letzten Monat 5 Millionen Dollar. Es handelt sich also hier um einen Augenblick unsittlicher Enthüllung, der die Willkürlichkeit der zugeschriebenen Werte erkennen läßt, in einem Akt, der an die Kapriolen eines Kinderspiels, eines *Steck dem Eselchen doch ein Schwänzchen an* erinnert.

Das Abscheuliche daran ist nicht, daß Kunst überbewertet wird, sondern daß Geld eigentlich wertlos ist.

Die beste Erklärung, die mir zu dem sich gegenwärtig orgiastisch gebärdenden Kunstmarkt einfällt, ist folgende: Der Markt, ein Karneval, auf dem der sonst so arrogante, uns einschüchternde Dollar es sich gefal-

len lassen muß, daß man einen Zettel mit »Tritt an sein
Hinterteil« heftet. Solch ein Anblick bringt eine gewisse Erleichterung mit sich. Man kann sich nämlich
des unerträglichen Verdachtes entledigen, daß Geld
der einzig existierende Maßstab unserer Kultur sei. Das
bezieht sich natürlich nur auf dieses eine Gebiet, das
von den anderen Märkten, die die Autorität des Geldes
nicht in Frage stellen, sicher abgetrennt ist.

Ich spreche hier nicht über das spekulative Sammeln, eine Nebenerscheinung der Gier, deren Auswirkungen auf den seriösen Kunstmarkt (oder sagen wir,
dem seriös-wahnsinnigen) vergleichbar sind mit denen
der Chicagoer Warentermingeschäfte auf die New
Yorker Börse. Ich spreche über ein Kaufverhalten, dessen Inbrunst religiöse Überzeugungen vermuten läßt.
Ich spreche also über den Sammler, der ein jeder von
uns, die wir Kunst lieben, gerne wäre, hätte er nur Zugang zu unbegrenztem Mammon.

Dieser Markt hat sicher eine manchmal stockblinde
Schwäche für Namen, aber es sind gute, interessante
Namen, die für Werte stehen, die ernstgenommen
werden sollten.

Schauen Sie sich die Künstler an, die der gegenwärtige Sammler zu Superstars der Auktionshäuser gemacht hat: van Gogh, Pollock, Johns – sie sind him-
melweit von den gehobenen Standards entfernt, die
einst vor allem in Form impressionistischer Werke das
Rennen machten. Schönheit, Geschmack und Hand-
werk oder andere traditionelle Werte als Kriterien des
Wünschenswerten sind ersetzt worden. Das große
Geld wirft sich nun einer Kunst an den Hals, die psy-
chologisch und ästhetisch eine nervöse Schärfe, grü-

belnde oder ekstatische Reizbarkeit und unnachgiebi-
ge Selbstbeherrschung besitzt. Das große Geld will
Widerstand.

Ob sie es nun wissen oder nicht, viele, die mit dem
großen Geld winken, scheinen von einer gewissen Unruhe heimgesucht zu sein, eine Art Furcht vor den
menschlichen Konsequenzen, die sich aus Reichtum
und Wohlstand ergeben. Sie suchen nach Beweisen für
Werte wie Individualität und Spiritualität, genau die
Qualitäten also, die täglich von der Geschäfts- und
Finanzwelt mit Füßen getreten werden. Für diesen
Beweis einen so lächerlich hohen Preis zu bezahlen
deutet auf einen Reinigungsritus hin, auf ein metaphy-
sisches Geldwaschen.

Das japanische Unternehmen, das für van Goghs
»Sonnenblumen« so tief in die Tasche griff, hing das
Bild in einem ihrer Gebäude auf, das der Öffentlichkeit
zugänglich ist, wahrscheinlich, um dieser Öffentlichkeit das Gefühl zu vermitteln, daß sie in diesem armen,
verfärbten, innigen und irrational teuren Ding geradewegs das *Herz* des Unternehmens erblicken können.

Möglicherweise entwickelt sich der Kunstmarkt zu
einem sublimierten, kosmopolitischen Äquivalent zu
den gegenwärtig weltweiten religiösen Rasereien. Sollten wir uns darin verfangen, werden wir zu Schiiten der
Kultiviertheit werden und uns damit auf eine ganz
eigene Art und Weise gegen die alle zerrüttende Modernisierung wenden, die unser Reichtum produziert.
Seinen Besitz in ein Bild der amerikanischen Flagge zu
investieren oder die amerikanische Flagge in Teheran
zu verbrennen sind vielleicht nur zwei verschiedene
Wege, geschlagenen Seelen Linderung zu verschaffen.

147

Bedenkt man, wie sehr die nervösen Vorlieben der gegenwärtig größten Sammler den nervösen Stil der Gegenwartskunst kopieren, dann bestätigt sich das zuvor Gesagte. Alle erfolgreichen zeitgenössischen Arbeiten sind entweder von einem bitteren Pessimismus geprägt, der sich wie bei Kiefer und Fischl auf die Auswirkungen der Modernität bezieht, oder sie propagieren, was mir dasselbe zu sein scheint, einen hyperintensiven Spott, der alles Moderne, wie im Fall Neo Geo, zur Farce macht.

Der spirituelle Vertrag, der zwischen dieser Kunst und dem Geld, das sie erwirbt, besteht, ist dunkel, neurotisch – und sakramental.

Sympathy for the Devil
Jeff Koons

Wenn man manche Leute über Jeff Koons reden hört, möchte man meinen, er sei der Teufel. Ganz ehrlich, er ist es nicht. Die Leute, die so etwas behaupten, sind einfach nur hysterisch und sollten sich besser beruhigen. Koons ist nur ein subalterner Dämon, ein Beelzebub: des Teufels Minister ohne Geschäftsbereich und sein allgemeiner Botschafter. Koons kümmert sich nur um die vielen praktischen Details des großen Plans, den der Teufel für diese Welt entworfen hat.

Satan, der die Unbeständigkeit schlechthin ist, plant eine Serie sinnloser Veränderungen, die alles verändern, ohne dabei eine einzige Hoffnung zu erfüllen. Veränderungen ohne Ziel und Zweck. Und wie immer, wenn Satan anklopft, wird es für die Kunst eine schöne Zeit.

Der Satan ist ein Elektriker, der sich im Keller eines Gebäudes aufhält, um dort alle Leitungen neu zu verlegen. Ihn kümmert es nicht, was für Anschlüsse er legt, solange sie nur willkürlich genug sind. Wenn man dann den Lichtschalter im dritten Stock anknipst, leuchtet vielleicht im zweiten eine Lampe auf, oder im fünften Stock schaltet sich ein Fernseher aus. Koons' Kunst ist auf genau diese Art willkürlich. Ihre Ursachen und Wirkungen sind so durchschaubar wie ein elektrischer Schaltplan, an dem systematisch herumgedoktert wurde. Das Gebäude, dem dieser Schaltplan zugrunde liegt, ist die Kultur. Er verändert das Gebäude nicht, er macht nur seine Funktion durchsichtig und interessant.

In unserer Zeit kann es keine konventionelle Kunstkritik geben. Wir leben in einer unkonventionellen Zeit, in der Kunst, die wirklich zählt, wie die von Koons, in einem leeren Raum stattfindet. In konventionellen Zeiten sind Künstler die Kurtisanen der Geschichte (und Kunstkritiker die Huren der Kunstgeschichte). Künstler akzeptieren die Rollen, die die Geschichte für sie bereithält, und sind unablässig künstlerisch tätig. Sie sind die Nymphen des Zeus der Geschichte. (Satan und Zeus: eine vermischte Mythologie für eine Zeit des Vermischten.) Sei die Laune der Geschichte auch noch so pervers oder bösartig, Künstler werden sie als unwiderstehlich erregend feiern.

Wenn sich Geschichte stabilisiert hat, sich also nicht fundamental ändert, dann ist ihr Begehren konventionell. (Bis vor kurzem war die Geschichte über vier Jahrzehnte relativ stabil.) In einem solchen Fall ist der Kurtisanendienst der Kunst an der Geschichte voraussehbar und leicht zu erlernen. Er erscheint beinahe respektabel. Wenn sich aber Geschichte grundsätzlich verändert und sich dadurch dem normalen Bewußtsein entfernt, dann beschwört das ein Prinzip herauf, dem ich den Namen Satan gebe: unablässige Erregung, die stets kurz vor der Erfüllung steht, ohne sie jedoch jemals zu erreichen; wo jede Leistung dienlich ist, aber keine wirklich vollzogen wird.

Koons ist weder konservativ noch zählt er zur Avant-garde. Er ist radikal reaktionär.

Beide, die »konservative« und die »avantgardisti-sche« Mentalität in der Kunst, sehnen sich nach der Herrschaft von Zeus. Konservative wünschen sich Konventionen und denken wehmütig an das Vergan-gene. Avantgardisten möchten Anti-Konventionen und sehnen sich nach der Gegenwart. Konservative träumen von einer Legitimierung des Konkubinats der Kunst, von einer Hochzeit mit der Geschichte. Avant-gardisten planen, sich zu den Favoritinnen des Harems zu machen. Beide, die Konservativen und die Avant-gardisten, verlangt es nach etwas, dessen sie nicht hab-haft werden können, wenn Geschichte sich grundsätz-lich verändert, wenn Zeus abwesend ist und Satan das Ruder übernimmt. (Konservatismus und Avantgardis-mus gleichen sich endlich in einer Hinsicht: sie sind beide lächerlich.)

Unter »radikal reaktionär« verstehe ich, daß Koons auf die Geschichte als Bewegung in der Zeit – auf jede Bewegung, ganz abgesehen von so etwas wie »Fort-schritt« – negativ reagiert. Sein politisches Modell scheint dem Stand der europäischen Kultur in den Jahr-hunderten des Royalismus zu entstammen: eine starre Hierarchie, die Klassen durch Lehnstreue und Standes-bewußtsein fesselt. Denken Sie nur an Koons' Serie von Plakaten, die für Alkohol werben (mit den originalen Rasterplatten der tatsächlichen Plakate gedruckt, je-doch für eine erweiterte, verführerischere Wirkung, ausgeführt in Öl auf Leinen): Jede Anzeige richtete sich, abgesichert durch Marktanalysen, an eine spezifi-sche sozio-ökonomische Schicht.

Koons hat, angefangen von den marktschreierischen Abbildern des Luxus für die unteren Schichten bis zu den luxuriösen, fast abstrakten Bildern für die oberen Zehntausend, präzise Analysen der schichtspezifischen Zugkraft dieser Alkoholanzeigen angeboten. Koons beschwert sich nicht über die verdeckte Manipulation in diesen Anzeigen. Er betrachtet die Manipulation als etwas Enthüllendes, Wunderbares, da sie nicht versteckt ist, sondern großzügig aufdeckt. Die Manipulation enthüllt, was wir sind – ob arm, kleinbürgerlich, mittelständisch, gehobener Mittelstand oder reich – anhand der jeweiligen Ästhetik unserer Trunkenheit.

Koons möchte, daß alle Leute um ihre soziale Bedingtheit wissen und diese ebenso akzeptieren wie ihren Platz in der Klassenstruktur. Jeder sollte sehen, wie angenehm es wäre, wenn sich alle so verhielten. Als guter Amerikaner billigt er den sozialen Aufstieg, setzt aber als schlechter Amerikaner diesen Aufstieg mit dem »Starkult der Berühmtheit« gleich. Alles in allem verführt er die Bürgerschaft mit einer endgültigen Verlockung: Was ist los? Das, was ist. (Da lächelt Satan.)

Koons beschwert sich nicht über die Gesellschaft, noch ist er zynisch. Beschwerde und Zynismus sind historische Verhaltensweisen, die auf unterschiedliche Art und Weise darauf vertrauen, daß der Gang der Geschichte die Anstoß erregende Gesellschaft nach ihren Vorstellungen verändern wird. Diejenigen, die Beschwerde führen, halten in der Hoffnung auf diese Veränderung durch, warten darauf, daß die Geschichte ihnen Recht geben wird; Zyniker beuten ungeduldig das aus, was sie verabscheuen, und sagen »Nach uns die Sintflut«. Heutzutage hat sich die Geschichte zurückgezogen, ohne den Leuten eine klare, politische Zukunft anheimzustellen, die ihre Leidenschaft lenken oder abwehren würde. Koons legt nahe, daß es durchaus erfreulich wäre, wenn man die gegenwärtige Form der Gesellschaft als unveränderbar ansähe; indem er sich ihre willkürliche Ordnung zu eigen macht und die menschlichen Leidenschaften dabei schierer Unbeständigkeit überantwortet, macht er die Gesellschaft zum Spielplatz des Satans.

Koons ist keusch. Er mag ja wahrhaftig ausgestellt haben, wie er mit Ilona Staller Sex hat, in geschichtlicher Hinsicht jedoch erscheint er jungfräulich. Sein Verhältnis zu Satan ist sicherlich das der Ergebenheit, doch ist es rein platonisch. Des Teufels Ruf als Bock ist völlig unverdient. Satan ist das Sinnbild für unaufhörliche, unerfüllte Erregung, was praktisch der Impotenz gleichkommt. Koons ergötzt sich am Rückzug der Geschichte, da er ihn von der Pflicht befreit, ihren Erfordernissen dienen zu müssen. Das wiederum macht es ihm möglich, sich allein um seine eigenen unfruchtbaren Ansprüche zu kümmern.

Koons' Karriere ist die Geschichte seiner ausbeuterischen, ambivalenten Beziehung zur institutionellen Ordnung der Kunstwelt.

Koons' erstes Hauptwerk waren Staubsauger, die mit einem Plexiglasgehäuse versehen waren. Sie sind Monumente der Sterilität. Sie sind Gedichte, Hymnen, Freudengesänge an die Sterilität und Schreine der Primitivität bürgerlicher Sauberkeitsmanien. (»Sauberkeit kommt gleich nach der Göttlichkeit«, sagt ein schreckliches, altes, protestantisches Sprichwort, und unter diesem Gesichtspunkt betrachtet, werden die

beiden Qualitäten in einem bestimmten Licht zu ein
und derselben Sache.) Die Staubsaugerarbeiten sind
melancholisch, da sie, wie alles auf diesem dreckigen
Planeten, durch Dreck gefährdet sind. Sie verlassen
sich auf die institutionelle Ordnung der Kunst, ganz
besonders auf diesen Mechanismus, der ihnen einen
Marktwert zuschreibt, um sie zu erhalten und zu be-
schützen. Sie beten ängstlich für die Permanenz der institutionellen Ordnung.

Ähnlich verhält es sich mit Koons' Basketball-
Schwebebassins. Diese Arbeiten verlangen ständige
Wartung. Das ordnungsgemäße Schweben der Bälle
(Symbol der Potenz, getragen von Impotenz) zeigt an,
daß es noch irgend jemanden geben muß, der sich darum sorgt, die erforderliche Flüssigkeit so zu regulieren,
daß sie den unnatürlichen Naturzustand der Bassins in
die Zukunft hinüberretten kann. Die Flüssigkeit symbolisiert den »Kunstort«, den imaginären Ort, der
durch einen skulpturalen Sockel nach oben abstrahlt.
(Koons gab der Skulptur den Sockel zurück, während
er ansonsten die nach außen gerichtete Ästhetik der mi-
nimalistischen Revolution beibehielt, die das Posta-
ment einst verbannt hatte.) Im Grunde genommen
steht die Flüssigkeit in den Basketballbassins nur ein
weiteres Mal für die institutionelle Ordnung der Kunst,
dieses unsichtbare, kulturelle Medium, das so vielen
Anmaßungen und Vermutungen und so vielen Gefäl-
ligkeiten Auftrieb verleiht.

Bis zu diesem Punkt hatte sich Koons noch nicht bedeutend von Marcel Duchamp entfernt. Er war nach
wie vor eine Kurtisane der Geschichte, wenn auch eine
frigide. Der Geschichte war es gestattet, sich alles an-

zusehen, berühren aber durfte sie nichts. (Genau das hatte sich auch im Fall Duchamps zugetragen – ein reiner Exhibitionist, eine Tempeltänzerin im Harem.) Koons wurde erst Mitte der achtziger Jahre zur Jungfrau.

Mit seinen aus Edelstahl gefertigten Kitschfigurinen und seinen Trinkerutensilien, die von Alkohol- und Basketballplakaten begleitet wurden, begann Koons die institutionelle Ordnung der Kunst als tragendes Medium zu verlassen. Er prophezeite dieser Ordnung ein tödliches, abtötendes Schicksal, das er freudig willkommen hieß. Seine Kunst wurde eine Bestattungskunst: unsterblich, weil sie tot war. Er baute aus Edelstahl – »dem Platin der armen Leute«, wie er sagte, dem Material, das diese eine Qualität (Kostbarkeit), die von jedem mit Kunst in Verbindung gebracht wird, am überzeugendsten vortäuscht – das unzerstörbare Modell der sozialen Hierarchie in Form seiner Traumwelten des Geschmacks.

Jeder Traum von Geschmack (Kitsch definiert als das Träumen vom Geschmack) ist ein unabsichtliches Träumen über Kunst. Es sucht unwissentlich eine reale Person nachzuahmen, die ein wirkliches Kunstwerk einst wirklich liebte – die Person, die Gelegenheit und das Objekt sind bis auf eine fast nicht mehr wahrnehmbare Aura verloren, welche, keiner weiß warum, als folkloristisches Ektoplasma fortbesteht. Selbst die ungebildetsten Leute sind in der Lage, dieses zu erkennen. Sensible Hunde können es riechen. Die Heftigkeit dieses Traumes vom Geschmack, mysteriöse Kompensation eines mysteriösen Mangels, lähmt den Durchschnittsmenschen und stiftet ihn dazu an, einem

Schlafwandler gleich, die abscheulichsten Dinge zu kaufen. Das heißt allerdings, daß diese Dinge nur dem gebildeten Auge als »abscheulich« gelten, und da möchte man sich fragen, was kann Bildung denn schon vermitteln über diese schmerzliche Heftigkeit und den großen Mangel? Diese weltweite, gefräßige Mangel-liebe ist eine enorme Kraft. Koons versteht das.

Inmitten dieser Edelstahlphase sitzt *Rabbit*, der gött-liche Hase, der die Gesamtheit der Welt reflektiert und akzeptiert. *Rabbit* war Koons' erstes Meisterwerk. *Puppy*, der zwölf Meter hohe schottische Terrier aus lebendigen Blumen, der in einer Stadt bei Kassel der do-cumenta 9 seine Zunge herausstreckte, sein zweites. Indem er ein einfaches Tier mit komplizierter, mensch-licher Künstlichkeit verbindet und Kitsch mit Kunst verschmelzen läßt, aktiviert er mit einem Schlag das ge-samte wahrnehmbare Spektrum des ahistorischen Le-bens. Daher sind *Rabbit* und *Puppy* Meisterwerke. *Rabbit* verändert sich von außen her, durch wirre Reflektionen. *Puppy* verändert sich von innen heraus, durch natürli-ches Wachstum. Jeder von ihnen ist zufrieden und be-friedigt das Leben wie es ist (das heißt, das Leben, wie es *nicht* ist, also jenes, das sich in dem großen Mangel wiedererkennt). Keiner wartet darauf, von Geschichte durchdrungen zu werden.

Koons nennt die Ausstellung seiner Keramik- und Holzskulpturen von 1988 »Banalitätenausstellung«. Die soziologische Poesie der Edelstahl-Arbeiten fand ihre Vollendung in den farbenprächtigen, makellosen Objekten, die, ganz richtig, Banalität in verfeinerte Symbole der Klassensensibilität verpackten. Für mich war diese Ausstellung sensationell und deprimierend zugleich: Mein Verstand raste, doch das Herz wurde mir schwer. Damals schrieb ich: »Koons symbolisiert die Apotheose der Management-Kultur, die zunehmend sakrosankte Autorität des Geldes, die Erotisierung des gesellschaftlichen Status und andere sich neubildende Krankheiten ...« Da ich hysterisch war, hatte ich natürlich im großen und ganzen Unrecht damit, mir einzubilden, daß Koons mit gewissen unerträglichen, gesellschaftlichen Trends gleichzusetzen sei. Ich verstand noch nicht, daß er sich allen Trends, allen zeitlichen Bewegungen widersetzte. (»Erotisierung des gesellschaftlichen Status« war allerdings korrekt.)

Koons' Kunst spricht über eine Erotik ohne räumliche oder zeitliche Distanz zwischen dem Begehrenden und dem, was begehrt wird. An keinem Punkt dieser Schleife in seiner Kunst beginnt oder erfüllt sich Verlangen. Der Betrachter kann sich emotional von jeder Identifikation ausnehmen und sagen: »Das begehre ich nicht. Dieses Verlangen hat mit meinem nichts zu tun.« Der Betrachter kann allerdings nicht ohne Hysterie behaupten: »Ich verstehe dieses Verlangen nicht. Dieses Verlangen ist nicht real.« Das Verlangen – nach Liebe in Gestalt von Fetischen – ist wiedererkennbar und sehr real, es ist der Motor einer Welt der Masse. Koons' Keramik- und Holzskulpturen sind in sich aber keine Fetische. Erotisch gesehen sind sie kalt und tot (und zwar, weil sie zeitgenössische Kunst sind), und jede von ihnen symbolisiert als Ganzes diesen menschlichen Hunger nach vollkommener Liebe, der Fetische erzeugt.

Leute, die sich professionell mit Kunst beschäftigen, mißverstehen Koons immer wieder, da sie selbstgefällig erwarten, das Wesentliche seiner Kunst, das doch nur von Professionellen verstanden werden kann, zu erfassen. Es gibt da aber kein Wesentliches.

Es gibt eine Qualität oder besser ein ganzes Sortiment, das aus der Geschichte der modernen Kunst und aus der Ästhetik Duchamps, aus Pop und Minimalismus, stammt. Die professionelle Kunsthaftigkeit eines Koons-Projekts aufspüren zu wollen heißt aber, eine leere Hülle in Händen zu halten. Dabei läßt sich kein Privileg über die noch so vulgäre oder naive ungebildete Wahrnehmung erringen. Mit großer Wahrscheinlichkeit sogar eher das Gegenteil.

Der Kennerblick, der in *Puppy* ganz richtig ein bildhauerisches Prinzip entdeckt, das dem Richard Serras nicht unähnlich ist, versäumt es wahrscheinlich, den ergiebigeren Gehalt zu erkennen, der, wie ich sah, den Kindern, die mit großem Vergnügen rund um das blühende Tier spielten, nicht entgangen war. Selbst die Betrachter, die angesichts von *Puppy* spöttisch zu lachen beginnen, reagieren authentisch. In dieser Arbeit gibt es jede Menge Dummheit, die für das Vergnügen dummer Leute sorgsam aufbereitet wurde. Die einzig wirklich entstellende Dummheit aber, die einem angesichts eines Koons unterlaufen kann, ist wohl dieser Glaube an ein besonders qualifiziertes Verständnis, also die Eitelkeit des Kunstfachmanns.

Der Teufel liebt die Anmaßung und die Eitelkeiten, da sie die Menschheit vom rechten Weg abbringen.

In dem Maße, in dem Koons versucht, sich darauf zu spezialisieren, sein eigenes Unternehmen besser und besser zu verstehen, fällt er einer selbstbetrügerischen Eitelkeit anheim und teilt so das Elend der professionellen Kunstkenner. Er lebt in der ständigen Gefahr, die Verbindung zur brutalen Einfachheit zu verlieren. Er ist dieser Gefahr erlegen, so glaube ich zumindest, in seiner Serie von Computerbildern und Skulpturen, die er von sich und Ilona Staller anfertigte. Die verschiedenen Teile der Serie machen, intellektuell gesehen, viel zuviel Sinn, klassenlose Bilder einer glücklichen Sinnlichkeit, die schamlos jeder Klasse dasselbe gestatten, als Kunstwerk jedoch hatten sie zuwenig Präsenz. Koons' Idee hatte in Baudelaires »Ficken ist die Poesie der Massen« einen untadeligen Vorgänger. Diese Idee allerdings wurde durch die Künstlichkeit der Abbildung beschnitten, die doch im Grunde nur zwei individuelle Personen zeigte. Ähnlich der inszenierten Fotografien von sich selbst, mit denen Koons für seine »Banalitätenausstellung« warb, funktionieren diese Bilder mit Staller am besten als Werbung für ein bestimmtes Werk, das in diesem Fall jedoch nicht existiert.

Puppy zeigt, daß Koons seine Balance wiedergewonnen hat und sich auf dem ihm zugedachten Weg befindet, der ihn aus der Kunstwelt hinaus in die allgemeine Welt führt. Er verfolgt dabei eine Richtung, die ungemein erfolgreich werden könnte: »öffentliche Kunst«. Eine wirklich öffentliche, zeitgenössische Kunst, die normalerweise nur als politische Lüge (in Diktaturen) oder als Widerspruch in sich selbst (in Demokratien) zu verstehen ist, könnte von Koons, wie vielleicht von keinem anderen lebenden Künstler, realisiert werden. Der Grund liegt darin, daß er wie kein zweiter dem Begriff des »Öffentlichen« ein derartiges Gewicht verleiht, daß er ihn dadurch dem der »Kunst« zumindest gleichstellt. »Öffentlich« ist für ihn nicht bloß eine nähere Bestimmung der »Kunst«, sondern das tatsächliche Medium – die Quelle, der Genius –, aus dem seine Kunst entsteht und in der sie beheimatet ist. In jedem Park oder auf jedem öffentlichen Platz einer Stadt sollte sich eine Koons-Skulptur befinden. Das würde den Planeten sicherlich nicht verbessern, aber es würde ihn lebendiger machen. Verlassen wir uns da ruhig auf die Kunstspezialisten. Da sie sich in ihrer Berufsehre bedroht fühlten, ist anzunehmen, daß sie sich der Ausbreitung von Koons-Arbeiten lautstark widersetzen würden.

Das Satanische wird die Kultur der nahen Zukunft beherrschen, da irgend etwas immer herrschen muß und da es keinen politischen Imperativ gibt (zumindest keinen, der konstruktiv wäre), der sich schon bald zu einer leitenden Kraft herausbilden könnte. In solchen Zeiten nährt sich die Zivilisation von dem, was sie bereits hat, und verarbeitet ihre eigenen Inhalte. In einer solchen Zeit ist die Welt des sinnentleerten, menschlichen Verhaltens, dieser Brutkasten Satans, die einzig mögliche Welt. Natürlich hat man die Freiheit, sie zu verabscheuen. Man hat die Freiheit zu trauern, sich zu widersetzen und zu zerstören. Aber man ist verpflichtet, jeden Tag dieser Epoche mitzuerleben, und unter solchen Umständen erscheint es mir ratsam, sie mit akkurater Bewußtheit zu erleben und nicht mit Hysterie. Ich würde Koons niemandem als Helden weiterempfehlen. Ich stelle ihn aber als eine Person vor (wenn »Person« für ihn das richtige Wort ist), die zu kennen nützlich ist.

Barbara Kruger

Ob man Barbara Kruger mag oder nicht, hängt wahrscheinlich davon ab, wie man zu den omnipräsenten
Formen anonymer, öffentlicher Sprache steht. Dabei
spielt es keine Rolle, ob es sich um Werbung oder
Propaganda, Verkehrszeichen oder Graffiti handelt.
Kommt eine solche Sprache bei Ihnen an, oder läßt sie
Sie eher kalt? Ich versuche, soweit es mir möglich ist,
vollkommen stumpf und empfindungslos zu sein, wenn
sie mich täglich, wie alle anderen auch, mit ihren ge-
sichtslosen Stimmen der Verführung und der Autorität
bedrängt. Zeigt man sich zu leicht willens, die persönlichen Gehirnzellen und Regungen des Herzens unpersönlichen Betrügern auszuhändigen, arbeitet man, so
scheint es mir zumindest, an seiner Selbstzerstörung.
Und so muß ich Barbara Kruger einfach widerstehen,
die für den verbal-visuellen, manipulativen Trubel der
Welt das tut, was Richard Wagner für das teutonische
Unterbewußte tat, nämlich dafür zu sorgen, daß es sich
sein verrücktes Herz aus dem Leibe singt.

Trotzdem ist Kruger eine sehr, sehr gute Künstlerin.
Ich gebe es zu und verzichte mittlerweile auch auf mei-

ne hartnäckige, halsstarrige Weigerung, sie auf meine selbstgestrickte Liste wirklich guter zeitgenössischer Künstler zu setzen. Ich hielt sie bisher für zu ideologisch, zu theoriegebunden, zu mechanisch – zu sehr auf der Seite jener Kräfte stehend, die sie zu bekämpfen vorgibt. Sie schien mir den persönlichen, seelenvollen Qualitäten, diesem für mich glaubwürdigsten Vorteil der Kunst gegenüber perfekt durchorganisierter Kultur, eher feindlich gesonnen. Aber Kunst hat, jenseits von dem, was ich persönlich an ihr als besonders befriedigend empfinde, eigene, legitime Denkweisen und Anwendungsgebiete. Kruger ist eine Künstlerin von enormem Vermögen und weitreichendem Einfluß, während ich hier immer noch vor mich hin brüte und darauf warte, daß sie endlich von der Bildfläche verschwindet. Das ist doch peinlich.

Ich kapituliere vor der Fülle des Beweismaterials, vor diesem Einfluß Krugers auf die professionelle Grafik, vor ihren Textfeld-auf-Fotografie-Motiven, die überall wie Löwenzahn zu sprießen beginnen. Ich ertappe mich bereits dabei, wie mir, um der lieben Kunst willen, voll Stellvertreterstolz die Brust schwillt. Sie ist ganz einfach eine der konsequentesten grafischen Innovatoren seit El Lissitzky, dem stilistischen Kodifizierer des russischen Konstruktivismus. Ihr Stil hätte niemals so an Gewicht gewinnen können, wäre er nicht, wie auch bei Lissitzky, an die dynamischste politische Bewegung seiner Zeit geknüpft, in ihrem Fall an den Feminismus: die Botschaft wird zum Medium, das Medium zur Botschaft.

Alles an Kruger ergänzt sich. Daß sie die führende Propagandistin des Feminismus ist, macht sie nicht gerade zufällig zum führenden Art Director in der Werbung, diesem zentralen – weit und breit kaum durchschauten – bewußtseinsverbiegenden Spezialfach der heutigen Massenkultur. Die Art Directors dieser Welt sind im Augenblick beinahe das, was Shelley über die Dichter sagte: »die nicht beglaubigten Gesetzgeber dieser Welt.« Überzeugende Organisation von visuell-verbaler Information; so lautet die reale, tiefreichende Subinformation der Medien, eine Art organisches MS-DOS, mit welchem die Gehirne im Zeitalter der Manager betrieben werden.

Kruger hatte als Art Directorin einen Orson-Welles-ähnlichen Start. Ende der sechziger Jahre war sie im Alter von 22 Jahren bereits Chefdesignerin von *Mademoiselle*. Von Unruhe getrieben, gab sie ihrer Laufbahn eine andere Richtung und durcheilte so verschiedene Bereiche wie Umschlaggestaltung, Lyrik, dekorative Malerei und in den späten siebziger Jahren eine Periode intellektueller Zurückgezogenheit in Berkeley und anderen Orten Kaliforniens, um dann zusammen mit dieser epochemachenden, medienversierten Generation eines David Salle, einer Sherrie Levine, Cindy Sherman und anderen wieder in New York aufzutauchen. Als Robin Hood des Layouts und Designs, als prinzipientreuer Gesetzloser, der die Geheimnisse der Informations-Reichen stiehlt, um den Informations-Unterdrückten damit zu dienen, fand sie ihre eigentliche Form.

Ist Kruger monoton? Ich rechne immer hoch damit, daß ich angesichts ihrer roten und schwarzen visuellen Schemata und ihren verbalen Tropien einer gebieterischen Stimme, die manchmal »Wir« genannt wird,

welche ein »Du«, wer immer das auch sein mag, fortwährend angreift, gähnen muß. Doch die Wirkung hält
an. Kruger ist ähnlich repetitiv, wie es Donald Judd
war, weltlichen Analysen und ästhetischen Strukturen
getreu, die so fundamentale Gültigkeit haben, daß sie
sich, wenn überhaupt, nur langsam ändern.

Ist Kruger oberflächlich? Wir sprechen hier über
amerikanische Kultur; die nächste Frage bitte.

Ich kann also mit der Erleichterung einer bereits
eingestandenen Bewunderung, allerdings auch mit den
vom Temperament bestimmten, immer noch beste-
henden Einwänden, Krugers neue Installation bei
Mary Boone alle jenen New Yorkern empfehlen, die
dort noch nicht an einem der letzten Samstagnachmit-
tage erschienen sind. Ich habe die Ausstellung auch an
einem spärlich besuchten Wochentag gesehen. Wie
alle öffentliche Kunst sieht sie inmitten einer Menschenmenge am besten aus, in der man sich seiner
selbst sehr bewußt ist und nicht vorhat, allzuviel darüber nachzudenken.

Die elegante Orchestrierung der Umgebung, voll-
gepackt, ohne überfüllt zu wirken, enthält Tapeten mit
einer grobkörnig fotografierten Zuschauermenge darauf, neun große, auf das »Du« einhämmernde Foto-
Text-Tafeln (eine Vielzahl von schlechten männlichen
Verhaltensweisen kriegt das meiste ab). An der Decke
befinden sich einschüchternde Botschaften von religiösen oder anderen Führern gedruckt, und in den mar-
morierten Linoleumboden wurden druckplattenartige
Ziegel mit satirischen, hauptsächlich anti-evangelisti-
schen Angriffen eingelassen. Das Arrangement wird
durch eine alles übertönende Stentorstimme zum thea-

tralischen Großbrand: eine rauhe männliche Stimme –
teils Don Pardo, teils Jahwe – intoniert beleidigende
Gedanken, gespeist von allgemeinem Frauenhaß und
Fremdenfeindlichkeit, die sich geschickt mit Applaus,
Lachen und Schreien vermischen.

Sollten Sie bei diesem Spiel mitspielen wollen, rate
ich Ihnen, nicht ohne Ihre eigene Paranoia zu erscheinen. Wie so viele von Krugers Arbeiten taumelt auch
diese Kammer psychosozialen Horrors zwischen Angst
und Wut. Schonungslose, tyrannische Gemeinheit
(»Hasse wie wir«, »Ich schlage dich, weil es mir Spaß
macht«, »Knie nieder und bete zu Gott«) trifft auf die
sich ein Ventil verschaffende Wut der Unterdrückten
(»Eure betrügerischen Jobs, Euer Machtgebaren, Eure
rührseligen Geschichten«). Das ganze Unternehmen
scheint eine Einladung zu konzentrierter, vorüberge-
hender Unzurechnungsfähigkeit zu sein – eine adrena-
lingesättigte Selbstidentifikation mit globaler Schuld
oder Wut – die ja, soweit ich weiß, für manche Leute
ganz nützlich sein soll.

Meine eigentliche Reaktion auf Krugers Virtuosität
ist eine ungern eingestandene, elektrisierte Faszination.
Ganz ähnlich fühle ich mich, wenn ich mir einen Film
von Oliver Stone ansehe: beeindruckt, sicher, aber ich
lasse ihn und das Gesehene mir verflucht noch mal
nicht zu nahe kommen. Ich hasse es, verflucht zu werden, und wenn ich es irgendwie einrichten kann, ver-
meide ich es selbst zu verfluchen. Feuer durch Feuer zu
bekämpfen sagt mir als politische Strategie wesentlich
weniger zu, als der Einsatz der Feuerwehr. Deshalb frage ich mich, was Krugers Gebrauch dieses stereotypen,
christlichen Fundamentalismus bezwecken soll, dieses

universalen bösen Gegners, ein willkommener Abfall-
eimer für unbeschränkten Haß. Ich gebe zu, daß ich
hier schrecklich übersensibel reagiere.

Das Urgenre der Arbeiten Krugers ist der politische
Cartoon, was für Zartbesaitete kein leichtes Medium
ist. Sie aktualisiert die Revolution der Fotomontage,
die vor achtzig Jahren von John Heartfield (dessen Politik, nur nebenher bemerkt, manchmal elendig dumm
war) initiiert wurde, und stattet sie mit aktuellem Rüstzeug und einem zeitgemäßen Anlaß aus. Die Tatsache,
daß die Art Directors dieser Welt ihre Ideen eifrig
plündern, zollt Krugers Originalität Hochachtung,
stellt aber gleichzeitig das notwendige Verhältnis zwischen ihren Ansichten und ihren Mitteln in Frage. Diese zertrümmern zwar den Sexismus, aber Seife läßt sich
auch damit verkaufen. Allerdings bleibt dieses Verhältnis in Krugers eigener Handlungsweise konstant, ein
Triumph der Kunst im Strom der Gesellschaftsge-
schichte.

Kunstprojekt
auf der 42sten Straße

Letzte Woche in Washington, D. C., es war noch früh am Morgen, entschloß ich mich, da ich nicht schlafen konnte, spazierenzugehen. Ich durchquerte das Einkaufszentrum, dessen abgestandene Luft einen drückenden Tag ankündigte. Ich dachte daran, die Statue von Abe Lincoln zu besuchen, aber es sah so aus, als ob zu ihm ungefähr hundert Stufen mehr emporführten, als ich mich erinnern konnte. Also schleppte ich mich zum Vietnam Memorial. Dort befand sich bereits eine andere Person, eine Frau, die wohl auch unter zu leichtem Schlaf litt und die mit Wachsstift und Papier versuchte, irgendeinen Namen durchzureiben. Das Denkmal ließ mich diesmal kalt. Es vermittelte mir den Eindruck der Ungültigkeit, so als hätte man es einfach abgeschaltet. Ich begann darüber nachzudenken, wie nutzlos öffentliche Kunst aussehen kann, wenn ihr die Quelle ihrer Macht, die Menschenmenge, entzogen wird. Je besser und je einfühlsamer die Arbeit ist, desto peinlicher erscheint sie, wenn sie verlassen ist. Es ist nicht vorgesehen, daß man mit ihr allein ist.

Jeder braucht Liebe. So verhält es sich auch mit allen von Menschen hergestellten Dingen, die nicht nur aus rein pragmatischen Gründen gemacht werden. Jedes dieser Dinge will geliebt werden. Wenn niemand es liebt, ist die Wirkung vernichtend. Für einen Augenblick erschien mir sogar das wunderbare Vietnam Memorial ungeliebt. Angesichts dessen verblaßte selbst der rührende Anblick der Frau mit dem Fettstift, die geschäftig einen Namen nach dem anderen kopierte. Soweit ich weiß, gibt es dafür einen Markt.

Ist der Mangel an Liebe eine momentan herrschende Epidemie? Auf jeden Fall wütet sie in der Kunstwelt. Die Ausstellungen der letzten Saison glichen Waisenhäusern für emotional Ausgehungerte, wobei sich einige dieser Waisen lautstark beschwerten, die meisten aber schweigend in ihrer Ecke vor sich hin litten. Viele Ausstellungen hatten etwas Sympathisches – ein ziemlich bedenklicher Zustand. Ein Kunstwerk nur zu mögen ist beinahe so, als würde man eine verlegene Zuneigung für einen entzückenden, aber nicht allzu gescheiten Cousin an sich entdecken, der neu in der Stadt ist und nicht weiß, wo er unterkommen kann. Sympathische Kunst bereitet einem meist mehr Ärger, als sie wert ist. Vielleicht dachte ich über all das in Washington nach, weil ich tags zuvor eine Ausstellung gesehen hatte, die am Times Square stattfand.

Auf der 42sten Straße zwischen 7. und 8. Avenue befinden sich zur Zeit Installationen von über zwei Dutzend Künstlern, die unter der Schirmherrschaft der Development Corporation, 42nd Street und Creative Time, Inc., stehen. In Anbetracht der aktuellen Stadtentwicklung gleichen die Künstler aasverzehrenden

Krähen. Wie im Fall unreparierter Dächer, durch die der Regen nach innen tritt, gilt heutzutage auch die Anwesenheit von Kunstwerken in sonst ungenutzten Gebäuden als sicheres Zeichen dafür, daß diese dem Untergang geweiht sind. Das Ensemble, das jetzt auf der 42sten Straße die Totenwache hält, ist jedoch weit davon entfernt, mit einem Bundesmonument verglichen werden zu können, dessen angeblicher Sinn der eines ewigen Gedenkens ist. Zudem läßt sich feststellen, daß es in New York sinnvoller ist, wenn wir unsere Gedächtnisfeiern ebenso flüchtig gestalten wie alles andere auch. Die Ausstellung selbst ist hauptsächlich unbefriedigend und lahm (auch wenn diese Meinung auf Euch verrückte Liebhaber der öffentlichen Kunst schockierend wirkt). Wie dem auch sei, es gibt darin trotzdem einige Dinge, die von Jane Dickson und Karen Finley, die an etwas erinnern wollen, nämlich an das Besondere des Ortes und seine weitreichende Bedeutung: an Träume von Huren und an die Wünsche der vom Leben Verwüsteten, Volkspoesie der Verzweiflung.

»Sie werden es lieben« ist sicherlich kein Leitgedanke, der sich ganz selbstverständlich mit diesem etwas zu berühmten Block verbindet (der unzähligen anderen Häuserzeilen dieser Art dadurch überlegen sein könnte, daß er sich inmitten einer Stadt befindet, die einen chronischen Überfluß an Schriftsteller-Flaneuren aufweisen kann). »Das wird Ihnen Ihre Portemonnaies öffnen« ist wohl eher der gängige Gedanke. Gelüste und Zwänge – das Arsenal einer sündigen Meile – sind Überlegungen, die handhabbarer sind als Liebe, viel kalkulierbarer und übersichtlicher. Um daraus Kohle zu machen, braucht es keine Kreativität, nur Beobachtungsgabe und ein Herz aus Stein. Für diejenigen, die auf waghalsige Art gutgläubig sind, ist die Romantik der sündigen Meile eben ihre eiskalte Karikatur natürlicher Bedürfnisse und Sehnsüchte. Unberechenbar und daher ignoriert, hängen verzweifelte und zärtliche Gefühle wie der neblige Schein der Neonreklame über der Szenerie. Ein kräftiger Schluck Alkohol oder ähnliches verstärkt die niederdrückende Stimmung, in der man schnell zum Opfer eines kleinen Straßenraubs werden kann.

Dickson und Finley machen diesen wabernden Schein zum Schwerpunkt ihrer Arbeit. Ich war sofort von Dicksons Installation verzaubert, die einen geräumigen Sexshop dazu zwingt, als Schaukasten für Hochzeitsphantasien zu dienen. Die Installation von Finley, die die frühere Papaya Welt, Ecke 7. Avenue, in Passionsviolett ausmalen ließ und ein Wandbild anbrachte, das aus ungeschickten Zeichnungen und Gedichten zusammengesetzt ist, die vor jugendlich zuckersüßer Sentimentalität triefen, erschien mir zu Anfang völlig abscheulich. Dicksons Arbeit blieb bei mir, aber Finleys kam zurück, um mich heimzusuchen, spukte in meinem Kopf herum, als ich – nicht aufgrund meiner Sensibilität, sondern anhand des aktuellen Lebens und Sterbens der Straße – zu verstehen begann, auf welcher Wellenlänge sie tatsächlich lag. In beiden Arbeiten waren keine Namen erwähnt, da die 42ste Straße keine Akten über ihre Opfer anlegt, aber in diesen temporären Denkmälern für zeitlich begrenztes Leben pulsiert der kommunale Verlust.

Dickson ist eine erfahrene, realistische Malerin, deren Gegenstand die unteren Klassen sind. Sie lebt seit langem in der Nähe des Times Squares. Die Fülle ihrer Erfahrungen verleiht der Installation mehr Gewicht, steht im Kontrast zur Fadenscheinigkeit der meisten anderen Arbeiten in dieser Ausstellung. (Dazu rechne ich auch Jenny Holzers gewohnte Aphorismen auf ausrangierten Theatermarkisen. Ihre Medienpolitik, noch aus den achtziger Jahren, reduziert unsere Schwierigkeiten auf die Auswirkungen öffentlicher Rhetorik, etwas, das ganz plötzlich genauso überholt erscheint wie die Theater.) Dickson hat die Fenster von *Die Braut* mit indirekt beleuchteten, auf Pergament gemalten, ovalen Bildern von selbstzufriedenen Bräuten ausgefüllt. Durch die verschlossene, gläserne Eingangstür erspähen wir die höhlenartige Welt der Pornovideos, deren Zellen und Verkaufstische aus gedämpftem, sehr elegantem Licht hervortreten. Treppen führen zu einem Zwischenstock, wo ein ausgeleuchtetes, prachtvoll glänzendes Abbild einer Brautrobe aus transparentem Material sich dreht und dabei schimmernde Regenbogenfarben versprüht, die Benzin auf Wasser hinterläßt. Eine tiefe, stille Verträumtheit breitet sich aus.

Dicksons Arbeit könnte bedeuten, daß die Ehe das dialektische Gegenteil der Prostitution ist oder daß Ehe und Prostitution miteinander identisch sind – wäre ihre Arbeit tatsächlich darauf ausgerichtet, etwas »sagen« zu wollen. Ich glaube jedoch, daß sie ohne jede Bewertung an die irritierende Verworrenheit rührt, die wir angesichts von Sex und Liebe empfinden und die sich anhand von zwei kommerziellen Institutionen vergegenständlicht: dem Sexshop und dem Brautmodengeschäft. Nachgestellt in einem Museum, erschiene die Installation wohl äußerst gewitzt, nicht jedoch hier, inmitten dieser atmenden, stinkenden 42sten Straße, wo sich Peep-Show und Ehe, beide Bedeutungen für sich rein und ohne Ironie dargestellt, in der Gegenüberstellung zutiefst verletzen. Jeder Betrachter, der den Zynismus und die Trauer darin erkennt, wird *die Braut* persönlich nehmen. Die Arbeit bietet keine Lösung an, die sauberer wäre als das Leben selbst.

Dickson spricht öffentlich über den einsamen Kummer. Finley quengelt und faselt aus einer Einsamkeit heraus, die keinen Begriff davon hat, wo sie endet und Öffentlichkeit beginnt. Sie ist in dieser Kultur eine bemerkenswerte Figur. In ihren Performances verbindet sich erstaunlicher Charme mit unglaublich ärgerlichen Attitüden, dem Ich-Ich-Ich-Klagelied eines Opfergangs. Sie ist die große Vorsitzende der vom Leben Geschädigten, die Wiederbelebung aller Familienskelette, die man vergessen in ihren Schränken glaubte, sie ist die zurückgekehrte Schuld der Gesellschaft, die ihren Tribut fordert. Zu sagen, daß sie authentisch sei, wäre das Beste und das Schlechteste, was über sie bemerkt werden könnte. Sie bietet zwei Möglichkeiten zur Auswahl an: bleiben oder weglaufen. Ich lief vor ihrem Papaya-Welt-Stück davon, aber es holte mich wieder ein.

Die tolpatschigen, blumigen Figuren auf Finleys Wandbild sind idealisierte, vom göttlichen Geist angehauchte Akte eines Mannes, einer Frau und eines Kindes. Sie werden von manischen Prosagedichten großer Selbstverliebtheit begleitet. »Ich bin ein gepunktetes Pony. Kirsch- und Weintraubenlutscher umkränzen mich ... Ich bin ein Kompliment an die ganze Menschheit.« Die Intensität des Tonfalls übersteigt die des

typischen Gefühlsergusses eines Teenagers. Sie vermittelt den Anschein von Verrücktheit. Der Eindruck
wird keineswegs durch die Mitteilung abgemildert (ich
entnahm das einer Presseerklärung), die »Lutscher«
stellten sarkomatöse Hautveränderungen dar, deren
kaum wahrnehmbare Darstellungen die Figuren über-
ziehen.

Das Aids-Element der *Positiven Einstellung*, so der
höfliche Titel, wird vor Ort nicht ausgearbeitet, wodurch sich eine mehr allgemeine Wirkung der Arbeit
erklärt. Die hysterisch positive Unterhaltungsqualität
der Arbeit beschwört eine korrespondierende Negati-
vität, den tiefschwarzen Schatten von Seelen, die so
gründlich zerstört sind, wie das Wandgemälde schwin-
delerregend exaltiert ist. Ästhetische Distanz fällt in sich
zusammen. Finleys Installation wird zu einem schieren
Phänomen, das sich wirklich an einem wirklich existie-
renden Platz ereignet, der von wirklichen, schrecklich
verletzten jungen Leuten besucht wird, nach denen sie
mit einer gewissen vorgefaßten Meinung, aber ohne
Herablassung greift. Auf einmal erscheint »Kunst« als
ein überaus triviales Thema. Der Beobachter wird von
der Seite her attackiert, aus der Bahn seiner kritischen
Objektivität gedrängt und in eine Bewußtheit gestoßen,
die ihm deutlich macht, daß eine ganz gewöhnliche
Menschheit ein ungewöhnliches, fast unverständliches
Ausmaß an Mitleid benötigt.

Das Beste, was öffentliche Kunst heute vielleicht anzubieten hat, ist ein Innehalten in einer Notlage. Eine
Notlage, die entstanden ist durch fehlende gemeinsame Überzeugungen und Ziele, sowohl im gesellschaftlichen als auch im privaten Bereich. In beiden Fällen

erfordern sie von uns ein freudiges selbstloses Engagement, das von einem Übermaß an Liebe getragen wird. Wessen Herz fließt heute noch hinreichend über? Vielleicht sollte man Abe Lincoln fragen, wenn sie sich den Aufstieg zumuten wollen. Fragen Sie sich das selbst einmal. Fragen Sie weiter. Wir werden mit diesem Notstand, dieser alltäglichen Lieblosigkeit, die uns zugrunde richten wird, noch oft konfrontiert werden.

Alte Meister

»Frauen«
von Willem de Kooning
und Jean Dubuffet

Wenn sich ein Junge wie ein böser Junge fühlen will –
die meisten Jungen möchten manchmal böse sein und
schlechte Manieren an den Tag legen, manche von
ihnen wären am liebsten fast immer, und einige sind es
tatsächlich (hütet Euch vor diesen) –, dann kann er
das am verläßlichsten dadurch erreichen, daß er ein
schmutziges, verhöhnendes Bild einer Frau zeichnet.
Böse-Buben-Zeichnungen können Karikaturen einer,
sagen wir mal, nicht gerade beliebten Lehrerin sein, allerdings nur, wenn der Bub gut genug zeichnen kann,
so daß alle erkennen können, um wen es sich handelt.
Im Normalfall entscheiden sich böse Buben aber für
die wirtschaftlichste, direkteste Route: die der Dop-
pelbotschaft »weiblich« und »dumm«. Die zeichnerische Missetat befreit den Jungen dann einen Moment
lang von dem Kummer, zu klein zu sein, für alles zu
klein zu sein, besonders für die Macht. Wenn der Junge ein guter Junge ist, wird ihn die Zeichnung vielleicht auch beschämen. Für einen guten Jungen wiegen
die Freuden des Böseseins die Kosten der Scham meist
nicht auf, so daß er schon bald damit aufhört, schmut-

zige Zeichnungen zu machen. Es sei denn, er wird
Künstler.

Ein erwachsener, heterosexueller Künstler könnte
vielleicht als guter Junge gelten, der aus der Maximie-
rung der Lust am Bösesein bei gleichzeitiger Verringe-
rung des Schamgefühls eine Berufung gemacht hat.
Vielleicht träumt er von Pablo Picasso, diesem rund um
die Uhr beschäftigten schamlosen, bösen Buben, der
zufälligerweise alle Mädels bekam und die schüchterne
Schlechtigkeit der guten Jungs vor Neid aufheulen ließ.
Aber er ist nicht Picasso, und er wird auch niemals
Picasso werden. Dieser Tatsache muß er ins Auge sehen. Er macht Zeichnungen, die vielleicht nicht wie
Zeichnungen von einer Frau oder von DER FRAU
aussehen, es aber dennoch irgendwie sind. Er macht
Kunst oder KUNST, in welcher verstohlene Schlechtigkeit die offensichtliche Tugend aufpäppelt oder
auch die Qualität. Vergnügen und Scham tanzen in seinem Herzen immer noch denselben uralten Tanz. Für
gewöhnlich ist dies das Wesentliche seiner Geschichte, in der sonst nichts Dramatisches passiert.

Eine Ausstellung der Pace Gallery lenkt die Aufmerksamkeit auf einen Augenblick in der Kunstgeschichte, so ungefähr um das Jahr 1950 herum, in
dem die Geschichte zweier Männer – ihrem Alter nach
weder unreif noch auf ihren jeweiligen Gebieten macht-
los zu nennen – eine dramatische Wendung nahm. Jeder dieser Männer wurde von einigen, ihn selbst eingeschlossen, als der beste zeitgenössische Maler
betrachtet, den es auf dem ihm zugehörigen Kunstmarkt
gäbe. Unabhängig voneinander fertigten sie beide, der
eine in New York, der andere in Paris, Serien von

schmutzigen und höhnischen Bildern DER FRAU an,
die wesentlich offener und vehementer waren, als alles
Vergleichbare, das es davor oder danach in der aus-
schlaggebenden Kunst gegeben hatte (nicht exzentrisch, auch nicht Tour de force, sondern im Mittelpunkt des Geschehens ihrer Zeit stehend). Mich
interessiert, warum das passierte. (Es gibt zwischen beiden Künstlern große Unterschiede in der Qualität, die
die Betrachter für sich selber ausmachen mögen. Es ist
nicht das, womit ich mich beschäftigen will.) Ich bin
außerdem daran interessiert zu erfahren, welche Auswirkungen dieser Augenblick hatte, in dem Konventionen der romantischen Aufrichtigkeit innerhalb der
Kunst der Malerei derart überladen und beschädigt
wurden.

De Koonings »Frauen« (eine allgemeine Bezeichnung, nicht der von ihm gewählte Titel) und Dubuffets
Corps de dames (einer der für den Franzosen typischen
sarkastischen Titel) waren bis zu einem gewissen Grade
bewußt destruktive Akte, die erstens das umfaßten, was
de Kooning »die Frau, in allen Zeitaltern gemalt, alle
diese Idole« nannte und zweitens jenes, was Dubuffet
als Assoziationen des weiblichen Körpers brandmarkte,
die »(für die Okzidentalen) eine sehr trügerische Vorstellung von Schönheit« beinhalten. »Natürlich strebe
ich eine Art Schönheit an«, sagte Dubuffet, »aber nicht
diese.« Rufe nach Befreiung waren zu vernehmen, wurden in neue Worte gefaßt, aber um welche Befreiung
ging es eigentlich? Die Schönheit von Dubuffets Frau-
enbildern – in denen die weibliche Form ein sich aus-
dehnendes, mit großen Genitalien und kleinem Kopf
versehenes Totem ist, eindimensional wie Graffiti – ist

179

anorganisch, ein Resultat der strukturellen Beschaffenheiten, die manchmal fleischähnlich, meist aber alluvial sind. De Koonings Schönheit – in der das Weibliche blind vor sich hin starrende Augen besitzt, eine oder mehrere Garnituren grausamer Zähne und einen massiven Körper, den man im Durcheinander der Farben nur schwer lokalisieren kann – ist virtuos, eine blendende Zurschaustellung von Linie und Farbe, die das Bild, während der Betrachter es wahrnimmt, gleichzeitig aufbauen und wieder auseinanderreißen. Der vorherrschende Eindruck in beiden Fällen ist der einer halsstarrigen Eigensinnigkeit des Künstlers.

De Koonings und Dubuffets Travestien der weiblichen Form, die seit der Renaissance als zentrales Thema der westlichen Malerei verehrt wird, setzen uns immer noch in Erstaunen, zum Teil deshalb, weil sie so selbstzerfleischend sind. Das Paradoxon der Bösen-Buben-Zeichnungen steht damit in Zusammenhang: Der Drang, das Weibliche auf eine höhnische Chiffre der Sexualität zu reduzieren, stattet es mit einer vernichtenden Macht aus, die die Empfindung der Bedeutungslosigkeit des Jungen offenbart. (Ist das der Grund, warum der gute Junge beschämt ist? Weil er aus seiner Angst ein Spektakel gemacht hat?) Das Weibliche wird bei de Kooning immer furchterregender, je mehr er es attackiert. Die abgedroschene Bezeichnung für seine Pinselführung in diesen Bildern ist »peitschend«, aber natürlich ist die Frau aus den Hieben gemacht, die er gegen sie führt. Das produziert den komischen Effekt, ihn gegen seinen Willen zum Pygmalion werden zu lassen, eben den Effekt einer sich selbst verspottenden Possenreißerei, allerdings müßte man schon sehr dickhäutig oder hysterisch sein, um darüber lachen zu können. Die Verunglimpfung – der Frau, der Malerei, ja des Künstlers selbst – ist so umfassend allgemein, daß, will man sich auf die Bilder einlassen, man damit eine Verunglimpfung des eigenen Geschmacks auf sich lädt, und das trägt wenig zur Heiterkeit bei.

Ich erinnere mich an die bösen Buben, an diese älteren, die auf dem Spielplatz obszöne Ausdrücke und Gesten gebrauchten, um uns jüngere mit ihrem sexuellen Wissen und ihrer Potenz einzuschüchtern (davon abgesehen, daß sie wahrscheinlich nur damit herumprahlten). Ich erinnere mich an dieses Gefühl von Ehrfurcht und Jammer, das ich gerne hinter der Maske einer abweisenden Gelassenheit versteckt hätte, was mir aber nie so recht gelingen wollte. Den anderen Reaktionen der Minderwertigkeit zu entlocken, das ist die immer wieder angestrebte, bittere Befriedigung des bösen Buben. Solange er diese anderen zu noch niedrigeren Kreaturen machen kann, kümmert es ihn nicht, daß er dadurch seine eigene Gemeinheit offenbart. Glaube ich wirklich, daß de Koonings und Dubuffets Motivation (ebenso wie Picassos, der dann *sie* einschüchterte) in einem bitteren Spielplatz-Machismo zu suchen ist? Ja. Da addiert sich so einiges, wenn man die damaligen Umstände ihrer Karrieren bedenkt.

Zum einen waren sie bereits ältere Jungs, die sich in konkurrierenden Szenen bewegten, auf die sich die Aufmerksamkeit der Öffentlichkeit gerade erst zu richten begann, und die damit beschäftigt waren, sich eine Hackordnung zu erarbeiten. Nachdem sie beide ein Leben von zermürbender Frustration hinter sich hatten, standen sie 1950, de Kooning 46 Jahre alt und

Dubuffet 49, endlich an der Schwelle des Ruhms. Nehmen Sie einfach mal an, von beiden seien Sie der Unzufriedenere, Dubuffet. Sie waren bis vor kurzem noch Weinhändler, über Ihre künstlerischen Ambitionen hatte man sich bereits zwei Jahrzehnte zuvor lustig gemacht, die Geringschätzung der Cliquen des Kunstbetriebs hatte Sie gedemütigt. Diesmal werden Sie keine Herablassung dulden, weil Sie jetzt an der Reihe sind. In Ihrer kriegsmüden Hauptstadt sehen Sie, wie jüngere Künstler versuchen, die hohe Schule des Geschmacks der Pariser Bilderküche wiederzubeleben, und Sie denken nur: kläglich. Sie werden die Burschen jetzt einfach mal in die Pissoirs mitnehmen und ihnen vorführen, um was es in dieser, ihrer netten Malerei eigentlich geht.

Stellen Sie sich nun vor, de Kooning zu sein, Sie sind der Maler anderer Maler, und Sie haben sich in Downtown schon einen gewissen Ruf erworben. Unter anderem zeichnen sie wie ein Engel. Aber als Sie gerade dabei sind, das Spiel zu gewinnen, verändert man die Regeln. Eine neue Sorte aufgelöster Abstraktion, für die der Kritiker Clement Greenberg die Begleittheorie zur Verfügung stellt, scheint unaufhaltsam auf dem Vormarsch zu sein und wird als die Sache angesehen. Das Ganze ist perfekt auf Jackson Pollock, Barnett Newman und andere zugeschnitten, die nichts zeichnen können, das irgendwelchen Wert besäße. Sie fürchten sich davor, ein alter Hut zu sein, noch bevor Sie als das Neueste vom Neuen gehandelt werden können. Vor Ihrer Staffelei beginnen Sie, angemessene Wutausbrüche zu haben.

Warum wurden diese Hahnenkämpfe so offen auf dem symbolischen Körper der Frau ausgetragen? Ich vermute, daß das Vorbild Picassos, dessen Priapismus noch wütete, dazu ebenso beitrug wie die unlängst zu Ende gegangene Herrschaft des Surrealismus und seiner giftig süßen Obsessionen hinsichtlich des Femininen. Diese Präsenz des Sexuellen in der Kunst wurden von einem neuen, respektableren, intellektuellen, professionellen Kunstmarkt, in dem sich der aus der Arbeiterklasse stammende de Kooning und der kleinbürgerliche Dubuffet ausgesprochen unwohl fühlten, sehr schnell unterdrückt. Vielleicht nahmen sie an, daß sie in Diskussionen über Ästhetik eine schlechtere Figur abgäben als in einer Wirtshauskeilerei, wobei hinzugefügt werden muß, daß die hitzigsten Wirtshauskeilereien stets die sind, in denen es um Frauen geht (mit denen diese meist nur äußerst wenig zu tun haben).

Was immer auch der Grund gewesen sein mag, de Kooning und Dubuffet, versessen darauf zu schockieren, gingen hin und taten es. Sie verschmolzen Schöpfung und Entweihung auf eine Art, deren desolate Freude jedem bösen Buben nur zu bekannt sein sollte, und die Gewalt dessen, was sie taten, bleibt ebenso unauslöschbar anwesend wie ihre erhabene Schrecklichkeit. Ihre Frauenbilder versetzen den Betrachter wie die Gewalt selbst in einen Zustand, in dem man nicht glauben kann, daß sich tatsächlich etwas ereignet, und doch ist es so, und man wünscht sich, daß es aufhören möge, aber noch ist es nicht soweit.

Picasso
und die Weinenden Frauen

Hat Picasso wirklich existiert? Es wird immer schwieriger, es zu glauben, allein wenn man bedenkt, wie er Stift und Stengel rittlings durch ein Jahrhundert führte. Er verlegte die Leitungen der Sehnerven dieser Welt und der damit verbundenen Vorstellungskraft neu. Er hangelte sich an einem Klettergerüst weiblichen Fleisches durch das Leben. Ab und an krähte er seiner soundsovielten Freundin, Dora Maar, in den dreißiger Jahren vor: »Ich bin Gott! Ich bin Gott!« Damals war er immerhin noch vier Jahrzehnte von diesem »Das glaube ich nicht«, dieser rücksichtsvollen Erwiderung des Universums, entfernt: seinem Tod. Es muß für ihn tödlich gewesen sein zu sterben.

Wir wissen nichts mehr mit Picasso anzufangen, da extreme Manneskraft gegenwärtig zu einem Nullwert geworden ist. Der stetige Schulhofneid normaler Männer ihm, dem priapischen Spanier gegenüber, war in allen Texten, die sich mit Picasso befaßten, gegenwärtig. Dieses Leitmotiv ist nicht gänzlich verschwunden; in der Form berufener Lakenschnüffelei existiert es durchaus weiter. Der Meister der Maitresseologie, William S.

Rubin, meinte kürzlich triumphierend, daß ein berühm-
tes Bild von 1923, *Frau in Weiß*, auf keinen Fall eine
Darstellung der ersten Frau, Olga Koklova, sei, wie man
bisher annahm, sondern die des amerikanischen High
Society-Luxusweibchens, Sara Murphy, einer bisher
noch nicht entdeckten Gespielin Picassos. Das Bild, das
sich im Besitz des Metropolitan Museums befindet, ist
Teil der gegenwärtigen Wanderausstellung »Picasso
und die Weinenden Frauen«. Ein anderer William S.,
der Herr Lieberman vom Met(ropolitan Museum),
identifiziert es trotzig als eines der Olga-Bilder. Nachdem ich die Beweislage sorgsam geprüft habe, muß ich
sagen, daß mir die Sache völlig egal ist.

Pabloide Offenbarungen tauchen immer noch auf,
aber der Tonfall hat sich inzwischen vom Ehrfürchti-
gen zum Akademischen verlagert. Da wir nicht wissen,
was wir mit ihm tun sollen, studieren wir ihn eben.
»Die wissenschaftliche Auseinandersetzung mit Picasso steckt immer noch in den Kinderschuhen«, meint
drohend die Kuratorin Judi Freeman im Katalog zu
dieser, ihrer Ausstellung, die im Februar in Los Angeles eröffnet wurde. Bauen Sie einen neuen Flügel an die
Bibliothek an, die bereits vor Picassowälzern ächzt.
Bauen Sie eine neue Bibliothek. Richten Sie eine sepa-
rate, nicht jugendfreie Abteilung ein. Freeman erzählt
uns, daß Picasso 1928 sein neu erworbenes, jugendliches Lieblingsspielzeug, Marie-Thérèse Walter, »in
die von ihm bevorzugten sexuellen Praktiken des
Sadomasochismus einweihte«. Das ist alles. Keine weiteren Details. Aber sicher wird irgend jemand zur
Minute diese Praktiken bereits in ein Computerver-
zeichnis eingeben.

Picasso und die Weinenden Frauen ist eine großartige Ausstellung, die die Bilder der späten dreißiger Jahre des Künstlers vorstellt, in denen Frauen vor Kummer und Entsetzen in seltsam geformte Stücke zerfallen. Sie beschäftigt sich mit einer Periode mörderischer Brillanz, in der Picasso fortfuhr, wie ein stotternder Schöpfergott die weibliche Physiognomie zu verschrotten und wieder neu zu gestalten. Das Erfreuliche ist das possenhaft Groteske daran, das Niederschlagende, seine Vorliebe für so etwas wie das absolut Schreckliche. Wie es meistens bei Picasso der Fall ist, so spielt auch hier die spezielle Emotion der Arbeiten, verglichen mit der bloßen Tatsache, daß er inspiriert war, nur eine untergeordnete Rolle – zumindest eine wesentlich geringere, als sie es sollte.

Er war überall da, wo es darauf ankam, unkompliziert. Die Leute machen meistens den Fehler anzunehmen, daß das Genie kompliziert sei. Genau das Gegenteil ist der Fall. Wir normalen Menschen sind kompliziert. Wir sind in Ambivalenzen verstrickt und benebelt von unseren Zweideutigkeiten. Das Genie besitzt eine primitive Ökonomie, es ist wie eine Maschine, die nur mit einem Minimum an Drehteilen bestückt ist, und es hat die Klarheit prallen Sonnenlichts. Selbst wenn er nur eine Linie zeichnete, kam alles an Picasso mit praktisch stupider Effizienz zum Tragen. Er war der geborene Striche-Zeichner.

Ausgestattet mit einer fantastischen Beherrschung der Technik und formalem Scharfsinn, konnte er dennoch solch alberne, kleine Entscheidungen treffen, wie zum Beispiel diese, daß ein Auge auch ein schornsteinartiges Ding in einem winzigen Boot sein konnte, das

Tränen vergoß, und genau das setzte er dann mit der ganzen Gewalt seines Talentes um. Der Effekt ist einfach und überwältigend. Als ich im Metropolitan Museum seinen Entscheidungen nicht nur von Bild zu Bild, sondern auch im Bild selbst folgte, zeigte sich wieder meine altbekannte Art, auf Picasso zu reagieren: Wie ein gestrandeter Fisch schnappte ich nach Luft. Es ist eigentlich entsetzlich, wie gut er ist und auch wie schrecklich.

Judi Freemans Katalog, der ein Paradebeispiel beeindruckender Organisation und intelligenter Texte ist, nähert sich den weinenden Frauen von zwei verschiedenen Seiten. Zum einen sieht sie die Arbeit im Zusammenhang mit dem wilden Liebesleben des Künstlers, der mit Walter und Maar jonglierte, während Koklova hinter der Bühne vor Wut kochte, und zum anderen sieht sie diese an die politischen Ereignisse der Zeit geknüpft, was Sinn zu machen scheint, da Picassos Arbeit an *Guernica* – eine kreative Raserei, in der er im Mai und Juni 1937 das großartige Wandgemälde für den spanischen Pavillon der Internationalen Ausstellung in jenem Sommer zu Paris fertigstellte – der Anstoß war für die wichtigsten Arbeiten der weinenden Frauen. Beide Bezüge sind offensichtlich, aber für ein Erleben der Bilder nebensächlich.

Sicher, Picasso wurde von seinen Frauen bedrängt und war über die Vergewaltigung Spaniens bestürzt. Aber zu behaupten, daß er diese Gefühle auch »ausdrückte«, scheint doch zu weit zu gehen. Er drückte in seinem Leben nie etwas aus, es sei denn auf ironische oder sentimentale Weise. Dafür war er viel zu egozentrisch. In seinen Arbeiten finden sich verschlüsselte

187

Hinweise auf seine Gefühle, ein Umstand, der erklärt, warum er die detektivischen Instinkte der Gelehrten so sehr zu reizen versteht. Trotz alledem geht die emotionale Wirkung dieser karikierenden Anspielungen – Gesichter, deren Gewebe sich aufzurichten scheint, deuten zum Beispiel auf Walter hin, das leidgeprüfte Pferd signalisiert Spanien – gegen Null. Picasso war nicht expressiver als irgendein durchschnittlicher Karikaturist.

Im Grunde war er repressiv. Malerei, so sagte er, und man hielt es für eine politische Erklärung, ist »eine offensive und defensive Waffe gegen den Feind«. Ich glaube, daß es für Picasso nur einen »Feind« gab, den Nicht-Picasso, also all das auf der Welt, das auf irgendeine Art ernst genommen werden mußte. Gegen diese Bedrohung wehrt sich seine Kunst mit geschickten Manövern. Was er nicht ignorieren konnte – oder das, was er nicht ignorieren wollte, da es gefressen, gevögelt oder sonstwie genossen werden konnte –, wurde picassoisiert. Der wirkliche Dienst, den er der politischen Linken in den späten dreißiger Jahren erwies, war wohl jener, sie das glauben zu lassen, was sie so schrecklich nötig hatten, daß sein Herz mit ihnen sei. In Wahrheit war sein Herz aus Stein.

Aber du meine Güte, was er, wie in diesem überragenden Meisterwerk der Ausstellung, *Weinende Frau*, 28. Oktober 1937, aus der Tate Gallery, mit einer Linie und mit Farbe alles tun konnte. Es ist ein ausgebreitetes Puzzle aus kubistischen Flächen und surrealen Kurven, die in strahlenden Primärfarben, lebendigem Grün, Violett und einem tödlichen Weiß angeordnet sind. Es stellt eine Frau dar, die den unteren Teil ihres

Gesichtes mit einem Taschentuch bedeckt, das sie zerdrückt und auf das sie gleichzeitig beißt. Ihr Mund, die zusammengebissenen knirschenden Zähne scheinen hindurch. Sie trägt einen flotten Hut, so als wäre sie auf einer Party hinterrücks von großem Leid überrascht worden. Jedes Detail, so wie diese feurige, blaue Blume an ihrem Hut, wartet mit einer eigenen Bedeutung auf. Setzt man sich diesen Details aus, hat man das Gefühl, zusammengeschlagen zu werden, wieder aufzustehen, nur um gleich darauf erneut zu Boden zu gehen.

Picasso war antimodern. Seine Kunst war ein langer Zweikampf zwischen einem primitiven Ego und den übergreifenden, unpersönlichen Mächten, den reichlich vorhandenen Andersartigkeiten des modernen Lebens. Sein Genie bestand darin, eben genau diese Sensationen besagter Kräfte und Andersartigkeiten – entfremdende, faszinierende, unheimliche – an sich zu reißen und sie sich untertan zu machen. Das machte ihn zum Mister Modern der visuellen Kunst. Sein stärkster Antrieb aber war die vollkommene Weigerung, irgend etwas oder irgend jemand Vorrechte einzuräumen (selbst das Recht zu leben bedurfte seiner Erlaubnis). War er heroisch? Fragen Sie Dora Maar, eine intelligente Frau, politisch sehr engagiert, die ihren eigenen Nervenzusammenbruch verfolgen konnte, der von Picasso Schritt für Schritt in einer unglaublich grausamen Sequenz aufgezeichnet wurde.

Mit Picasso einig zu werden ist unmöglich.

Picasso und Braque
Wegbereitender Kubismus

Diese Ausstellung von ungefähr 400 Arbeiten Picassos und Braques aus den Wunderjahren 1907–1914 ist so unerhört schwer zu verarbeiten, daß Sie vielleicht nach einem Grund suchen werden, um sie einfach auszulassen, daß Sie vielleicht denken: »In diesem Augenblick meines Lebens erscheint es mir nicht unbedingt notwendig, daß ich mir vollkommen blöd vorkomme, einverstanden?« Nein, ganz und gar nicht einverstanden. Gehen Sie auf der Stelle ins MoMA. Es gibt durchaus Möglichkeiten, diese Ausstellung zu genießen, in diesem künstlerischen Äquivalent zur Quantenmechanik getestet zu werden, und außerdem, warum sollte man sich nicht auch mal wieder dumm vorkommen? Heutzutage ist doch jeder dumm oder zumindest unwissend, außerhalb der engen Grenzen seines Spezialgebiets.

Der Kubismus hat das vorausgesagt. Picasso und Braque lösten die Kunst aus ihrem angestammten Umfeld allgemeiner Lebensgeschichten, die das Leben noch gelebt oder geträumt hatten, und stießen sie in ein Laboratorium, das mittlerweile zu einer Akademie namens Modernismus geworden ist. Der Kubismus war für das Selbstvertrauen und Wohlergehen der Menschen, im Kontext der allgemeinen Katastrophen der Moderne ein ganz spezifisches Unglück, da er die Zivilisation in einen Haufen von Tätigkeitsbeschreibungen zerhackte. Mit dem Kubismus gewann die Malerei jenes Recht, welches alle modernen Disziplinen anstreben, nämlich das Recht darauf, den Laien fühlen zu lassen, daß er doch nur ein Idiot sei.

Diese revolutionäre, krankhafte Erregung jenes Augenblicks noch einmal zu erleben, aus dessen geöffneter Faust der Wahnsinn entwich, »Fortschritt« genannt, eröffnet eine Möglichkeit, den Kubismus zu lieben. So gesehen, könnte man sagen, daß die Ausstellung aus einer einzigen kolossalen Explosion besteht – Picassos *Demoiselles d'Avignon* von 1907 –, gefolgt von den sich ausbreitenden Ringen der Schrapnelladung. Sie können aber auch die ganze Ausstellung als Explosion sehen, in der die *Demoiselles* als Abbild des exakten Beginns der Detonation erscheint: eine untergegangene Welt der Geschichten – das Leben lebend, das Leben träumend –, nur gerade eben noch die alte Gestalt an den Tag legend, während sie schon krabumm geht. Erleben Sie die Fiesta der Zerstörung noch einmal, Bild für Bild. Seien Sie Nero und zücken Sie Ihre Fiedel, während die Flammen Roms am Himmel lecken.

(Die italienischen Futuristen sahen den Kubismus als genau das an und versuchten, relativ glücklos, daraus eine Methode zu machen, dabei verstanden sie nicht, daß die Detonation, einmal wahrgenommen, in doppeltem Sinne schon vorbei war: abgeschlossen und alles überall verstreut. Die russischen Konstruktivisten verstanden, daß der nächste Schritt jener war, zum Ingenieur der Trümmer zu werden, und bemühten sich um den gesellschaftlichen Status von Technikern. Diese Ausstellung verführt einfach dazu, sich auf solch stark verallgemeinernde Ansichten einzulassen, steht man doch gewissermaßen am Ausgangspunkt der Moderne.)

Sie sollten sich die Zeit nehmen, die Bilder wirklich zu betrachten, obgleich man das sicher einen ganzen Monat hindurch jeden Tag tun könnte und die meisten unter ihnen immer noch nicht entschlüsselt hätte. Der kubistische Trick besteht nämlich darin, daß alles, was zu sehen ist, mindestens auf zwei verschiedene Arten »gelesen« werden kann. Jede Linie stellt auf der einen Seite einen Raum her, der auf der anderen Seite zu einem ganz anderen wird: »Beule und Delle in einem Hohlraum«. Selbst die unscheinbarste Form läßt sich als Teil einer Darstellung lesen, der von der jeweiligen Umgebung abrupt widersprochen wird, indem sie »ja« zu sich selbst und »nein« zu ihren Nachbarn sagen und so zum kulminativen Widerhall eines »Vielleicht« beitragen. Während Sie damit beschäftigt sind zu sehen, kommt Ihre beschreibende Intelligenz dem verwirrten Auge fortwährend wie ein Box-Manager zu Hilfe, der seinem wuchtigen Kämpfer Verhaltensmaßregeln zubrüllt. Ein wirklich kompliziertes kubistisches Bild kann dazu führen, daß man sich vorkommt, als stünde man in der 15. Runde einem Seepolyp gegenüber, der von Angelo Dundee trainiert wurde.

Die Erfahrung ist ein unerhört gutes Augentraining, was bedeutet, daß sie zwar nicht viel Spaß macht, Ihnen aber das Gefühl vermittelt, sich entblödet zu haben. Dadurch wird sich Ihr Auge, zumindest für einige Zeit, in den Stand gesetzt sehen, weniger anspruchsvolle,

nicht-kubistische Bilder wie Popcorn konsumieren zu
können. (Probieren Sie es an der ständigen Sammlung
des MoMA einfach mal aus.) Es könnte sein, daß Sie an
sich geringschätzige Gedanken über das relativ schlu-
drige, malerische Kräftespiel, sagen wir mal, der Ex-
pressionisten, feststellen. Das alles, weil die eisige Kälte
des Kubismus Ihr Herz bereits hat erstarren lassen. Allerdings ist zu erwarten, daß Sie darüber hinwegkom-
men werden. Vielleicht aber auch nicht, und das würde
Sie dann aller Wahrscheinlichkeit nach zu einem akademischen Snob machen.

Die akademisierte Aura des Kubismus – die in der
Einleitung des Katalogs von dem großen, alten Prahl-
hans William Rubin, dem letzten der modernistischen
Mohikaner, zur vollen Entfaltung gebracht wird – wird
für mich zum Haupthindernis, an ihm Gefallen zu finden. (Man muß es Rubin schon lassen: Er ist ein Connoisseur. Die Installation der Ausstellung sprüht vor kri-
tischem Urteilsvermögen.) Ich muß mir immer wieder
in Erinnerung rufen, daß man die Schuld dafür nicht
Picasso und Braque zuschieben kann, für die es ein
Mordsgaudi gewesen sein muß, auf ihren Schaltungen
zwischen Auge und Gehirn wie auf einem Banjo her-
umzuschlagen. Zumindest Picasso muß sich sehr gut
amüsiert haben. Braque beichtete mehr oder weniger,
daß er den Kubismus deshalb mochte, weil er ihm dabei behilflich war, seine Schwächen als Zeichner beherrschen zu lernen.

Warum mögen die Leute Braque? Es will mir einfach nicht in den Kopf gehen. Sicher, er hat viele fran-
zöselnde Werte, wie zum Beispiel diese höflichen,
geschmackvollen Farben, diese die Nackenhaare auf-

stellende sensitive Textur und eine cartesianische Klarheit (oft falsch, niemals zweifelnd). Aber ich finde ihn schwach, selbst dann noch, wenn man ihn nicht zusammen mit Picasso in die gleiche Arena sperrt, in der dieser ihn so herumstößt, daß er von einem Ende des MoMA zum anderen fliegt – eine Ausnahme ist die Doppelgänger-Nummer von 1910–1912, die eine Unterscheidung der Arbeiten recht schwer macht. Fast die Hälfte dieser Arbeiten habe ich bei einem ersten Durchgang, ohne auf die Beschriftung zu schauen, dem falschen Urheber zugeordnet. Diesen Gleichstand verdanke ich einem sehr bemühten Picasso, aber auch einem sehr hochfliegenden Braque – zumindest hier erhebt er sich. Ich hielt einige der Braques für Picassos, und zwar nur deshalb, weil sie so gut aussahen.

(Um Ihre Fehlerrate zu minimieren, habe ich seither die folgenden, geradezu unfehlbar zu nennenden, groben Richtlinien aufgestellt: Geschlossene Formen, überraschende Farben und lineare Bombastik gleich Picasso; offene Formen, harmonisierte Farbskala und malerische »cuisine« gleich Braque. Picassos Lebendigkeit ist schnell, schneidend und schlangenartig. Braques Lebendigkeit gleicht einem freundlichen, munteren Köter, der sie die ganze Zeit begleitet. Schließlich und endlich: artige Verweise auf Bach und Mozart? Braque.)

Die einfach erstaunlichste Sache an der Erfindung des Kubismus ist das Spektakel, in dem Picasso – dessen Name folgendermaßen abgeändert werden sollte ¡Picasso! – den Acker gegen die Furchen seiner eigenen Begabung für das Zeichnerische pflügt, um am Wahrnehmungsraum in einer Art und Weise herumzudrö-

seln, die jeder nur halbwegs Geschickte erlernen konnte. Damit unterwarf er sich Braques Überlegenheit in
zweierlei Hinsicht, nämlich dem Mann der Idee (ohne
Ideen war Braque verloren) und dem hartnäckigen
Vollstrecker formaler Permutationen –, allerdings nur
solange, bis Braque den ehrgeizigen Fehler beging, die
Papiers Collés einzuführen, deren vieldeutige Poesie
und deren Potential, der Zeichnung wieder eine Grundlage zu geben, Picasso augenblicklich wieder Picasso
werden ließ.

John Bergers Buch *Glanz und Elend des Malers Pablo
Picasso* entdeckt in Picassos kubistischer Selbstverleug-
nung einen flüchtigen, ethischen Heroismus, wobei ich
allerdings nicht verstehe, warum dieser weniger langweilig sein soll als seine spätere, egozentrische Schmiererei. Wie Sie, ich und John Berger war auch Picasso
dann am besten, wenn er in einem angemessenen Tanz
zwischen Welt und Selbst gab und nahm.

Was nun die Kunst anbelangt, kann man sagen, daß
die besten Arbeiten in dieser Ausstellung die Picassos
aus den Jahren vor Mitte 1909 und nach Mitte 1912
sind. Die Arbeiten der Zwischenphase beider Künstler
sind als Kubismus gut oder weniger gut: Kunst, die in
eine sehr fremde Sprache übersetzt wurde; ich glaube,
daß man das nach 77 Jahren einfach so behaupten kann,
ohne Angst haben zu müssen, als zu voreilig angesehen
zu werden. Hardcore-Kubismus zeigt uns ... Kubismus. Es handelt sich dabei nicht um einen Stil, um eine
Art, etwas Bestimmtes zu zeigen, wie es zum Beispiel in
den vielen Stilen Picassos oder im Stil Mondrians oder
Pollocks oder Johns' der Fall ist (oder auch bei Braque,
in seiner nach 1914 einsetzenden, erschöpften Attrak-

tivität). Es handelt sich um ein erfundenes System, das die todsicheren Prinzipien der modernen Revolution niederlegte: 1) Betrachte alles, was du tust, als Spiel und 2) verändere die Spielregeln so, daß du gewinnst.

Henri Matisse
Eine Retrospektive

Die Matisse-Ausstellung ist eine kontrollierte Orgie. Man wird Sie dort darüber aufklären, wieviel Genuß Sie zu ertragen fähig sind. Natürlich beziehe ich mich hier auf das visuelle Vergnügen – Erregung der Augen –, aber auch auf einiges mehr. Matisse verdrahtet das Sehvermögen kreuz und quer mit den übrigen Sinnen, so daß Phantomerregungen des Geschmacks und des Geruchs ausgelöst werden. Er spornt den Geist zur Analyse an und schlägt ihn dann mit Dreistigkeiten halbtot. Er aktiviert den okkulten Handschlag zwischen Ästhetik und Sex. Er tut das alles mit einer praktisch mönchsgleichen Disziplin. Die Disziplin von Matisse verleiht unserem Eintauchen in die polymorphen Erregungen seiner Kunst eine gewisse Würde, eine erwachsene Zulässigkeit. Er macht aus dem Angenehmen eine Wissenschaft, wobei das, was er wegläßt, ebenso angenehm ist wie das, was er uns anbietet. Er läßt jede mitfühlende, ungeordnete Anteilnahme weg. Er ist auf monströse Weise kalt.

Ich ging mit sehr viel Zwiespältigkeit, die ich über diesen alltäglichen Sensualisten, diesen Gefolgsmann des

Lehnstuhl angehäuft hatte, ins MoMA. Ich wollte mit ihm hart ins Gericht gehen – ich kann ihn nicht leiden, immer noch nicht –, es ist jedoch gar nicht so einfach, kritisch zu sein, wenn man vor freudiger Erregung zittert. John Elderfield, der Kurator der Ausstellung, ist da nicht unbedingt eine Hilfe. Ich kann mich an keine andere Ausstellung erinnern, deren Installation so offensichtlich und erfolgreich das Ziel verfolgt hätte, Intelligenz mit Vergnügen zu verwirren. Der Matisse, der hier besichtigt werden kann, ist ein besserer Künstler, als Matisse jemals zuvor war oder wieder sein wird. Der Mann selbst, würde er für diesen Anlaß wieder ins Leben zurückkehren, wäre wohl erstaunt: »Ich habe das gemacht?«

Die Ausstellung beginnt zögernd, wie feuchtes Anmachholz schwelt ihr Feuer noch unregelmäßig. Der Fauvismus tritt als gleichbleibende, lustige, wenn auch gemäßigte Flamme auf. (Es ist verblüffend, wie klein diese berühmten Bilder sind: tragbares Wohnzimmerdekor, in häufig übermäßig verzierten Rahmen, die von dem unsicheren Geschmack ihrer frühen Sammler zeugen.) Dann bricht 1907 mit *Blauer Akt*, einem Körper, der in Verrenkungen explodiert und das Bild auf rohe Art antreibt und monumentalisiert, die Hölle los. Kein anderer Künstler, außer Picasso zur gleichen Zeit, hatte jemals eine solche Serie von malerischen Erfindungen wie Matisse in den rund sieben Jahren, die darauf folgten, und im MoMA sind wir bei fast allen rasanten Kurven dieser Achterbahnfahrt dabei.

Es geht um Dekoration, die sich zur Panik steigert: Darstellungen, die einfach in linearem Rhythmus und in Farbkombinationen auf die Oberfläche geknallt werden und als willkürliche Muster erscheinen, jedes

Detail eine Überraschung und das Ganze ein großer Tumult. Die Freiheit ist verblüffend. Es scheint so, als wäre selbst dem nutzlosesten Wunsch, der reinsten Laune, ein gewisses Motiv auf bestimmte Weise sehen zu wollen, die Macht eines Blitze schwingenden Zeus zugestanden worden, um genau dieses stattfinden zu lassen. Keinem Matisse-Imitator ist es bisher gelungen, einer solchen Qualität des großen Effekts, die durch das impulsive, spekulative, fast nonchalante Vorgehen erreicht wird, auch nur nahezukommen.

Wie in allen Perioden von Matisse, so gibt es auch in dieser hier schlechte Bilder, wie zum Beispiel das scheußliche *Spanische Frau mit Tambourin* von 1909, das von egoistischer Selbstgefälligkeit zeugt, und das auf wackeligen Füßen stehende *Mädchen mit Tulpen* von 1910. Die meisten seiner Porträts und alle Landschaften aus dieser Zeit gehen daneben, da sie seine Verbitterung über Mitmenschen und unorganisierte Natur zeigen. In dieser seiner größten Periode brennt Matisse fühlbar vor Unmut über Themen, die sich einer Schematisierung widersetzen, und nur inspirierte Wutanfälle (zum Beispiel der einer Annullierung gleichkommende schwarze Bogen im *Porträt der Olga Merson*) retten einige der Bilder. Allerdings stellen diese Pannen unter Beweis, daß er tatsächlich etwas aufs Spiel setzte. (Und wenn ich so recht darüber nachdenke, muß ich sagen, daß Matisses reizendster Zug wahrscheinlich der ist, daß er so großzügig zu versagen weiß.) Er wollte einfach nicht von Anfang an daran glauben, daß irgend etwas unmöglich war, und immer wenn ihm ein großes Bild gelungen war – *Tanz (II)* (Glauben Sie, es würde der Eremitage etwas ausmachen, wenn wir *Tanz (I)* zurückschickten und dieses hier behielten?), *Das Gespräch*, *Die Klavierstunde*, *Badende am Fluß* –, betrat er das unerforschte Reich des ewigen Staunens.

Kurz vor Beginn der zwanziger Jahre kommt Matisse von diesen Anhöhen heruntergestolpert mit krankhaft obsessiven Bildern des Modells Lorette, seiner dunklen Dame der Sonette. Er malte sie beinahe fünfzigmal, und niemand scheint auch nur ihren Nachnamen zu kennen. (Diese biographische Lücke ist für die Matisse-Forschung typisch, die immer noch in einer gewissen Herrenclub-Loyalität gegenüber den Heimlichkeiten des streunenden Ehemanns befangen zu sein scheint.) Später dann rückte er nach Nizza aus, wo er in den zwanziger Jahren den selbstausbeutenden Stil, den sinnlichen Chic hervorbrachte, der die moderne Malerei an die Spitze der gehobenen, breiten Masse setzte. Manche Leute bestehen darauf, die Nizza-Periode für unterbewertet zu halten. Das ist sie nicht, obwohl Elderfield sie teuflisch verbessert, indem er durch Gruppenhängung die individuellen Schwächen der Bilder dadurch verdeckt, daß er ihre gemeinsame Stärke auf einen Reim bringt. Um die Atmosphäre zu steigern, schmuggelt er selbst eine Topfpflanze in einen Raum dieses bügerlichen Nippes ein. Ich gebe zu, daß auch dieser Teil der Ausstellung mich in eine gewisse Ekstase versetzt, wobei ich aber trotzdem an einem Urteil festhalte, das sich auf mehrere Besuche einer umfangreichen Ausstellung über die Nizza-Periode, 1987 in Washington, gründet.

Matisse in Nizza ist völlig von einer in sich selbst vertieften, emsigen Verzückung betäubt. Der Künstler wiederholt in klaustrophobischen Hotelzimmern zwanghaft seine Ur-Szene, das Starren auf nackte oder pikant bekleidete Modelle. Auf nackte Frauen warf er kaum einen Blick, glaube ich zumindest. Er sah nur nackte Modelle, Kreaturen, die mit Nacktheit bekleidet waren. Er erzog seine sexuelle Erregung dazu, sich nicht auf das eigene Verlangen zu beschränken, sondern sich über das Bildfeld auszudehnen, so daß selbst das kleinste Detail des Dekors ebenso erotisiert wird wie der Körper des Modells. Seine Kunst ist eine Maschine, die durch Sex angetrieben wird und einwandfrei läuft. Konservative Typen bewundern ihn dafür. Die schonungslose Effizienz der Matisseschen Sublimation ist ein Triumph der unter großem Druck stehenden Etikette. Natürlich mußte er die junge Frau irgendwann auch haben – und man kann es sich faßlich vorstellen, was für ein einfühlsamer Liebhaber er gewesen sein muß –, aber das Bild, das die ganze Zeit über stumm auf der Staffelei stand, verrät davon kein Wort.

Matisse hält während seiner großen Periode die Etikette einer einzigen Konvention aufrecht: nämlich jene, daß es Bilder geben soll, die an Wänden zu hängen haben, aber warum das so sein muß, weiß kein Mensch. Das Ringen um diese Etikette entsprang nicht allein seinem biologischen Antrieb, es war überall, es ergab sich aus dem globalen Aufruhr der Moderne, die allem Vertrauten mit Zweifel begegnete. Dieser Matisse kann die westliche Kultur immer noch als eine ausgezeichnete Idee erscheinen lassen, denn sie ist ja so flexibel und mutig. Matisse in Nizza (der nette Matisse) macht aus der westlichen Kultur einen Entweder-so-oder-gar-nicht-Handel, der bestimmte hochheilige Privilegien als unveräußerliches Gut ansieht. Der eine

Matisse ist ein Held, wenn auch ein sich fernhaltender. Der andere ist nur ein Maler, wenn auch ein phantastischer.

Nach den zwanziger Jahren ist Matisse im Grunde ein graphischer (manchmal supergraphischer) Künstler, der tödlich flache, effektvolle, designartige Bilder in jeder Größe und in jedem Medium herstellt. Meist erhascht er dabei doch noch irgend etwas Schwungvolles oder Befriedigendes, aber seine Tragweite ist nicht ehrfurchtgebietend. Die späten Scherenschnitte von Matisse werden überbewertet, wie auch Elderfield rückhaltlos in seiner wohldurchdachten Katalog-Einleitung eingesteht. Im ganzen sind sie eher reizend als wundervoll. Aber überlassen Sie es Elderfield, Ihnen die Scherenschnitte in einer schwungvollen Installation zu servieren, die dem aufs Ganze gehenden Finale eines Hollywoodfilms gleichkommt und den Betrachter taumelnd nach Hause gehen läßt. Es hat wohl niemals eine besser bemessene, anregendere, erfrischendere Museumsausstellung gegeben als diese. Gehen Sie bald hin. Nehmen Sie einen Freund mit, damit man Sie nicht für geisteskrank hält, wenn Sie unfreiwillig Geräusche von sich geben.

Helene Schjerfbeck
Finnlands wiederentdeckte
Malerin der Moderne

Ich bin mir fast sicher, daß Sie bisher noch nie von Helene Schjerfbeck gehört haben, die eine meiner Lieblingskünstlerinnen ist, und das sicher nicht deshalb, weil sie zu den wenigen Glücklichen gehört, deren Namen mit einem »Schje« anfangen. Sie war schwedischer Abstammung (die meine ist norwegisch); als finnische Malerin starb sie 1946 im Alter von 83 Jahren. Ich begegnete ihrer Arbeit auf Reisen nach Finnland (mein liebstes abgelegenes Land), wo sie als herausragende Persönlichkeit von immenser Begabung verehrt wird, die ein schwieriges Leben auf sich nahm, um etwas Vorzügliches daraus entstehen zu lassen. Ihre Authentizität ist klassisch nordisch: Herzlichkeit inmitten rauher Ödnis, Winterlicht. Ihre Wirkung ist dort, in Finnland, so intensiv, daß ich davon ausging, sie würde sich an einem anderen Ort nur schwertun.

Das tut sie aber nicht.

Diese bescheidene Retrospektive ist der Überraschungserfolg der Saison, ein erstaunliches Geschenk an die Liebhaber der Malerei und an all jene, denen die Künstler der Vergangenheit als spirituelle Gefährten

manchmal wieder lebendig werden. Schjerfbeck gehört
zu den weniger bedeutenden Künstlern, da ihre Wir-
kungsmöglichkeiten durch die erstickenden Umstände
ihres Ortes und ihrer Zeit begrenzt wurden, und doch
ist sie so außergewöhnlich, daß sie mir für irgend etwas
fast archetypisch zu sein scheint. Nennen wir es das
Schjerfbecksche, eine extreme Abschwächung der romantischen Vorstellung des Selbst: eine äußerst bewuß-
te Leidenschaftlichkeit und Halsstarrigkeit, fast bis zu
vollkommener Transparenz aufgerieben, verschlissener
Seide ähnlich, aber intakt. Andere Eigenschaften sind
ein totales Engagement in der Kunst und eine äußerst
persönliche Aufrichtigkeit.

Am reinsten tritt das Schjerfbecksche in einer Serie
von Selbstporträts zutage, die sie ausführte, als sie bereits sehr alt war, und die mit nichts anderem in der
Kunst zu vergleichen sind: Das Gesicht der Malerin
wird hier ebenso durch den Tastsinn wie auch durch
die Sehkraft wiedergegeben, gleichsam, als suche sie in
der Dunkelheit nach sich selbst. (Gibt es sonst noch irgendwo auf der Welt ein *Selbstporträt mit geschlossenen
Augen*?) Sie entdeckt einen immer seltsamer geformten
Schädel, der zeitweise wie der eines Neugeborenen
aussieht. Eindringlich forschende Pinselstriche lassen
sein geschlagenes Oval entstehen – ein Oval, das versucht, ein irreguläres Vieleck zu sein –, in welches schonungslose Markierungen verhärtete, hagere Gesichts-
züge graben. Die stets prägnante Technik variiert
beträchtlich und reicht, während die Künstlerin das
Repertoire eines ganzen Lebens ordnet, um ihren
Gegenstand wieder und wieder im Sturm zu nehmen,
von der Linienzeichnung bis zum Spachtelimpasto.

In diesen Bildern (wie auch in dem wunderbaren *Stilleben mit schwarz werdenden Äpfeln* von 1945) ist Schjerfbeck die Stenographin des sich nahenden Todes. Sie stirbt Stück für Stück unter ihren eigenen Augen, unter ihren eigenen Händen. Für ein Publikum außerhalb ihrer selbst ist sie blind. Als Betrachter sind wir Voyeure einer schrecklichen Privatheit. Der Ton, der erfahren werden muß, um geglaubt zu werden, ist triumphierend, ist ein Erguß der Freude aus selbstvergessener Hingabe an die Kraft der Kunst.

Schjerfbeck, die in Helsinki geboren ist, erlitt im Alter von vier Jahren eine schwere Hüftverletzung. Hochbegabt, erhielt sie ein Staatsstipendium für Paris, wo sie in den achtziger Jahren des 19. Jahrhunderts zum Jungstar unter den Malern des damals angesagten naturalistischen Genrebildes wurde. Ihre *Genesende* von 1888, ihr wohl populärstes Bild in Finnland, zeigt ein zerbrechliches kleines Mädchen, das begierig einen knospenden Zweig Grünes bestaunt. Es ist hervorragend gemalt, mit einer Lebenskraft, die der Manets ähnlich ist, und einer mysteriös beunruhigenden Wirkung, die ich auf die seltsame Farbe der weitaufgerissenen Augen des Kindes zurückführe: ein mit Grau durchsetztes, glanzloses Blau. Ihr fast unterbewußter Pinselstrich spricht Bände, mit rein malerischen Mitteln, und hilft zu erklären, warum dieses akademische Bild so unbeschreiblich *talentiert* wirkt. Wie andere frühe Tour-de-force-Stücke in dieser Ausstellung verweist auch diese Arbeit auf die Lehrjahre eines Meisters.

Dann verließ Schjerfbeck ihr Glück. Das Schicksal schien ein Interesse daran zu haben, sie zu verletzen.

Als sie 24 Jahre alt war, löste ihr englischer Verlobter die Verlobung auf, da er sich, wie er erläuterte, von ihrer Lähmung abgestoßen fühlte. Ihre finanzielle Unterstützung lief aus. Sie kämpfte gegen sich wiederholende, schmerzhafte Krankheitsschübe an, um ihre Lehrtätigkeit in Helsinki fortführen zu können, wo ihrer anspruchsvollen, zunehmend modernen Kunst, die mit lapidarer Prägnanz einen Schimmer von Whistler, Cassatt, Munch, Rouault, Matisse und japanischen Holzschnitten einfing, oft nur spießbürgerliche Ablehnung entgegengebracht wurde. 1902 zog sie sich in eine ländliche Kleinstadt zurück und lebte dort mit ihrer Mutter bis zu deren Tod im Jahr 1923. Den Rest ihres Lebens verbrachte sie allein. Ihr geliebtes Paris besuchte sie nie wieder.

Sie war belesen, leidenschaftlich und scheu. Sie wurde von heftigen Selbstzweifeln geplagt und war trotzdem stolz. Sie verachtete geschwätzige Plauderei. Anstelle von Freunden hatte sie Seelenverwandte und Verehrer. (Einer dieser letztgenannten war ein außergewöhnlicher Kunsthändler namens Gosta Stenman, der ihre Karriere von 1915 bis zum Ende betreute. Jeder Künstler sollte so einen Händler haben.) Sie malte Leute in Interieurs, »eine Welt der Frauen«, mit ausgedehnter, skizzenartiger Linienführung und zitternder, stimmungsgeladener Farbe – ein eleganter Stil, der manchmal an modische Illustrationen grenzt, aber in dem sich fast immer irgend etwas abspielt, etwas mehr oder weniger Dämonisches.

Man muß ihre Arbeit auf jeden Fall im Original sehen, um sie wirklich schätzen zu können. Die bedeutendste Qualität ihrer Bilder geht in der Reproduktion verloren: ein aufrüttelnd direkter, physischer Kontakt, wobei es keine Rolle spielt, wie denaturiert oder dekadent das Motiv.

Die Gesichter, die sie malte, gleichen Masken, und die Bilder sind die Masken ihres Selbst. In den späten Selbstporträts nahm sie die Maske ab. Was aufgedeckt wurde, ist *sui generis*. Es ist jenseits von allem Persönlichen und beinahe jenseits von allem Menschlichen.

Ein früheres, auf 1915 datiertes Selbstporträt ist ein einzigartiges Wunderwerk und gleichzeitig die öffentlichste von Schjerfbecks Arbeiten. Als sie von der Finnischen Kunstgesellschaft, an der Sie unterrichtet hatte, den Auftrag erhielt, malte sie auf schwarzen Grund ihr blasses, rosenwangiges Gesicht – eine zarte Erscheinung –, das sie so nach vorne streckt wie jemand in der letzten Reihe eines Gruppenbildes, der versucht, doch noch gesehen zu werden. Über ihr steht ihr Name wie in einer Grabinschrift, durch Wind und Wetter beinahe ausgelöscht. Das gesamte Bild ist auf zärtliche Weise verwundbar und so lebendig wie ein Ladenschild. Sie ist eine stille Frau, die sich ziemlich vernachlässigt fühlt, sagt das Bild auf eine Weise, die wie eine Granate einschlägt. Trotz all ihrer nordisch strengen Einfachheit erinnert diese herausfordernde Selbstdarstellung in gewisser Weise an Frida Kahlo.

Wie Kahlo gewann Schjerfbeck ihre Stärke aus dem Leiden. Was immer sie beabsichtigte, sie empfiehlt sich trotz großer Widerstände, ebenso wie Kahlo, der Gegenwart als legitime Heldin des weiblichen Selbst. Schjerfbeck mag eine zu reine Ästhetin sein, um einen ähnlichen Kult wie den um Kahlo anzuregen, aber ein gewisses Maß an kultischer Verehrung wäre nicht unangebracht. Kulte der Wiederentdeckung signalisieren, daß in den Schatten der Vergangenheit etwas Dringliches und Unartikuliertes zu einer Stimme findet und manchmal auch zu seinem angemessenen Namen. Da sie nun für uns in Erscheinung getreten ist, sollte es Helene Schjerfbeck auf keinen Fall erlaubt sein, wieder in die Vergessenheit zurückzukehren.

Ein Diebstahl in Norwegen
Edvard Munchs »Der Schrei«

Das verschwommene Bild der Videoüberwachungsanlage zeigte zwei Männer, die sich mit einem Gemälde abmühten, es aus einem Fenster im zweiten Stock hievten und dann über eine Leiter nach unten transportierten. Ein Mann fiel von der Leiter. Als ich dies in den Fernsehnachrichten sah, überkamen mich gemischte Gefühle. Ich hätte gewiß keine Tränen darüber vergossen, wenn sich die Diebe tatsächlich den Hals gebrochen hätten – allerdings zu einem späteren Zeitpunkt, denn solange sich das Gemälde in Gefahr befand, wünschte ich mir, daß sie sich als perfekt aufeinander abgestimmte Gentlemandiebe profilierten und nicht als von der Schwerkraft beeinträchtigte, plumpe Gorillas. Ich wünschte diesen Halunken etwas mehr Finesse.

Der Ort des Geschehens war die norwegische Nationalgalerie in Oslo. Das Bild war Edvard Munchs *Der Schrei*, der im letzten Herbst 100 Jahre alt wurde. Es ist ein schrecklich zerbrechliches Objekt von ungefähr einem Meter Höhe und einem dreiviertel Meter Breite, das aus Ölfarbe, Pastellkreide und auf Milchbasis aufgebauter Kasein-Farbe auf Karton besteht. Dieses Objekt ist für mich unendlich wertvoll, und ich denke, daß es das auch für alle überall ist, ob sie es nun wissen oder nicht.

Wäre über diesen Diebstahl auch dann im Fernsehen berichtet worden, wenn es dazu kein Klamaukvideo gegeben hätte? Die Tage vergingen, ohne daß man noch irgendein Wort darüber in den Medien vernommen hätte. Die Fernsehstationen hüllten sich in Schweigen, als schließlich Zeitungsreporter andeuteten, daß das Bild zur Geisel einer Gruppe von fanatischen Abtreibungsgegnern geworden war. Das Lösegeld sollte aus Propaganda bestehen: Das norwegische Fernsehen wurde aufgefordert, den »Schockumentarfilm« der Abtreibungsgegner, genannt *The Silent Scream*, zu senden. Es zeigte sich, daß Munchs Bild einer zufälligen Übereinstimmung mit dessen Titel zum Opfer gefallen war.

Natürlich wurde das Bild auch wegen seiner Berühmtheit zu einer idealen Zielscheibe, deshalb erschien mir die Knappheit der Berichterstattung gerade im Hinblick auf seinen Wert außerordentlich verwirrend. Kümmerte es denn niemanden? Da kam mir plötzlich der Gedanke, daß in den Köpfen der meisten Leute *Der Schrei*, wenn überhaupt irgend etwas, dann nur auf abstrakte Weise ein einzigartiges, handgemachtes Objekt war. Es war wohl so, daß es sich hier eher um ein *Abbild* handelte: eine aufgeblähte, geschundene, wurmstichige, homo-nukleare Maske absoluten Terrors. Abbilder kann man nicht auf dem Rücken durch ein Fenster tragen. Sie sind überall und nirgends. Etwas, das in Tausenden von Reproduktionen, Karikaturen und Scherz-Grußkarten und seit kurzem auch als aufblasbares Spielzeug existiert, kann gar nicht mehr gestohlen werden.

Viele Leute finden dieses Bild unwiderstehlich komisch, wahrscheinlich deshalb, weil es die Quintessenz einer Überspitzung ist: *Zuviel*. Spöttelei mag dazu taugen, sich vor diesem Zuviel in Sicherheit zu bringen. Der Witz ist die Grabinschrift eines Gefühls, sagte Nietzsche. Das Gefühl, das dem *Schrei* zugrunde liegt und das unter all dem Amüsement vergraben ist, ist das spezielle und universale Grauen. Wer würde sich nicht gern in ein gleichgültiges Kichern retten, um *dem* entgehen zu können? Steht man aber vor dem physischen Bild, kann man gegen das Abbild keine Herablassung zeigen, da es eben nicht mehr nur ein Abbild ist. Es ist eine Tatsache. Sollten Sie jemals wieder die Gelegenheit haben, dann treten Sie doch bitte an den *Schrei* heran und schauen Sie ihn sich lange und ausdauernd an. Das Lachen wird Ihnen im Halse steckenbleiben.

Der Schrei sowie andere Originale Munchs änderten mein Leben, als ich sie 1979 in einer umfassenden Ausstellung der National Gallery in Washington sah. Die Erfahrung bestätigte mich als Kunstkritiker. Ich wollte auch meinen Anteil an dieser schwierigen Glorie, auf die Munch hier verwies, wollte eine Macht, die nur ausübbar war, indem man sie teilte. Wie die meisten Amerikaner hatte ich keine Ahnung davon, welche Qualitäten Munch als Maler besaß, da ich fast nur Drucke kannte (die sehr unterschiedlichen Versionen von *Der Schrei* eingeschlossen, mit denen er selbst mit der Verfälschung seiner Schöpfung begann). Fast alle seine Bilder sind in Norwegen. (Die Nazis verkauften während des Krieges die deutschen Sammlungen seiner als entartet angesehenen Arbeiten.) Ich bin seitdem dreimal in Oslo gewesen, und die höhlenartige

Museumshalle, in der seine Bilder hängen, ist mein Allerheiligstes.

Meine plötzliche Verehrung bezog sich damals teilweise auf persönliche Belange. Meine Vorfahren sind Norweger. Man hatte mir immer wieder erzählt, daß ich wie Munch aussähe. Ich schrieb einen langen Aufsatz über ihn und bildete mir eine Zeitlang fast ein, daß ich er *war*. Über meine Vernarrtheit kam ich hinweg, nicht aber über die Romanze, die mir anhaltende Richtlinien darüber vermittelte, wie Kunst funktioniert.

Der Schrei erzählt auf präzise Weise die Wahrheit über eine Sache, über die es sich in dieser Welt am leichtesten lügen läßt: reine Subjektivität. Es ist der Höhepunkt einer zwei Jahre andauernden, beharrlichen Bemühung Munchs, eine persönliche Begebenheit auszudrücken, die sich 1891 zugetragen hatte. In seinen eigenen Worten: »Haltmachend lehnte ich mich gegen das Geländer, beinahe zu Tode erschöpft. Da draußen über dem blauschwarzen Fjord hingen die Wolken wie Blut und wie feurige Zungen. Meine Freunde gingen fort, und alleine, zitternd vor Furcht, wurde ich mir dieses großen, unendlichen Schreis der Natur bewußt.«

Frühe Bearbeitungen dieser Epiphanie zeigen einen Mann, der sich, über ein Geländer gelehnt, zusammenkrümmt. Nur ein geißelnder, roter und gelber Sonnenuntergang und eine sich windende Landschaft sind in Bewegung. Dann war plötzlich alles klar für ihn, es gab diese Figur, geformt aus dem Rhythmus der Erde, der See und des Himmels: Alles, was Natur war, steckte in einer Person, die sich wellenförmig im Takt des grausamen Universums bewegt. Die Befangenheit dieser Person registriert, was passiert – zum einen, der Tod des Ich, um mit etwas Einfachem zu beginnen –, und reagiert angemessen, indem sie einen Schrei ausstößt, der nie begonnen hat und der nie enden wird.

Munch, der 29 Jahre alt war, als er den *Schrei* malte, war ein ziemlich mitgenommenes junges Genie dieser letzten Dekade des 19. Jahrhunderts: Alkoholiker, an Agoraphobie leidend, ein zwanghaft Reisender, ein gequälter Liebhaber. (Kurz nach der Jahrhundertwende brach er zusammen und arbeitete nach seiner Genesung mit gedrosselter Triebkraft bis zu seinem Tod im Jahr 1944.) Schon damals glich seine Karriere, ganz besonders in Deutschland, der eines Rockstars, was den Druck nur vergrößerte, den er auf sich selbst ausübte und der darin bestand, daß er, wie er 1892 sagte, »der Körper sein wollte, durch den die heutigen Gedanken und Gefühle fließen«. Die Katastrophen, die ein Ergebnis seiner bewußt rücksichtslosen Lebensweise waren, lieferten ihm sensationelle Themen, welchen er mit großer Sorgfalt das Wesentliche entnahm, und steigerte seine Erfindungsgabe noch durch Lektionen, die ihm von van Gogh, Gauguin und anderen Zeitgenossen erteilt wurden.

Die Roheit der wild bearbeiteten Oberfläche des *Schreis* ist, wenn man ihr direkt gegenübersteht, erstaunlich. Nichts an ihr erscheint uns »vollendet«. Trotzdem drängt sich nie der Gedanke auf, es handele sich hier nur um einen nachlässigen Ausdruck der eigenen Persönlichkeit. Es gibt in allen Elementen großartige, überlegene Prägnanz, so zum Beispiel in dem ruckartigen Zusammenstoß zwischen dem frontalen, mäandernden Band des Himmels und den harten Linien des Brückengeländers, das sich in fliehender Perspektive verliert. Raum kehrt sich um, wendet sich von innen nach außen, das Nahe und das Ferne tauschen die Plätze. Zwei Figuren, ein Paar, das selbstvergessen vorbeiläuft, wird zu einem mörderischen Detail, da es die Unhörbarkeit des Schreis bestätigt.

Kaum lesbar schrieb Munch mit Bleistift auf einen der roten Streifen des Bildes: »Nur ein Wahnsinniger konnte dies malen!« Das Bild hat nichts Privates. Es ist ein Wendepunkt, führt vom Naturalismus und Positivismus des 19. Jahrhunderts in ein Jahrhundert, in dem ein schreckliches Ereignis auf das nächste folgt. Seine Farben und seine Zeichnung, seine Zerbrechlichkeit und seine Disziplin machen es zu einer schönen Arbeit. Es ist eine Flamme, an die sich der Künstler, wie eine Motte, selbst verfüttert hat. Solange das Bild überlebt, wird diese Flamme weiter brennen.

Solange *Der Schrei* an irgendeiner Wand hängt, die der Öffentlichkeit zugänglich ist, solange wird der Menschheit eine Ausrede weniger zur Verfügung stehen, die Wahrheit über das Leben, die Kunst und den menschlichen Preis, der für die Modernität gezahlt werden muß – Kierkegaard nannte es »das Schwindelerregende der Freiheit« –; nicht erkennen zu wollen.

Da war es nun, dieses Bild, ein körniges, graues Rechteck auf dem Fernsehschirm, das aus einem Fenster herauskam. Der Anblick glich einem Schlag in die Magengrube. Es war verrückt. Es wurde nur noch verrückter, als die Nachrichten davon ausgingen, daß die Täter aller Wahrscheinlichkeit nach »Lebensschützer« waren. An was für eine Art Leben denken diese Leute eigentlich? Soll es vor der Geburt nur deshalb

Schutz erfahren, damit es nachher einer nicht enden wollenden, barbarischen Mißhandlung ausgesetzt werden kann? Doch es spielt keine Rolle, wer sie sind und was ihre Beweggründe sind. Sie haben uns unser Bild gestohlen und sollten daher von noch viel höheren Leitern stürzen.

Edouard Manet

Die Liebe zur Kunst ist etwas, das man durch eine Reihe von Epiphanien erlangt oder sich in einer Reihe von Anfällen zuzieht. Einer dieser Momente wurde bei mir vor siebzehn Jahren durch einen kleinen Manet ausgelöst, der sich damals als Leihgabe im Metropolitan Museum befand, und mit klein meine ich hier wirklich klein: eine winzige, gedämpfte Arbeit in Öl, die ein paar Spargel darstellte. Die Perversion, die darin lag, sich auf etwas so Kleines und Unbedeutendes zu konzentrieren, inmitten von flächendeckenden, siegreich vor sich hin posaunenden Meisterwerken, übte dabei wohl die stärkste Anziehungskraft aus; an jenem Nachmittag verspürte ich gegen alle Meisterwerke eine gewisse Abneigung, da sie sich alle gegen mich verschworen zu haben schienen, um mich einzuschüchtern und zu erschöpfen. Eine mundgerechte Schmiererei, ausgeführt von einem großen Namen, schien mir deshalb genau das richtige zu sein. Und dann passierte plötzlich etwas. Beziehungsweise es passierten zwei Dinge auf einmal: Farbe und Spargel.

Wie es zu solchen Ausbrüchen kommt, ist nie ganz auszumachen, aber in diesem Fall weiß ich, daß es irgendwie mit dem Gedanken zusammenhing, daß Manet mit großer Wahrscheinlichkeit den Spargel aufaß, nachdem er ihn abgemalt hatte. Dieses kleine Bild ließ in mir ein Verständnis für durchlebte Zeit auftauchen, es zeigte mir, wie eine Genußform, das Essen, durch eine andere, das Malen, verlängert werden kann. Die Köstlichkeit der Farbe – Manets rassige Pinselführung und heftige Farbtöne – deckte sich mit der Köstlichkeit des Essens, und die auf mich einströmenden Assoziationen endeten nicht damit. Ich fühlte, wie sich meine sinnliche Aufmerksamkeit auf die ganze Welt richtete, und verspürte eine angemessene und anmutige Beziehung zu den Dingen in ihrer Zeitlichkeit: Man malt, man ißt, man macht weiter. Was die Erfahrung der Bekehrung anbelangt, so war sie eher mild zu nennen – eher eine plötzliche Berichtigung oder Verfeinerung als eine mystische Erleuchtung –, aber sie hatte den notwendigen Effekt, mich davon überzeugen zu können, daß ich, zumindest was Kunst anbetraf, niemals mehr der sein würde, der ich gewesen war. Ich war völlig benommen von dieser Zufriedenheit und meiner Liebe zu Manet.

»Mein« Spargel war nicht Teil dieser monumentalen Manet-Retrospektive, die ich dann in Paris sah, aber meine Gedanken wanderten immer wieder zu ihm zurück, um mich im Angesicht einer weiteren Serie von Meisterwerken, diesmal alle von Manet, an irgend etwas festhalten zu können. Der Zeit und dem Museum gelingt es, um jede Kunst einen krustenartigen Panzer lahmender Vertraulichkeit und beängstigender Andacht aufzubauen, und man muß schon einige Tricks anwenden, um diesen erfolgreich durchbrechen zu können. Glücklicherweise ist es für uns alle wohl nie einfacher gewesen, zu Manet durchzubrechen, als heute.

Gibt es irgendeine Retrospektive, deren Zeitpunkt besser gewählt gewesen wäre als dieser? Unser Empfinden dafür, daß wir am Ende einer Epoche leben – ein Empfinden, das in den bizarren Ausdruck *postmodern* eingeschrieben wurde, versetzt uns in eine abrupte Nähe zu den Anfängen dieser Epoche. Und am Anfang stand Manet. Genau ein Jahrhundert nach seinem Tod ist der Panzer, der ihn umgibt, so zerbrechlich dünn, daß er eher Alices durchlässigem Spiegel gleicht als den überkrusteten Verkleidungen alter Meisterschaft. Wissenschaftler hören nicht auf, die Rätsel seiner Quellen und Einflüsse zu untersuchen; Theoretiker benutzen immer noch seine Arbeiten, um den sich widersprechenden Ideen von Traditionalismus und Radikalismus, von Realismus und einem L'art-pour-l'art-Formalismus eine Grundlage zu geben; und Gesellschaftswissenschaftler sind erneut fasziniert von den gewalttätigen Reaktionen seiner Zeitgenossen, gefesselt von der Legende geifernder Kritiker und höhnischer Massen. Ohne uns weiter in diese aufregenden, aber versprengten Anliegen verstricken zu wollen, können wir doch alle dieses Gefühl großer Dringlichkeit teilen, das ihnen zugrunde liegt, die wiederbelebte Herausforderung eines kreativ Schaffenden, der die Morgenröte einer Zukunft ankündigte, in deren Dämmerlicht wir uns jetzt eingerichtet haben.

Auf Gemälden und besonders auf Fotografien wirkt Edouard Manet wenig einnehmend, man sieht einen elegant gekleideten, aber irgendwie abwesenden, argwöhnischen, nervösen Mann. Das bemerkenswert wenige, das über sein Leben bekannt geworden ist, ist zumeist langweilig. Er gehörte von Erziehung und Gewohnheit her zur Bourgeoisie. Sein Vater unterstützte ihn nur ungern in seiner Karriere als Künstler, nachdem seine Untauglichkeit für die Rechtswissenschaften und die militärische Laufbahn deutlich zutage getreten war. Sechs Jahre lang studierte er, bis 1856, bei dem akademischen Maler Thomas Couture, gegen den er sich häufig auflehnte. Er heiratete eine Holländerin, die älter war als er. Obgleich es ihn nach offizieller Anerkennung hungerte, produzierte er, fast ohne es recht zu wollen, ein unerhört provokatives Werk nach dem anderen und fühlte sich wegen der daraus entstehenden, schroffen Zurückweisungen und des Spottes, der sich über ihn ergoß, entsetzlich gekränkt. Er starb im Alter von 51 Jahren, wahrscheinlich an den Folgen einer Syphilis.

Nicht daß Manet seiner stürmischen Zeit so weit voraus gewesen wäre, es verhielt sich eher so, daß er einer der wenigen war, die ihr nicht hinterherhinkten. Selbst Baudelaire – der sich nach einem »Maler des modernen Lebens« gesehnt hatte, nach einem Maler flüchtiger Schönheit, der zeigen würde, wie »großartig und poetisch wir in unseren Krawatten und Lackstiefeln aussehen« – schien die Erfüllung seiner Träume in den Arbeiten des jungen Freundes Manet nicht zu erkennen. (Scharfsichtig bemerkte und verleumdete die bessere Gesellschaft diese Düfte, die den unaussprechlichen *Fleurs du mal* ebenso entwichen wie den Bildern Manets.) Es war eine Zeit, in der die kultiviertesten Beobachter sich darüber einig waren, daß die zeitgenössische Salonmalerei blutleer sei, aber selbst diejenigen, die die freche Direktheit Courbets hatten verarbeiten können, sahen in Manets Kunst eher Gift als Gegenmittel.

Welches Eisen hatte Manet da geschmiedet, und worüber regte man sich so auf? Er hatte eine unerhört reiche Vielfalt an Themen und ästhetischen Effekten entfesselt, durch enzyklopädische Assimilation und inspirierte Reduktion. Er suchte seine Motive bei den alten Meistern und den populären Illustratoren, übernahm Anregungen aus der Fotografie und von japanischen Drucken und übertrug die Spontaneität der Ölskizze auf die größte Leinwand. Seine Zeitgenossen waren weniger überwältigt von all diesen Reichtümern als vielmehr unempfänglich dafür, eher obsessiv mit dem beschäftigt, was nicht zu finden war – konventionelle Oberfläche, konsequente Technik, erkennbare Bedeutung –, und zeigten sich abgestoßen von dem nackten, persönlichen Impuls, dieser rohen Gier, die er als alleinige und völlig ausreichende Basis für bedeutende Kunst ansah.

Jeder Arbeit Manets liegt eine ungetrübte, erotische Sensibilität zugrunde – ähnlich der Baudelaires, allerdings ohne des Dichters Rhetorik der Qual. Manet reagierte auf die sinnlichen Ladungen in den Dingen und in der Farbe und auf die sexuellen Spannungen in Leuten, jedoch nicht wie auf etwas, das versteckt, im Halbdunkel liegt, sondern wie auf die wahre Würze zivilisierter Existenz. Seine Zeitgenossen, durch ihre sich verändernde Welt zu verwirrt, konnten sich nicht ausreichend entspannen, um an seinem lebensbejahenden Witz Gefallen zu finden: Indem er die menschliche Kreatur in Hut und Gehrock darstellte, übertrug er den lebenden Männern und Frauen eine solche Integrität, daß sie dadurch gegen jedwede dehumanisierende Kraft resistent wurden, die die Welt ihnen aufbürden mag. (Davon ausgenommen ist der Tod, den er in seiner immer noch schrecklichen *Erschießung des Kaisers Maximilian* als das dumpfe Verenden eines Tieres behandelt.) Wie der Amerikaner Walt Whitman, der gewissermaßen sein Zeitgenosse ist, zelebriert er die Moderne als Apotheose eines Individuums aus Fleisch und Blut.

Natürlich ist das Schlüsselbild *Olympia*. *Olympia* als erotisches Bild zu bezeichnen, ist entschieden zu zahm; *Olympia* ist ein schmutziges Bild. Die Pose, die Ausstattung – Halsband, hohe Absätze, schwarze Dienerin, schwarze Katze, zerwühlte Laken – sind pornographische Elemente. Läßt man die Pracht des Lichts und der Farbe außer acht, dann besteht die Differenz zur Pornographie ausschließlich in dem Ausdruck der jungen Frau, die kein passives Sexobjekt ist, sondern eine Person, die sich ihrer Macht vollkommen sicher sein kann. Ihr geradeaus gerichteter Blick betrachtet das Leben und kommt zu der Einschätzung, daß es gut, ohne Überraschungen und ganz einfach zu handhaben ist. Obgleich er sich weigert, die moderne Kurtisane zu idealisieren oder sie moralisch zu besetzen, romantisiert Manet sie doch – indem er sie an der tieferen Romanze, der des Realen und Wahren, diesen grundlegenden Werten aller seiner Arbeiten, teilhaben läßt. Diese kühl blickende Frau *ist* gewissermaßen Manet.

Manet ist ein Meister der Augen, ein Meister der Blicke. Bezeichnend ist, daß die Augen immer direkt aus dem Bild schauen, ohne je den Betrachter zu fixieren. Man beginnt, Manet zu begreifen, wenn man einmal erkannt hat, daß alle seine Personen den Maler betrachten. Die Augen, die die Stimmung des Augenblicks ausdrücken, werfen wie getönte Spiegel den ungerührt prüfenden Blick des Künstlers zurück. Nach dem Leben zu malen ist eine unentrinnbar sexuelle Situation – eine Situation, die laut Konvention entschärft werden soll, so daß wir sie als eine bloß »professionelle« betrachten, eben so wie eine ärztliche Untersuchung –, doch genau diese Situation blüht in Manets Bildern wieder auf, auch dann, und wahrscheinlich besonders dann, wenn jede Möglichkeit eines zweifelhaften Verhaltens außer Frage steht.

Der Erotik *Olympias* folgt in nur kurzem Abstand die der *Ruhepause*, ein Porträt Berthe Morisots, die sich mit entschieden aufregender Unruhe auf einer Couch ausgestreckt hat. Diese untadelige junge Dame ist bis zu den Handgelenken bekleidet, doch scheint sich, unter dem Arrangement ihrer Röcke, ein gefährlich wacher Körper herauswinden zu wollen. Er ist nicht unbändig vor Begierde, mit Ausnahme von jener vielleicht, doch endlich aus diesem ewigen Posieren entlassen zu werden, aber er besitzt die gedankenlose Energie des Tieres, das es nach etwas verlangt und das seinerseits Verlangen entfacht. Morisots Unbehagen, ihre Schönheit und ihr modisches Kleid verursachen eine nervöse Spannung, die zwischen ihr und dem bescheidenen, in Aufmerksamkeit versunkenen Maler aufflackert – der durch seinen Pinsel sagt: »Hier ist sie. Ich sehe sie.« Dieses Bild erteilt uns, ohne nur einen Hauch an Verliebtheit zu verraten, eine Lehre darüber, wie man liebt.

Daß Manet Morisot liebte – wenn auch auf keusche Art, wie es scheint (sie heiratete seinen Bruder) –, ist

kaum zu übersehen. Auf seine Art liebte er alle, die er
mit einem gewissen Erfolg malte: Liebe als selbstlose,
erotische Antwort (Whitman nannte es »adhesiveness«), selbst dann, wenn er einen Mann oder ein Kind
malte, könnte durchaus als eine der Grundlagen seiner
überragenden Leistung in der Kunst angesehen werden. Aber solche Affinität wird in den Bildern, die er
von Morisot machte, eindeutig zur Verzückung. Das
Porträt mit einem (kaum sichtbaren) Bouquet von Veil-
chenstrauß – mit seinen brutalen Tonwechseln und
dunklen Farben (nur Goya konnte vielleicht noch solche lyrischen Schwarztöne erreichen) – besitzt eine in-
time Heftigkeit, die sich einst möglicherweise in den
Worten »ein gebrochenes Herz« ausdrückte. Die Erfahrung von Schönheit und Charme kommt hier dem
Gefühl, als würde man von einem Zug überfahren, sehr
nahe.

Manet beginnt gewöhnlich mit einem charmanten
oder pikanten Gegenstand und reizt dessen Wirkung
aus – vergrößert die Reibung und intensiviert die Glut.
Er tut das hauptsächlich durch abrupte Tonkontraste,
die eine stimulierende, aufgerauhte Oberfläche erzeugen, aus der die vermittelnde Abstufung des Lichts entfernt wurde. Hinzu kommt, daß er starke, häufig grelle
Lokalfarben verwendet, die zueinander in unvereinbar-
rem, beißendem Gegensatz stehen. Eine andere seiner
Taktiken ist die, gleiche Schwergewichte zu setzen,
häufig durch die überzeichnete Hervorhebung weit
voneinander entfernter Details, die das Auge, auf der
Suche nach einer Einheit, die sich ihm entzieht, hin-
und herspringen lassen. Alle diese Kunstgriffe sind in
Die Geliebte Baudelaires, einem der erstaunlichsten und

223

am wenigsten bekannten Bilder Manets (es befindet sich in Budapest) eingegangen. Ich entwickelte in Paris eine ganz besondere Leidenschaft dafür, und es wurde zu einem Prüfstein der Ausstellung.

Jeanne Duval, eine Kreolin, war 1862, als Manet sie malte, Mitte vierzig, krank und verkrüppelt. Ihre verblassende Exotik und die düstere Aura einer stürmischen, über zwanzig Jahre währenden Affäre mit dem Autor der *Blumen des Bösen* hinterließen ihren Eindruck auf den Maler, der aus dem Bild ein Abenteuer in Sachen Fremdartigkeit machte. Das winzige, alltägliche Gesicht treibt über der ungeheuren Weite eines Rocks, so, als wolle es äußerst zynisch auf das Motiv eines über den Wolken schwebenden Barockengels verweisen, aber nichts Engelsgleiches haftet an dieser Erscheinung. Wie Bomben explodieren voneinander isolierte Details: Hand! Fuß! Haar! Fächer! Die Ursache des zermürbenden Effekts des weißen Stoffes auf der grünen Couch mag in den unterschwellig vibrierenden Reizen liegen, die sich aus der Abwesenheit des zu Grün komplementären Rots ergeben. (Ein ähnlich geschickter Gebrauch von Weiß mit Grün findet sich auch in *Olympia* und *Der Balkon*.) Die knappe, dichte Pinselführung webt an einer Oberfläche, die dem gesamten Bild die strahlende Unwirklichkeit eines Abbildes gibt, das auf einen wallenden Schleier projiziert wurde.

Manets stilistische Mittel in *Die Geliebte Baudelaires* provozieren und handhaben geschickt eine emotionale Verwicklung in die Angelegenheiten seines Gegenstandes: eine Frau, die zweierlei ist, bedauernswert und beunruhigend, eine Ausgestoßene, eingehüllt in die

Mysterien der privaten Romanze und berühmt-berüchtigter Bekanntheit. Kann man denn in ein solches Bild zuviel hineinlesen? Sicher nicht. Die lebhafte Doppeldeutigkeit der Manetschen Porträts – Doppeldeutigkeit, die über Zweideutigkeiten weit hinausreicht und eine shakespeareartige Fülle von Konnotationen weckt – kann eine endlose Anzahl von Phantasien und Spekulationen in Gang halten. Es ist keineswegs falsch, in Manets Bildern nach immer wieder neuem Sinn zu forschen, es ist nur falsch zu glauben, alles Wissenswerte bereits entdeckt zu haben.

Es ist notwendig, immer wieder auf Manets Bildinhalte zu verweisen, um die modernen kunstkritischen Tendenzen zu korrigieren, die in ihm den Vater des Formalismus sehen, den Ausgangspunkt eines unerbittlichen Marsches durch Impressionismus und Kubismus zur Abstraktion. Diese Tendenz hatte zur Folge, daß wichtige Unterschiede, die zwischen Manet und seinen impressionistischen Anhängern bestanden, verwischt wurden, denn letztere waren schon im Begriff, die Wahl des Gegenstandes als den geringsten aller Vorwände in der Malerei anzusehen – wurden daher, jenseits alles Modernen, modern*istisch*. Diese Verbindung unterschlägt viel von dem, was Manet in seiner Zeit so einzigartig wichtig machte, und auch von dem, was ihn für die heutige Kunst und Sensibilität so außergewöhnlich relevant werden läßt.

Viele junge Künstler werden sich diese Retrospektive genauer anschauen als all die anderen (die Picassos eingeschlossen) jüngeren Datums. Die »postmoderne« Neubewertung der Werte hat Manets Bilder verändert, ohne an ein Molekül ihrer Pigmente gerührt zu haben.

Was einst an ihnen altmodisch wirkte, etwa die Anleihen aus verschiedene Bildquellen und die abrupten Stilwechsel, je nach Gegenstand, entspricht genau dem gegenwärtigen Geschmack. Wie verschiedene Endpunkte, die sich treffen, verbindet sich der alte urbanistische Optimismus Manets mit der mühseligen, neuen Urbanität junger Künstler, für die Abbilder – jedes und alle – praktisch naturgegeben sind. Manets kreative Charaktermerkmale lesen sich wie die Liste der gegenwärtig gängigen Sensibilitäten: eisige Zurückhaltung, die durch einen versteckten Romantizismus ausgeglichen wird, der Gebrauch des Zitats, offener Widerspruch (oder ironische Rehabilitierung) in bezug auf Konventionen, hochgradige Befangenheit und eine alles durchdringende Erotik.

Aber bisher ist es noch keinem Künstler unserer Zeit gelungen, ein ähnliches Ausmaß an Tragweite und Auffassungsvermögen, ja an schierer Organisationskraft zu erreichen, das Manet eigen waren und mit welchem er die losen Enden seiner Gegenwart wieder verknüpfen konnte. Sein Problem war so wie das unsrige die Frage, wie eine visionäre Vorstellung von der Welt entwickelt werden kann, ohne eine Hierarchie der Werte, der Bedeutungen einzuführen. Wenn der Blick unvoreingenommen auf all das fällt, dem er sich gegenübersieht – und jede andere Art die Welt zu betrachten erscheint mir als die falsche –, wie kann man sich dann zu irgendeiner anderen Art der Komposition entschließen als zu der, die gleichgültig und willkürlich ist?

Das Gleichgültige und das Willkürliche enthielten für Manet keine Schrecken, denn er erkannte in ihnen die Qualitäten des absolut Modernen: die emotionale

Nivellierung, die mit Demokratie einhergeht, und die jede Aufmerksamkeit zersetzende Unordnung der Stadt. In jedem Bild erkannte er die Möglichkeit, daß es ebensoleicht auch anders hätte sein können – daß es sogar etwas ganz anderes hätte darstellen können, wobei es keinen Unterschied machte, ob er dem Gemälde eine konventionelle Bildsprache aufbürdete oder es gezielt davon befreite. Allerdings ist das ganz bestimmt nicht dasselbe, als gleich den Formalisten zu sagen, daß der Gegenstand nicht zählt. Es bedeutet einfach nur, daß der Frage der Selektion eine neue Antwort zukommt.

Kriterien klassischer Angemessenheit und romantischer Behauptungen waren für Manet überholt. An ihrer Stelle gab es nun die zerbrechlichen Antennen des launischen Einfalls, der Neugier und des flüchtigen erotischen Begehrens, die beiläufigen Impulse des städtischen Spaziergängers. In dem Bereich unmerklicher Überlappung von Persönlichem und Sozialem wurde die flüchtige Laune des Künstlers zum Treffpunkt von Welt und Zeit. Die Abbilder, die sich entwickelten, waren unpersönlich genug, um vollständig mit allen geteilt werden zu können, und persönlich genug, um sich mit dem Innenleben des Künstlers im gleichen Takt wiegen zu können.

Aus dem gloriosen Durcheinander von Licht und Ereignis in den Folies-Bergère wird eine einzelne Bardame erwählt. Niemand der dort Anwesenden könnte weniger »wichtig« sein, eine Einschätzung, der sich diese junge Frau wohl willig anschließen würde. Sie ist erschöpft, blind für das Spektakel, das sie umgibt, blind auch für die Rolle, die sie darin spielt. Aber eine zärtli-

che, perverse Neigung hat sie entdeckt, ein umher-
schweifender Blick hat sie zum Zentrum ernannt, zum
Dreh- und Angelpunkt, das Auge eines Wirbelsturms
der Zurschaustellung und der Freuden. Dieser Blick –
schnell und geheim, amüsiert und gerührt – ist der
wirkliche Held des Bildes. Es ist der Blick des potentiellen Verführers, der der komplexeren Leidenschaft
des Künstlers angepaßt wurde – angepaßt, ohne jedoch
seine spezifische Geschwindigkeit zu verlieren, ohne
seine Fixierung auf diese Frau in dieser Nacht aufzugeben.

Manets Genauigkeit in der Reaktion auf die sicht-
bare Welt wird von niemandem je erreicht werden können. Stellte er Materie und Licht rein formal durch
vollkommen künstliche Schemata der Pinselführung
und des Farbflecks dar, dann mit der Absicht, Realität
lebensgetreuer und umfassender wiederzugeben als
Courbet und die Impressionisten. Realität ist für Manet das, was sich einem interessierten (gefesselten, be-
troffenen, »anhänglichen«) Individuum eröffnet. Die
empfindungsfähigen Augen, die aus seinen Gemälden
blicken, das Bund Spargel, das ungeteilte Liebe zur
Kunst und zum Leben absorbiert und ausstrahlt, alle
Themen dieses Künstlers bewahren den zufälligen
Aspekt und die Aura der Verbundenheit mit dem un-
wiederholbaren Augenblick eines flüchtigen Lebens,
diesem Siegel ihrer Zeitlosigkeit.

Vielleicht beginnen wir gerade erst, Manet zu verstehen – das heißt, seine Vollständigkeit zu begreifen.
Man begegnet immer noch oft diesen kritischen Stimmen, für die Manet, uneingedenk seiner Größe, auf
dem Gebiet der Konsequenz und der Folgerichtigkeit

zu wünschen übrig läßt, daß sein Werk an einer gewissen Zerrissenheit und Unvollständigkeit krankt. Das ist die Ansicht von Gemütern, die sich durch Widerspruch und Unordnung beleidigt fühlen – der wahrsten und fundamentalsten Grundlage der modernen Erfahrung. Manet kam zu der unmittelbaren Erkenntnis, daß eine solche Erfahrung Ziel und Richtschnur des Künstlers oder jeder Sensibilität sein könnte, die mutig genug ist, ihre eigenen Verwundbarkeiten und Freuden zu kultivieren. Es könnte sein, daß wir in genau diesen Brüchen seines Werkes, in den schmerzlichen Verzückungen und erotischen Brandungen, den eigentlichen und für uns überraschenden, den nützlichen, den zeitgenössischen Manet antreffen.

Nochmaliges Nachdenken
über Courbet

Die Courbet-Ausstellung kommt uns gerade recht, aber
wann wäre das nicht der Fall? Ob wir es uns eingestehen
mögen oder nicht, im Grunde sind wir immer in der
Stimmung für einen frechen, authentischen Neuan-
kömmling, der wild darauf ist, unseren Beifall zu ernten,
sich von unseren Beschimpfungen nicht verschrecken
läßt und immer wieder kommt. Eine solche Person war
Gustave Courbet im Paris der fünfziger Jahre des letzten Jahrhunderts – ein prahlerisch herumstolzierender
Fanatiker, der die Öffentlichkeit mit Bildern behelligte,
von denen Edgar Degas sagte, daß sie ihm stets das Gefühl vermittelten, als ob die feuchte Schnauze eines Kal-
bes ihn beschnüffelte –, und Courbet ist bis auf den heutigen Tag, diesmal in Brooklyn, was für ihn ein durchaus
passender Ort ist, derselbe geblieben. Es verhält sich mit
ihm und der ganz großen Kunst ungefähr so wie mit dem
»dem und dose«-Akzent in Brooklyn und der amerikanischen Sprache (these and those), und in Brooklyn, wie
überall sonst auch, befindet er sich etwas im Abseits, was
das Zentrum des Geschehens allerdings farblos und ver-
braucht aussehen läßt.

Die Ausstellung ist ein kuratorisches Schmuckstück (von Sarah Faunce und Linda Nochlin entworfen), ein sauber gearbeitetes Kästchen für Courbets großes, schlampiges Talent – gezwungenermaßen ohne die nicht vom Fleck zu bewegenden Meisterwerke *Ein Begräbnis in Ornans* und *Das Atelier* des Musée d'Orsays, denen es zwar nicht gelang, der Kunstgeschichte ein Ende zu setzen, dadurch aber schlüssig beweisen konnten, daß dies auch keinem anderen Bild gelingen wird. Die Ausstellung ist ausgesprochen pikant und räumt Courbets, wie soll man sagen, erotischen, oder besser, pornographischen oder einfach *schmutzigen* Bildern, *Der Ursprung der Welt* und *Die Schlafenden*, einen Ehrenplatz ein.

Wenn ich mir diese Ausstellung ansehe, habe ich das Gefühl, jemandem zu begegnen, von dem ich schon einiges gehört habe und den ich bereits seit langem zu kennen glaubte, den ich aber doch noch nicht kenne. Es ist durchaus nicht so, daß ich ihn jetzt tatsächlich kenne oder ihn jemals kennen werde. Courbet war einer dieser aufbrausenden Selbstdarsteller, die sich, indem sie sich eine störrische, kindliche Hemmungslosigkeit bewahren, hinter ihrer unübersehbaren Anwesenheit verstecken. Ich finde es nur zu schade, daß Courbet nie seinen Zeitgenossen Walt Whitman traf (sie wurden mit elf Tagen Unterschied beide im Jahr 1819 geboren), der ihm sehr ähnlich war und auch dieses Ego besaß, das die Welt umarmte. Ein halbes Dutzend der gegenwärtig robustesten und entschlossensten Leute würde, stellte man jeden von ihnen auf die Schulter des anderen, gerade eben mal bis zu den Kniescheiben dieser beiden reichen.

Courbet nannte sich selbst einen »Realisten« – er verkündete den ersten, naivsten, gern und oft wiederbelebten und immer noch am schwersten zu definierenden »ismus«, der diese moderne Kultur in Schwung gebracht und berauscht hat –, und ich ging zu der Ausstellung, mich fragend, was das wohl einst bedeutet haben könnte und was es vielleicht noch immer bedeutete. Ich verstand, daß es sich stets um einen pseudo-künstlerischen Reflex gehandelt haben mußte und noch handelte, einen Reflex, der – gegen die beständige Tendenz der Kunst, sich zu Kostbarem und Distanziertem auszuwachsen – die höheren Ansprüche des tatsächlichen Lebens geltend machen wollte. Ich schloß das aus der Art, wie Courbet seine Bilder malte, die bestenfalls packend ist und sich als ruhelose Abscheu vor dem nur Ästhetischen einprägt. Man möchte geradezu nach draußen rennen und einen Aufstand anzetteln, eine Kuh melken, Sex haben, einen Apfel essen, sterben – zumindest möchte man irgend etwas anderes tun, als bloß herumzustehen und seine Nerven an unirdischer »hoher« Kunst zu verschleißen.

Technisch und formal bahnte Courbet der modernen Kunst keinen nennenswerten Weg, eher im Gegenteil, da er die konventionellen Ideale der Oberfläche und der Finesse verwarf. Einige seiner stilistischen Lieblingstricks, wie zum Beispiel das schnelle Aufschmieren der Schlaglichter mit einem Spachtel, um »See« und »Klippe« und so weiter entstehen zu lassen, nehmen eigentlich nur diese Sachen vorweg, die gewöhnlich in Läden zu finden sind, deren Werbung »1001 originale Ölgemälde zum halben Preis« ankündigt. Seine Art, sich den Fakten zu nähern, besteht darin, nach Effekten zu suchen, die der Imagination sofort einleuchten, und hat man sie bereits durchschaut, bevor sie nach einem schnappen, dann hat das zur Folge, daß das Bild zu totem Stein wird. Courbets Ergebnisse sind manchmal bizarr: Man hat nicht die leiseste Ahnung, was sie eigentlich bewirken sollen, selbst dann, wenn diese ungemein selbstbewußten Effekte wie Bienenschwärme auf einen zukommen.

In fast allen Landschaftsbildern Courbets, die zwei Drittel seiner Gesamtproduktion ausmachen, wobei jedoch kaum eines zu den Werken gehört, die wir heute schätzen, muß das Nachdunkeln der Farbe möglicherweise für dieses dumpfe, aussichtslose Gefühl verantwortlich gemacht werden, das sie bei mir hervorrufen. Um einen Erfolg zu verbuchen, müssen seine Bilder wie plötzliche Erinnerungen auf etwas verweisen, was man schon kennt, zum Beispiel auf das, was Leute interessant macht. Die meisten seiner Porträts sind phantastisch, und zwar auf dieselbe Art phantastisch, wie es diese Leute sind, nach denen man einfach verrückt ist. Und seine »sexy« Sachen – die frühen, völlig bekleideten *Jungen Damen am Ufer der Seine* sogar noch mehr als die späten, lasziven Akte – können einem vor Verlangen beinahe die Knie erzittern lassen.

Courbet machte nur wenige Zeichnungen, da er meist geradewegs mit Pinsel und Farbe zur Arbeit schritt. Das war sein einschneidendster Bruch mit den auf die Zeichnung aufgebauten Normen der Malerei, die Ingres soweit vorangetrieben hatte, daß sie nicht mehr weiterzuentwickeln waren. Es war kein glatter, sauberer Bruch. Aber nichts an Courbet war glatt und sauber. (Er gehörte zum Beispiel nicht zu den Män-

nern, die häufiger mal ein Bad nehmen.) Allerdings war
er durchaus in der Lage, direkt von der Palette eine sehr
annehmbare Imitation der traditionellen Aktzeichnung
zu liefern – seine Figuren besitzen einen prahlerischen
Elan, der seine Meisterschaft unübersehbar macht. Er
behandelte die Tradition wie einen gepuderten Aristokraten am Tag nach der Revolution, er gab ihr eine
Schaufel und sagte, sie solle anfangen zu graben.

Schaut man sich seine Bilder an, kann man deutlich
erkennen, daß Courbet auf seinem Weg, der zu einem
frontalen Zusammenstoß mit irgendeiner unsauberen
Wahrheit führte, den Gelegenheiten, das Exquisite der
L'art pour l'art zu erkennen, nur mit Geringschätzig-
keit begegnete – dabei lag alles so qualvoll nahe. Seine
widerspenstige Sachlichkeit reizt mich. Wir können
das jetzt gut gebrauchen. Wir haben heute eine Kultur,
die an den ihr aufgebürdeten Technologien der Fiktion
erstickt, und selbst die bloße Erwähnung von so etwas
wie Wahrheit führt dazu, daß die Leute die Augen-
brauen nach oben ziehen. Für Courbet ist der Trick,
wahrhaftig sein zu wollen, kein Trick. Tu es einfach.
Manchmal hat Julian Schnabel diese Qualität, jedoch
fehlt ihm der Appetit auf eine Welt, in der tatsächlich
Menschen leben.

Charles Baudelaire, der mein Held ist, mochte das
Porträt, das Courbet von ihm malte, bewiesenermaßen
nicht, und ich glaube zu verstehen, warum. In gewisser
Weise gleicht es der Karikatur eines Genius. Der Dichter ist auf die unbequeme, äußerste Kante seines Sitzes
verbannt und hält sich dort mit klauenartiger Hand,
während er ein Buch mit solch verzehrender Intensität
liest, daß man meint, diese könne nur Löcher in dassel-

be brennen. Ich liebe das Porträt, und ich glaube ihm. Es versucht erst gar nicht, Anteilnahme für Baudelaire zu empfinden, dessen Einsamkeit schmerzlich vor Augen geführt wird. Alles was es tut, ist, sich zu ergötzen, sich an der furchterregenden Energie dieses unglaublich intelligenten Kerls zu weiden, so wie man es gewöhnlich angesichts eines Gewitters oder eines spektakulären Sonnenuntergangs tut.

Der Schlüssel zu Courbet ist Sex. Wie Whitman, der in allen Dingen das zelebrierte, was er »adhesiveness« nannte, so versuchte auch Courbet, das Leben eher einfach und unkompliziert zu gestalten: Besitze alles, wovon du besessen bist. Indem er den Ursprung der Welt malte, die nackte Aussicht auf eine Sache, deren aktuellste Bezeichnung der Name eines klugen Tieres ist, das in ländlichen Flüssen Dämme baut*, produzierte er einen allzeit gültigen Stein der Weisen, mit dem sich, unter ständigen Lichtblitzen, das Blei der Lust in das Gold der Anbetung verwandeln läßt – und umgekehrt. Als Kunst ist das unhaltbar. Die einzig angemessene Erwiderung der Kunstkritik hätte darin bestehen können, Courbet einen kräftigen Kinnhaken zu versetzen. Es handelt sich dabei nämlich um eine Geste, die Kunst verachtet. In ihr lebt eine Idee, die von der Realität nicht zu unterscheiden ist.

1871 wurde Courbet, dessen öffentliche Triumphe ihn wohl schöpferisch eher verlangsamten, fauler machten, ihn aber nicht sanfter stimmten, wirklich zum Revolutionär, zum Kunstkommissar der Pariser Kommune. Er wurde mit der berühmten Schleifung der Napoleonsäule auf der Place Vendôme in Verbindung gebracht, und die wiedereingesetzte Regierung, die sich dem Problem gegenübergestellt sah, wie denn ein beglaubigtes Genie Frankreichs zur Verantwortung gezogen werden konnte, entschied sich zynischerweise dafür, ihm die Kosten für das Wiederaufrichten der Säule in Rechnung zu stellen: 323.091,68 Francs. Vor seinen Schulden suchte er Schutz in der Schweiz, wo er sich wahrscheinlich mehr oder weniger zu Tode trank. Es war ein blamables Ende, das eines Falstaff, aber das Ausmaß der Ungnade paßte zu ihm.

Jetzt ist er hier in Brooklyn und lädt die Öffentlichkeit zu sich ein – mit einer ganzen Reihe von Dingen, von denen er weiß, daß Sie sie mögen werden.

---

* Beavershoot – Bezeichnung für die weiblichen Geschlechtsorgane (Beaver – Biber).

Die romantischen Visionen
Caspar David Friedrichs

Im Dezember wird es ein Jahr her sein, daß mich in Berlin ein Gefühl der Zufriedenheit überkam, angesichts des zwar wiederhergestellten, aber von unauslöschlichen Bombenschäden des Zweiten Weltkriegs gezeichneten Schlosses Charlottenburg, in dem ich eine wundervolle Sammlung von Bildern Caspar David Friedrichs sah. Dieses Gefühl, das mich einfach überrumpelte, entsprang unbewußt (wie ich später entschied) jener Euphorie, meiner eigenen und der aller anderen, die den Fall der Mauer begleitete. Es versteht sich von selbst, daß alte Ängste vor einem wiedervereinigten Deutschland in der Form makabrer Freude wiederauftauchten, einer Freude, die sich beim Anblick großer deutscher Kunst inmitten des verbliebenen Rests dieser groben Handarbeit der B-17ner einstellte. Meiner Meinung nach verhinderte genau dieses Vergnügen eine gewisse seelische Qual, so daß es mir auch weiterhin gestattet war, mich an den gegenwärtigen Ereignissen zu erfreuen. Ich mußte nicht mehr über vergangene Ereignisse nachgrübeln, zu denen meine Nation seinerzeit doch auf so befriedigende Weise Stellung genommen hatte.

Und wieder habe ich Gemälde von Caspar David Friedrich gesehen – in einer kleinen, uneinheitlichen, aber anziehenden Ausstellung von Arbeiten aus sowjetischen Sammlungen habe ich sie in einer von Adrenalin aufgepeitschten Stimmung betrachtet, die durch die Nachrichten des Tages verursacht worden war. Wieder sind U.S.-Bomben involviert, allerdings werden sie dieses Mal weniger aus gerechtem Zorn, als aus schrecklich blasiertem Pragmatismus abgeworfen, so daß eine gewisse seelische Pein diesmal unvermeidlich scheint. Es traf sich, daß ich während der letzten Monate immer dann an Friedrich denken mußte, wenn ich den regelmäßigen Rekurs der Pressefotografen und des Fernsehens betrachtete, den diese auf das Erkennungsmotiv des Künstlers nahmen, auf eben jene einsame Figur, die sich bei Sonnenaufgang oder Sonnenuntergang einer öden Weite gegenübergestellt sieht und uns den Rücken zuwendet. Im Augenblick füllt diese Stelle kein unbedingt poetischer Bursche, sondern ein GI, der auch nicht über baltische Gewässer blickt, sondern von einer Weite aus Sand umgeben ist. Die Bildstruktur jedoch ist dieselbe und auch die Stimmung, die hier beschworen wird: heroische Melancholie. (Die zeitgenössische Zugabe ist klebriger Patriotismus: einsamer junger Amerikaner, der sich nach seiner mit gelben Schleifen geschmückten Heimatstadt sehnt.) Und um uns einen, nur dem Kunstgenuß geweihten, Zugang zu Friedrich wahrlich unangenehm zu machen, muß gesagt werden, daß es auch in seinem Fall einen spezifischen historischen Umstand gibt.

Wie Richard Wagner so muß auch Friedrich (1774–1840) nach Ansicht so mancher schon deshalb einiges zur Last gelegt werden, weil er Hitlers Favorit unter den alten Meistern war. Man verbindet ihn mit dieser mystischen Aura des Nazi-Gemeinschaftsgefühls, mit dem Eintauchen in ein übermenschliches Pathos, das, als spezifisch deutsch angesehen, die Deutschen dazu ermutigte, mit Angehörigen anderer Rassen so zu verfahren, wie es ihnen beliebte. Eine Ahnung davon klingt schon bei Friedrich an, dessen Helden die rauhen Landschaften durchziehen, gewandet in herausfordernd deutsche, mittelalterliche Robe, die unter der Metternichschen Weltordnung jener Zeit offiziell verboten war. Friedrich vermischt selbstvergessene, entrückte Naturbetrachtung mit aufgebrachtem Nationalismus, gleichsam, als würden diese sich gegenseitig bedingen, und solche, im nachhinein unheilvolle Vermessenheit führt dazu, daß man seine mondsüchtigen Charaktere einfach umdrehen möchte, um sie zu ohrfeigen.

Über des Künstlers Ideale, die menschlichen Beziehungen betreffend, läßt sich leider auch nicht viel Gutes sagen. Ein großes Gemälde im Metropolitan Museum, das zwei Männer zeigt, die auf einem Felsen dem Mondaufgang über der See zuschauen, während ihre Frauen sie vom Strand aus bewundern, wirkt urkomisch, bemerkt man die allegorische Gleichung, die den Männern zwei Segelboote und den Frauen zwei Anker zuordnet. Genauso verrückt ist das Bild zweier Frauen, die über einen nächtlichen Hafen auf einen sich auftürmenden, phallischen Wald von Masten und Kirchtürmen blicken. Eine der Frauen berührt die Schulter der anderen, als wollte sie damit sagen: »Ruhig Blut, Mädchen.«

Und doch ist Friedrich großartig. Selbst die eben erwähnten, unglückseligen Bilder schleichen sich an einen heran mit ihrer nur allmählich sich entwickelnden, unkörperlichen Farbe. Das schwirrende Hoch eines Friedrich stellt sich dann ein, wenn das, was erst als bloße pastellige Tönung in der Farbkomposition erschien, sich explosionsartig in einen wirklichen Farbton von ganz bestimmtem Geruch verwandelt – Zitrone für Helligkeit, Pflaume für Dunkelheit – und man das Bild eher einzuatmen als zu betrachten beginnt. Er ist ein Künstler der blassen Feuer und des versengenden Zwielichts. Nach fast zweihundert Jahren haben sich seine romantischen Innovationen immer noch die Schärfe radikaler Neuheit und Frische bewahrt, darunter ganz besonders bemerkenswert sein Ausleeren der Landschaft, dieses Herausnehmen der Form und ihr Ersetzen durch Emotion. Was nun seine, oft peinliche Unbeholfenheit angeht, so muß man es als das Charakteristische jeder direkt symbolisierenden Kunst ansehen. Edvard Munch ist oft genug unbeholfen. Edward Hopper ist es auch. Wirklich ambitionierter, ehrlicher Symbolismus führt die Aussagekraft der Kunst an ihre Grenzen, die dadurch exakt bestimmt werden können.

Friedrich, der einer kleinindustriellen, pommerschen Familie entstammte und sein recht behütetes Leben zum größten Teil in Dresden verbrachte, war einer dieser »überschüssigen, allzu gebildeten, extrem ambitionierten, nicht ausreichend beschäftigten und zutiefst frustrierten jungen Männer des Mittelstandes«, die die Explosion der Romantik um 1800 schürten. (Das Zitat ist einem soeben erschienenen Buch, *Caspar David Friedrich und das Subjekt der Landschaft* von Joseph Leo Koerner entnommen.) Goethe war einer seiner frühen Bewunderer, obgleich der mehr naturwissenschaftlich orientierte, große Mann schon bald von Friedrichs schicksalhafter, frei fließender Religiosität genug hatte. (»Man sollte Friedrichs Bilder über der Tischkante zerbrechen; solche Dinge müssen verhindert werden«, bemerkte Goethe mit jener Mäßigkeit, die wir an den Deutschen so bewundern.) Friedrich war empfindlich und scheu. »Um die Leute nicht hassen zu müssen, erscheint es mir notwendig, ihre Gesellschaft zu meiden«, ist einer seiner raren überlieferten Aussprüche. Er war davon überzeugt, ein Genie im Sinne des neuen romantischen Subjektivismus zu sein, und viele junge Leute in Deutschland und in anderen nordischen Ländern, Rußland eingeschlossen, waren schnell bereit, ihm zuzustimmen. Er war ein Star.

Friedrich verachtete Frankreich, das dieses Gefühl erwiderte. (Der Louvre erwarb erst kürzlich ein erstes Bild von ihm.) Nachdem die Mode sich in Deutschland gegen ihn gewandt und man Naturalismus und Genrebild bereits lange vor seinem Tod den Vorzug gegeben hatte, versank er in Europa bis zum Beginn des 20. Jahrhunderts in fast vollständige Vergessenheit und kam auch in Amerika nur wenig zu seinem Recht, bis 1972 Robert Rosenblums ungeheuer einflußreiches Buch *Die Moderne Malerei und die Tradition der Romantik: Von C. D. Friedrich zu Mark Rothko* erschien, das die bis dahin mit Scheuklappen versehene, frankophile amerikanische Kunstgeschichte der Moderne korrigierte. Seither flattert sein Geist, der aufgrund jenes besagten schlechten Rufs über eine gewisse Anziehungskraft verfügt, durch eine Zeit, die unter anderem von den zahllosen Triumphen der neuen deutschen Malerei bestimmt wird. Anselm Kiefer bezog sich in den siebziger und

frühen achtziger Jahren in einigen besonders wirksa-
men Arbeiten ganz speziell auf Friedrich, indem er den
gespenstischen Ironien der deutschen Romantik nach-
ging, die einst eine liberale Bewegung gewesen war, der
zufällig einige dunkle Aspekte anhafteten, die später
unter seltsamen Umständen die Welt verschlangen.

Für jemanden, der sich im Banne Friedrichs befindet, mag es mit diesen düsteren Ironien gar kein Ende
nehmen (im Idealfall sollte das in Deutschland stattfinden, das alle seine besten Arbeiten besitzt und die ent-
sprechenden Assoziationen dazu). Zum Beispiel ist da
Friedrichs Vorliebe für Ruinen, in einigen seiner
Sepia-Zeichnungen im Metropolitan Museum deutlich
zu erkennen, die zum Besten gehören, was diese Ausstellung zu bieten hat, eine Vorliebe, die als Antizipa-
tion dieses Jahrhunderts erscheinen könnte, dessen
Denkwürdigkeit darin besteht, Ruinen gleich en gros
produziert zu haben. (Für ein Abrufen der neuesten
Modelle schalten Sie bitte CNN ein.) Es läge uns fern,
dasselbe über andere Ruinenmaler zu denken.

Es ist Friedrichs Schicksal, was auch in mancherlei
Hinsicht seinem Ziel entsprach, die überzeugendsten
potentiellen Energien des romantischen Bewußtseins
zu verkörpern. Er tat dies durch Gemälde, die, bis zum
äußersten Maß vorangetrieben, lautlos und statisch
sind – ebenso aufgeladen von einer unsichtbaren, sich
entwickelnden Macht wie diese Bilder von in Tarnklei-
dung steckenden Soldaten, die über eine leere Wüste
blicken. Wenn immer ich an Friedrich denke, fühle ich
mich einer kranken Erregung nahe, jener Freude am
Opfer, die das spirituelle Gleitmittel eines jeden Krieges ist.

Velázquez

Diego Velázquez (1599–1660) beherrschte die Ölma-
lerei so vollkommen, wie nur irgendein Mensch irgendeine Tätigkeit beherrschen kann. Als Edouard
Manet 1865 Velázquez' Bilder im Prado zu Madrid sah,
sagte er, er wundere sich, warum andere, er selbst eingeschlossen, sich eigentlich die Mühe machten, malen
zu wollen, womit er einem anhaltenden Gedanken Ausdruck verlieh: In der Malerei ist bereits alles getan, und
Velázquez ist derjenige, der es vollbracht hat.

Velázquez' Ausdruck ist heiter, sprühend, flüchtig
und mühelos. Er ist niemals »intensiv«. Wie viele
Pentimenti bestätigen, arbeitete er, ohne auf eine er-
tragreiche Produktion zu achten, arbeitete ausführlich
an seinen Bildern, um sie dann wieder und wieder zu
überarbeiten; allerdings ist es schwer, ihn dabei zu
überraschen, wie er ins Schwitzen gerät. Er ist tief-
gründig, jedoch auf eine Art, die zu sagen scheint: »Ist
das nicht jeder?« Seine Wahrheit ist ganz selbstverständlich, so als wäre sie einem schon immer bekannt
gewesen. Es geht hier auf keinen Fall darum, über irgend etwas umfassend »Bescheid zu wissen« – zum Bei-

spiel über die Königlichkeit Philipp IV. Es ist eher so, daß man es einfach weiß. Beziehungsweise, da es sich hier ja um Malerei handelt, daß man es einfach *sieht*.

Velázquez ist Mr. Cool. Wollte man ihn sich als Rocksänger vorstellen, wäre er Roy Orbison. Er akzeptiert alle nur möglichen Empfindungen, ohne jemals sentimental zu sein; jeder Art Charme steht er aufgeschlossen gegenüber, ohne dadurch selbst verzaubert zu sein. Irgendwie gelingt es ihm, in den Augenblicken vollständiger Inanspruchnahme gelöst zu bleiben und dem aus dem Weg zu gehen, was er begierig fixiert. Vergleicht man ihn mit all den anderen Malern, »werden sie alle zu Fälschern«, wie auch Manet sagte.

Das schwierigste an einem Begreifen Velázquez' ist, seinen eigenen Augen zu trauen, sich damit abzufinden, daß sich eine solche Klarheit tatsächlich ereignet. Aus diesem Grund ist es empfehlenswert, sich mehrere Gemälde von Velázquez anzusehen, damit seine gleitende Wahrheit diesen mißtrauischen Glauben zerbrechen kann, daß man bei der Betrachtung von Kunst zwangsläufig immer irgend etwas übersieht. Es gibt nur eine Möglichkeit, bei Velázquez irgend etwas zu übersehen, man muß blind sein.

Diejenigen unter uns, die den Prado kennen, sind im Besitz eines bedeutenden Vorteils, denn wir sind es, die diese Velázquez-Ausstellung im Met unter dem Gesichtspunkt des Mangels betrachten können, denn wir wissen, was fehlt: *Las Meninas* natürlich, aber auch eine lange Liste der größten Arbeiten des Künstlers (einschließlich der Londoner *Venus und Cupido* und des sich in Rom befindlichen Porträts von Papst Innozenz X.). Unter den 38 Bildern dieses erschreckend schmalen

Kompendiums (»Wann haben die eigentlich damit begonnen, den Museums-Shop in die Mitte einer Ausstellung zu verlegen?« fragte eine unvorbereitete Freundin, als wir am Ausgang angelangt waren) sind vielleicht nur ein Dutzend sozusagen aus der obersten Schublade. Der Rest ist Frühwerk und/oder seltsam und/oder in schlechtem Zustand und/oder durchaus großartig, aber verdüstert von den Auflagen der Auftraggeber (nicht daß Velázquez damit nicht hätte umgehen können, aber man spürt seine Bedrängnis). Ich bin durchaus willens, dem Direktor des Met, Philippe de Montebello, dahingehend Glauben zu schenken, daß er tatsächlich glaubt, was er sagt, wenn er im Katalog herumprahlt, daß diese Ausstellung »einen nicht zu realisierenden Traum« doch noch verwirklichen konnte – aber wenn ich unrealisierbare Träume habe, dann haben diese doch meist die Tendenz, na, Sie wissen schon, durchaus atemberaubend, ja fabelhaft zu sein.

Die Idee, Velázquez »besprechen« zu wollen, ist natürlich albern. Was folgt, sind Notizen für eine Art voreingenommenes Handbuch zur Ausstellung.

Bedenken Sie, daß Sie im ersten Raum einen jungen Angeber aus der Provinz sehen, der, gerade von Sevilla kommend, in Madrid eingetroffen ist, um es dort am Hofe zu etwas zu bringen (Maler hatten ungefähr dieselbe gesellschaftliche Stellung wie Zimmerleute). Die Bravourstücke *Die alte Köchin* und *Der Wasserträger von Sevilla* sind Meisterstücke der Wahrscheinlichkeit, aber der Raum in den Bildern wirkt hoffnungslos gequält. Bereits anwesend ist eine philosophische und poetische, von sich selbst entzückte Brillanz. Sollten Sie sich über die Bedeutung des Bildes der alten Frau unterhalten wollen, da Sie sich gerne verwickelte Geschichten über Sinn und Hintergrund erzählen, dann tun Sie das doch bitte. Velázquez stimmt Ihnen sicher zu.

Da ist etwas Schmerzliches an diesen großen Porträts Philipp IV., die sich im zweiten Raum befinden, ja selbst an diesem wunderbaren *Apollo in der Schmiede des Vulkan*, denn Velázquez arbeitete hart daran, den Beweis antreten zu können, daß er erstens ein verläßlicher Propagandist und zweitens ein Künstler war, der es mit der akademischen, italienischen Mode aufnehmen konnte. Gesellschaftliches Prestige scheint sein Hauptziel gewesen zu sein, etwas, das ihn in seinen letzten, besten Jahren eher zu angesehenen Beschäftigungen als Hofdekorateur, Kunstberater und Haushofmeister führte als zu ungebundener Malerei.

Der erste wirklich saubere Treffer der Ausstellung ist *Prinz Baltasar Carlos mit einem Zwerg*: der sechzehn Monate alte Prinz, in königlicher Pose und militärischem Gewand (armes Kind), an dem eine kleine Person, mit Rassel und Apfel (Parodie auf Zepter und Reichsapfel) ausgestattet, vorbeischlurft. Um zu einem Kunsthistorikerstreit Stellung zu nehmen, möchte ich sagen, daß ich (wie Julian Gallego im Katalog) durchaus der Ansicht bin, daß es sich hier um »ein Bild im Bild« handelt: Der Zwerg wurde vor dem Gemälde des königlichen Knirpses gemalt. Die Oberflächenstruktur ist ein Expreßaufzug, der direkt zu himmlischen Gefilden führt.

Wenn Sie jetzt weiter gehen, dann konzentrieren Sie sich doch bitte auf dieses schnappschußartige, äußerst moderne Bild *Die Reitschule*, das über die dynastischen

Hoffnungen, die Machtbeziehungen (im Mittelpunkt der unappetitliche Herzog und Graf Olivares), die moralischen Werte und den Lebensstil während der Regierungszeit Philipp IV., so, wie sie eben an jenem frischen, kühlen Morgen vorgefunden werden konnten, berichtet. Das ist kein Kunstwerk, das ist eine Welt. Beachten Sie bitte auch die leicht zu übersehende, kleine, unvollendete *Näherin*, ein großartiges Gedicht über die Arbeit: Ihre Selbstvergessenheit und Konzentration bei der Ausübung ihrer Arbeit wirkt so erklärend, daß es einem angst und bange werden kann.

Ich glaube jedoch, daß die zwei perfektesten Arbeiten dieser Ausstellung, *Juan de Pareja*, die dem Met gehört, und das Porträt des Zwerges Francisco Lezcano sind. Der träg arrogante Lezcano wird oft als »einfältig« beschrieben, aber fragen Sie sich doch einmal folgendes: Was, wenn er intelligent wäre? Die Antwort würde dann lauten, daß er der gefährlichste kleine Kriecher ist, dem man sich jemals gegenüber sah – Velázquez' ungerührter Blick betrachtet das Gebaren eines Killers.

Im letzten Raum, in dem sich Arbeiten aus der Periode der *Las Meninas* befinden, herrscht höchste Kunstfertigkeit (Pinselführung in schwindelerregender Wechselwirkung mit der Farbe), nicht aber die höchste Kunst. Das auch auf dem Poster des Met zu sehende Kind, *Infantin Margarita*, ist prachtvoll (lachsfarbenes Kleid, blaugrüne Portieren), wirkt aber wie eine hastig ausgeführte Arbeit. (In *Las Meninas* wirft dieselbe *Infantin* uns einen dieser freimütigen Kleinmädchenblicke zu, die zwei augenförmige Löcher ins Herz brennen.)

Überall in den reiferen Arbeiten bitte ich die Theatralik zu beachten, in deren Dynamik man selbst hineingezogen wird. Der barocke Raum ist grundsätzlich zylindrisch, er breitet sich hinter den Figuren aus und stößt dann in Ihren Raum vor. Die Zeit im Zylinder lebt, da sich alles *dreht*. In dem Augenblick, in dem sich die Augen einer Figur mit den Ihren treffen, scheint sie sich wirklich in Ihre Richtung gedreht zu haben, *klick*. (In *Las Meninas* tut das ein halbes Dutzend Augenpaare, und als ich das erste Mal in Madrid war, versuchte ich, übermüdet wie ich war, die Figuren in ihrem Akt der Drehung zu ertappen, ja es wurde zu einer Obsession, ihnen mit den Augen schneller zu folgen, als sie mir folgen konnten. Ich halluzinierte, *hörte* das Knistern der Reifröcke einer *Menina*. Ich nehme an, daß es letztlich eine glückliche Fügung war, nicht gesehen zu haben, wie sie sich bewegt.)

Ganz ähnlich wie in Halluzinationen weiß man beim Betrachten eines Velázquez, daß das, worauf man blickt, nicht real sein kann, da es *zu* real erscheint – dies bezieht sich nicht so sehr auf die optische Illusion, als vielmehr auf das eigentliche Empfinden und den Geruch, auf das Prickeln, das uns überkommt, wenn uns jemand anblickt, von dem wir uns vorstellen können, uns in ihn zu verlieben. Er verstand es, distanziert zu sein, der höfische Velázquez, und in seinen offiziellen Porträts ist die Einhaltung der Distanz unerträglich greifbar; war es jedoch in Ordnung, vertraulich zu sein, konnten die Türen einer jeden Seele ohne Problem zum Aufspringen gebracht werden.

Man weiß beinahe nichts über sein persönliches Leben. Für sich, seine Familie und seine Verwandtschaft

erreichte er am Hofe einiges. In Rom zeugte er ein un-
eheliches Kind. (In der Mitte seines Lebens verbrachte
er dort beinahe drei Jahre in der Mission eines Kunst-
sammlers und versuchte, dem Ansinnen des Königs, ihn
wieder nach Hause zu rufen, zu entkommen.) In einer
bei Hofe vorgestellten Burleske trat er in Frauen-
kleidern auf. Er malte neben der *Venus*, deren Sinnlichkeit einem die Knie erzittern läßt und deren Auftraggeber als notorischer Libertin bekannt war, sicherlich
noch drei andere weibliche Akte, die heute als verloren
gelten. Ich nehme an, daß sein dekoratives Talent als
nützliche Eindämmung einer beträchtlich ausschwei-
fenden Anlage diente.

Ihm gelang das für Spanien seltene Meisterstück –
im Gegensatz zu seinem Zeitgenossen Zurbarán –, nur
wenige religiöse Bilder malen zu müssen. (Stellen Sie
sich vor, Sie seien ein so großartiger Maler wie Zurbarán und wüßten doch, daß sie stets an zweiter Stelle
stehen werden.) Warum verdichten sich die vielen meisterhaften Details des enormen *Der heilige Abt Antonius
und der heilige Einsiedler Paulus* nicht zu mehr als zur
Summe ihrer Einzelteile? Ich glaube, weil Velázquez
das Bild nur mit einer gewissen Verdrossenheit malen
konnte, was nicht darauf hindeuten will, daß er unre-
ligiös war, sondern daß er nicht anders konnte, als
gegen jede Realität, die darauf bestand, unsichtbar zu
sein, einen gewissen Groll zu hegen.

Meine Lieblingserklärung für den beinah nackten,
zerschmetterten *Mars* (vorgeschlagen von Jonathan
Brown in seinem 1986 veröffentlichten Buch über
Velázquez) ist jene, die sich den Gott als Ehebrecher
vorstellt, der zusammen mit Venus von Vulkan über-

rascht worden ist. Seien Sie sich darüber im klaren, daß Velázquez in seiner Kunst eine Ader für das Gemeine, Schmutzige und leicht Grausame hat, allerdings auch für das eigenartig erlösende Komödiantische, wodurch er, rückblickend betrachtet, Cervantes mit Goya verbindet. Velázquez, ein archetypischer Spanier: Es bedeutet, daß man sich auf seine Humanität verlassen darf, sollte man sich jedoch auf seine Sympathie berufen wollen, ist man in Gefahr.

Wir sollten uns von Velázquez daran erinnern lassen, wie man das Leben liebt: direkt, mit einer Aufmerksamkeit und einer Aufgeschlossenheit, die den Gedanken an »Liebe« und »Leben« aus unseren Köpfen verbannt und uns statt dessen wie eine klare Flamme verzehrt. Wie man leblose Materie, hier Farbe, dazu veranlassen kann, den Tanz der Anwesenheit zu tanzen – so als würde jene Flamme die Bilder malen –, das ist ein Geheimnis, das wohl auf immer verloren ist, aber sicherlich wäre es nicht falsch, genau darin ein Kompliment zu sehen. Es war einer von uns, dem dies gelang, und er wußte, wie sehr es uns gefallen würde.

Andrea Mantegna

»Andrea Mantegna bietet uns wie jeder große Künstler
genügend Gründe, ihn nicht zu mögen«, schreibt Lawrence Gowing im Katalog zu dieser Ausstellung, die einem Vizemeister im Renaissance-Beliebtheitswettbe-
werb gewidmet ist. Ähnliches hatte ich bereits vor dem
Lesen dieser Zeilen für mich beschlossen. Es ist erstaunlich einfach, diesen Meister des 15. Jahrhunderts
verabscheuenswert zu finden, bedenkt man, wie ver-
führerisch seine wunderbar große Klarheit in der Komposition und die winzigen Leckerbissen aus Linienführung und Licht sind. Wie konnte jemand, der so
stur war, solche Lieblichkeit ausbrüten? Und warum
waren seine Zeitgenossen bereit, sich mit der Wirkung,
die ungefähr der Liebkosung einer Faust gleichkommt,
abzufinden? Irgendeine Verbitterung, irgendein Spleen
scheint Mantegna angetrieben zu haben. Er wurde einer
der ganz Großen, da er in einer Epoche lebte, die wah-
rem Talent alles verzieh. Künstlerischer Genius im
Italien der Renaissance könnte einem Groucho-Marx-
ähnlichen Klub vergleichbar sein, der jedem Einlaß
gewährte.

Die Ausstellung im Met gibt mir die Gelegenheit, einen ersten lebhaften Blick auf Mantegna zu werfen. Das ist aufregend, so aufregend wie eh und je, wenn sich die Gelegenheit bietet, einen der wahrhaft alten Meister zum ersten Mal zu begreifen – diese tiefgründigen Persönlichkeiten, die unter der faden Kruste des Museums vor sich hin köcheln und nur darauf warten, daß sie nun endlich an der Reihe sind, Ihr Leben zu verändern. Die Erfahrung ist eine unerwartete, seelenvolle Expansion, ein Sich-Verlieben (oder Hassen, das macht keinen Unterschied), das die ungeahnten Möglichkeiten einer von alters her fest verwurzelten Empfindung zutage fördert und gleichzeitig ein neues Licht auf die bereits bekannten Möglichkeiten wirft.

Das Bild, das Sie von Mantegna kennen, wenn Sie überhaupt eines kennen, ist sicherlich dieser ausgesprochen sonderbare *Tote Christus*, der allerdings nicht die Reise von Mailand in diese Ausstellung angetreten hat: Der verstorbene Jesus, perspektivisch radikal verkürzt (damals noch ein neumodischer Trick), streckt uns seine gemarterten Füße ins Gesicht. Ganz besonders seltsam ist die Art, wie Mantegna dieses von ihm eingeführte, groteske Motiv dadurch wieder begrenzt, daß er die Füße sehr viel kleiner darstellte, als es die Perspektive verlangt hätte. Würde man diesen Christus aufrichten, dann wäre seine Schuhgröße ungefähr 34. Was uns geboten wird, ist die groteske Modifizierung einer Groteske und das unangenehme Gefühl, manipuliert worden zu sein. Das ist Mantegna: angeberisch und anmaßend. Aber erlauben Sie es sich, den Bildern im Met näherzukommen, und gönnen Sie sich das Wunder ihrer Modellierung, die den Anschein erweckt, als hätten sich Lichtströme an Formen von felsenhafter Dichte geheftet. Diese unglaublich meisterliche Manier ist auch Mantegna, ebenso wie die genau durchdachte, architektonische Pracht, die auch in seinen kleinsten Kompositionen anwesend ist. Wenn sich eines seiner Bilder erst einmal in Ihrem Kopf festgesetzt hat, dann wird es dort auch bleiben.

Man sagt ihm nach, daß er ein gewaltiger, wenn nicht gar blutrünstiger Sauertopf gewesen sein soll. (Ein gewisser Rivale kam auf mysteriöse Weise zu Tode.) Mir gefiel es daher besonders gut, als ich erfuhr, daß der Venezianer Giovanni Bellini, dieses lieblichste menschliche Wesen, das je unter Malern – wenn nicht gar unter den Menschen – gelebt hat, sein Schwager gewesen sein soll. Wie mögen die Abendessen in Familie ausgeschaut haben? Ich kann mir vorstellen, daß Bellini immer wieder nach Ausreden suchte, um sich davonmachen zu können. Sie erraten sicherlich warum, wenn Sie sich Mantegnas Büste im Met anschauen, mit einem Gesichtsausdruck, der Hunde zum Winseln und kleine Kinder zum Weinen bringen kann.

Es ist vortrefflich, wenn auch nur zufällig, daß das von ihm bevorzugte Malmedium Distemper, Übellaunigkeit, heißt. Temperafarbe, hergestellt auf der Basis von Tierleim. Sie ermöglicht das innere Strahlen transparenter Lasuren ebenso wie Ölfarbe, jedoch ohne deren schmelzenden Glanz. Dort, wo Mantegnas Oberflächen nicht durch das spätere Auftragen von Firnisschichten zerstört wurden, sind sie so knochentrocken wie seine Seele, mit einer Aura pedantischer Kontrolle, die Welten von der emotionalen Großzügigkeit und der urbanen Brillanz jener Ölbilder entfernt liegt, die Bellini drüben in Venedig malte.

Was quälte Mantegna? Während einer über sechzigjährigen Karriere, also seit den Tagen, die ihn als jugendliches Wunderkind in der Universitätsstadt Padua sahen, bis zu seinem Tod 1506 in Mantua, wo er unter der Schirmherrschaft von Isabella d'Este stand, für die er eine ungeheure Allegorie malte, *Pallas vertreibt die Laster aus dem Garten der Tugend* – eine Arbeit, die in die Sonderkategorie von Kunstwerken gehört, die großartig sind, ohne wirklich gut zu sein –, mangelte es ihm nie an Erfolg. Er wurde von einigen seiner Zeitgenossen ebenso wie seither von anderen Leuten dafür kritisiert, daß er Menschen so wiedergab, als wären sie aus Stein gemacht. War es daher als Trotzreaktion zu verstehen, daß er in seinen späten Jahren so viele Bilder – *faux décor* im besten Sinne – frei erfundener Stein- und Bronzereliefs malte? In der Darstellung von physischer Schwere war er kolossal gut (achten Sie einmal darauf, wie fest seine Figuren auf dem Boden stehen), ein Talent, das sich in der Malerei, im Gegensatz zur Bildhauerei, leichter bewundern als genießen läßt. »Unter der Haut der europäischen Kunst hinterließ er etwas Eckiges, etwas Schmerzhaftes«, schreibt Gowing sehr treffend – und fährt dann fort, daß Mantegna zweifelsohne »einer der großen Archetypen sei«, aber »ein Archetyp von was?«

Ich denke, daß Mantegna der Archetyp des eifersüchtigen Akademikers oder des professionellen Mandarins ist, der das meisterliche Beherrschen einer Disziplin nicht aus selbstloser Passion, sondern allein um ihrer selbst willen, zum Zweck der meisterhaften Beherrschung verfolgt. Er möchte die Welt von seiner Überlegenheit überzeugen und so eine unanfechtbare

Position gewinnen. Sagen wir einfach einmal, daß ihm das gelingt. Gemessen an einem objektiven, professionellen, akademischen Standard ist er durchaus der Beste. Mantegna ist wie kein zweiter in der Lage, das von den Gelehrten zu Padua verkündete Wiederaufleben der griechischen und römischen Antike in Malerei zu übersetzen, so daß fast alle ihm mit huldvollen Gedichten antworteten, in denen sie ihn auf gleichbleibend eintönige Art mit Apelles verglichen.

Verlaufen die damals gültigen Maßstäbe nach lyrischem Inhalt, ergibt sich daraus kein Problem – aber auch keine Zärtlichkeit. Eine Mantegna-Madonna mit Kind gleicht einer Lektion über die wissenschaftlich richtige Methode, ein Baby zu halten. Der unbarmherzige Antrieb des Mandarins besteht darin, sich selbst als Überlegener zu erweisen, oder besser, allen anderen zu zeigen, daß sie die Unterlegenen sind. Seine Belohnung ist ein schlechter Trost. Er ist ein beleidigter Gewinner. Keiner, der nur etwas Empfindungsvermögen hat, erträgt es, in seiner Umgebung zu sein, aber trotzdem sprechen alle über seine spezielle Sachkenntnis und diskutieren ihn wie besessen.

Viele Künstler tragen so etwas wie eine Mantegna-Anlage in sich, jedoch kommt es in der heutigen Zeit recht selten vor, daß die Welt für längere Zeit auf sie eingeht. Dieser Typus benötigt zu seinem Erfolg erst einmal eine persönliche Hausmacht, die zwar mit der unkontrollierbaren Metropole in Verbindung steht, aber gleichzeitig unabhängig operiert. (Erwägen Sie folgenden Fall: Sie ziehen einen Haufen Professoren auf Ihre Seite und heiraten gleichzeitig die Schwester der gegenwärtigen Kunstgröße.) Der Erfolg benötigt jedoch mehr, ja, er ist auf eine außergewöhnliche historische Situation angewiesen, die durch schnelle kulturelle Veränderungen die Einsätze des künstlerischen Wettbewerbs erhöht, und kann auf begierige und faire, kritische Aficionados, die akkurat die auf Kurzfristigkeit angelegten Bewertungslisten führen, nicht verzichten. Gebraucht wird so etwas wie die Renaissance.

Der Schlüssel zur Macht ist eine Situation, in der die Leute, auf die es ankommt, jede Frage, die Kunst betreffend, weit offen lassen, bis auf die eine, nämlich die nach ihrem wirklichen und extravaganten Wert. Dementsprechend werden sich Leute, die in die Kunst nur mäßig verliebt sind, gegen diese arrogante Gattung im Stile Mantegnas wenden, die jenseits von bloßer Neuheit und Qualität wenig anzubieten hat. In einer solchen Situation allerdings – völlig verschieden von unserer giftig skeptischen, gegenwärtigen Kunstwelt – sind Neuheit und Qualität die Eintrittskarte, mit der es losgehen kann.

Ich habe eher über Mantegna als über die Mantegna-Ausstellung im Met gesprochen, die zur Hälfte aus Sachen besteht, welche möglicher- oder vermutlicherweise oder ganz bestimmt nicht dem Künstler zugesprochen werden können, und die im großen und ganzen für Gelehrte und Connoisseure ein Vernichtungsderby ist. Es war mir ein Vergnügen, den gewundenen, von Wandbeschriftung zu Wandbeschriftung sich einen Weg bahnenden Streitereien in die Karten zu gucken, die sich besonders in der ausgedehnten Abteilung der Kupferstiche von, nach oder *lange* nach Mantegna verdichteten. (In meinem Lexikon wird er als »Maler und Kupferstecher« geführt, allerdings den-

ken manche Experten heute, daß er niemals graviert
hat.) Die knopfäugige Glut der Spezialisten, die ganz
verstaubt aus ihren Behausungen hervorkommen und
in das Licht einer bedeutenden Ausstellung blinzeln,
kann nämlich, solange man nicht zu sehr darauf acht-
gibt, auf pikante Art unterhaltsam sein. Lassen Sie sich
also nicht dabei stören, persönlich die Bekanntschaft
dieses formidablen Charakters zu machen, der aus dem
hellen Mittagslicht der Malerei auf Erden auf Sie zu
tritt.

Postscriptum

Anmerkungen über das Schöne

Es ist meine Erfahrung, daß das Schöne, das anfallsgleich über uns zu kommen scheint, stets zwei extreme Empfindungen miteinander verbindet, nämlich extreme Erregung mit extremer Entspannung. Mein Verstand ist hellwach. Mein Körper ist völlig entspannt. Oft bemerke ich dabei, wie meine Schultern nach unten sinken, da unbewußte Verkrampfungen der Muskeln nachlassen. Meine Stimmung steigt und steigt. Ich habe tiefes Vertrauen zu dem Guten in allen Dingen. Ich fühle, daß sich alles zum Besten wenden wird. Später dann fühle ich mich auf angenehme Art müde, so als käme ich gerade vom Schwimmen.

Körper und Geist werden durch das Schöne zu einer unteilbaren Größe. Das Schöne lehrt mich, daß mein Gehirn ein physisches Organ ist und daß »Intelligenz« nicht nur aus Gedanken besteht, sondern auch aus Gefühlen und Sinneswahrnehmungen, eben aus dem Zusammenspiel des gesamten Organismus. Entscheidend daran beteiligt ist eine subtile Aktivität hormoneller Erregung im Herzen selbst oder in der Herzgegend –

und dabei meine ich das Organ, den Muskel, nicht die Metapher.

Das Schöne ist der bereitwillige Verlust an geistiger Kontrolle. Sie ergibt sich einem organischen Prozeß, der für diesen Augenblick von einem außenstehenden Objekt beherrscht wird. Das Objekt wird dabei nicht wirklich erfaßt oder erspürt. Es scheint sich meiner Fähigkeiten zu bedienen, um sich selbst zu erfassen und zu empfinden.

Das Schöne ist für mich niemals rein. Es ist immer mit irgend etwas anderem vermischt, mit einer anderen Qualität oder einem anderen Wert – oder sogar eine Geschichte, in den rudimentären Formen der Allegorie, »der Moral« oder »des Gefühls«. Da es für sich selber nichts ist, ist es wohl eher ein geistiges Lösungsmittel, das etwas anderes auflöst, es in strahlenden Glanz aufgehen läßt.

Das Schöne ist für mich ausnahmslos überraschend, selbst dann, wenn ich mir etwas anschaue, dessen Schönheit ich bereits voraussetze, wie zum Beispiel einen Sonnenuntergang oder ein Bild von Giovanni Bellini. Stets liegt ein Hauch von Fremdartigkeit, von Neuheit darüber, irgendein Element, das sich mir völlig unerwartet zeigt. In den meisten Fällen ist dieses Element sehr einfach und überwältigend. Während eines Sonnenuntergangs mag mir etwas über Farbe klarwerden, das mir bisher nicht gegenwärtig war. In einem Bellini eröffnet sich mir vielleicht etwas über Gnade.

Manchmal ist das Objekt des Schönen nicht nur ein völlig unerwartetes, sondern auch ein bizarres, das heißt, es besitzt einen Aspekt, den ich ursprünglich für seltsam oder häßlich hielt. Solche Erkenntnisse bewirken Revolutionen des Geschmacks. Sie vermitteln Einsichten in neue und fremde ästhetische Kategorien. Als ich zum ersten Mal eine indische Tempelskulptur »kapierte«, verursachte das in mir so etwas wie eine heftige Neuordnung meiner Moleküle. Etwas Ähnliches passierte, als ich meinen ersten Jackson Pollock »kapierte«, oder sagen wir, einen Warhol – es passierte eigentlich mit jedem stark innovativen Künstler. Ich konnte es zur Regel machen, daß das, was ich für besonders merkwürdig und häßlich gehalten hatte, zum auslösenden Moment meiner Ekstase wurde.

Das Erlebnis des Schönen kann sehr intensiv sein. Es kann einen nicht verblassenden Eindruck hinterlassen, es kann sich aber auch äußerst mild gebärden und schon bald beinahe in Vergessenheit geraten. Auf jeden Fall gleicht es immer einer Erfahrung der Bekehrung, in der der Verstand freudig erregt vor einem wiedergefundenen oder einem neuen Glauben kapituliert. Das nur Attraktive (das Hübsche, das Glamouröse) und das nur Erfreuende (das Entzückende, das Köstliche) sind nicht das Schöne, da sie dieses Element des Glaubens nicht besitzen, und nicht die ehrfürchtige Scheu, die diesen ankündigt.

Das Attraktive oder Gefällige läßt meinen Gefühlsfluß anschwellen. Das Schöne gebietet dem Fluß Einhalt, so daß er seinen Verlauf in eine andere Richtung fortsetzen muß.

Das Schöne schließt den Sinn für das Heilige ein. Es umgibt ein Objekt mit der Aura der Unantastbarkeit, errichtet das Tabu seiner Verletzung. Ich werde von diesem Objekt stark angezogen, während eine gleich starke Gegenkraft der Ehrfurcht mich von demselben zurückhält. Ich werde in meiner Bewegung unterbrochen, stehe wie angewurzelt da. Das Schöne ist Distanzierung.

Das Schöne unterhält eine zwiespältige Beziehung zu den Dingen des Geschmacks. Dieser führt mich im besten Fall zu den Sachen, die mir gefallen, und im schlechtesten Fall läßt es mich die Dinge umgehen, die mir, gäbe ich ihnen Gelegenheit dazu, gefallen könnten. Geschmack mag das Schöne schärfer hervortreten lassen, indem es seinem Objekt einen anfänglichen Widerstand entgegensetzt. Das macht den Augenblick, in dem mein Intellekt kapitulierend seine Waffen niederlegt, nur einschneidender. Geschmack, über den man nicht regelmäßig hinwegsieht, baut eine panzerartige Schale auf, unter der ein geistiger Erstickungszustand eintritt. Überhaupt keinen Geschmack zu haben heißt allerdings, nichts von seinen ästhetischen Erfahrungen zurückzuhalten. Geschmack ist ein Rückstand des Schönen.

Im Einklang mit den gegenwärtig bahnbrechenden Erfolgen auf dem Gebiet der neurologischen Gehirnforschung stelle ich mir vor, daß man eines Tages in der Lage sein wird, dieses geistige Ereignis, das Erlebnis des Schönen, auf Röntgenaufnahmen festhalten zu können. Ich sage also hiermit voraus, daß dieses Bild ein

Gehirn zeigen wird, das einem Christbaum gleich im Licht erglüht, während simultan dazu Neuronensalven in verschiedenen Teilen des Gehirns abgefeuert werden, die allerdings dann nicht so hell sind. Dieses Bild wird das plötzliche Aufglühen eines Lichtscheins zeigen, der stufenweise abnimmt und vergeht.

*

Eine Kultur, in der der Wert des Schönen Anlaß zu Kontroversen gibt, ist eine Kultur, die mit dem Wahnsinn kokettiert. Es ist verrückt, gerade das nicht zu zelebrieren, was uns mit dem Leben versöhnt. Eine solche Tollheit legt nahe, daß es sich hier entweder um eine hartnäckige Unzufriedenheit – ein Unglücklichsein über das Leben, das die Leute dazu veranlaßt, jeden Gedanken an Aussöhnung zurückzuweisen – oder um eine lähmende Abgestumpftheit handelt. Wahrscheinlich gehören Unzufriedenheit und Abgestumpftheit zusammen.

»Das Schöne« versus das Schöne, Platitüde versus Phänomen. Ausdruck eines sentimentalen Jargons gegen das lexikalische Wort des täglichen Gebrauchs. Ich wünsche mir diesen alltäglichen Sinn des Schönen für ein kultiviertes Gespräch erhalten zu können, ihn vor der historisch befrachteten, abstrakten Frömmigkeit des »Schönen« zu bewahren. Das Wörterbuch sagt, daß das Schöne »die in einem Ding oder in einer Person anwesende Qualität ist, die Sinn und Verstand ein

265

intensives Vergnügen oder tiefe Befriedigung bereitet«. Nun, diese Idee einer »anwesenden Qualität« in
der äußerlich erfahrbaren Realität könnte in diesem
Fall gerade noch ihre Berechtigung haben. Doch die
allzu selbstbewußte Gleichsetzung der Erfahrung des
Objekts mit dem Objekt selbst fordert im allgemeinen
starre Projektionen heraus, Projektionen wie die »des
Schönen«, die auf die spielerische, erkundende, auch
skeptische Vitalität ästhetischer Wahrnehmung abwei-
send wirkt. Die Sprache sollte das Schöne als eine Qualität kennzeichnen, die flüchtiger ist als, sagen wir einmal, die Farbe Blau. Daß man dem Himmel nachsagt,
blau zu sein, hat bisher noch keine rebellischen Überzeugungen entfacht, die darauf bestünden, zu behaupten, daß er eigentlich orange ist. Gerät aber irgendeine
Sache in den Ruf, schön zu sein, qualifiziert sie sich in
den Augen einiger Leute geradezu dafür, Gegenstand
einer Theorie des Häßlichen oder zumindest des Lang-
weiligen zu werden. Zu hinterfragen, ob das Schöne
überhaupt real sei, erscheint mir unnötig. Darüber
nachzudenken, ob es interessant ist, bedeutet, der Position, die besagt, daß sich »alles im Kopf abspielt«,
ihre Berechtigung zuzugestehen.

Unterdessen stellt sich die Frage, ob »intensives Vergnügen und tiefe Befriedigung von Sinn und Verstand«
tatsächlich ein mögliches Problem beherbergen? Ich
kenne diese Erfahrungen, und ich muß sagen, ich mag
sie sehr gerne. Ich glaube, daß andere sie auch kennen
und mögen. Für Leute, die ohne die Tröstungen der
Religion leben, selbst für viele, die religiös sind, können solche Erfahrungen von so grundsätzlicher Bedeu-

tung sein, daß sie einen Großteil dessen ausmachen, wofür es sich zu leben lohnt. Jede Gesellschaft, die diese Realität »intensiven Vergnügens und tiefer Befriedigung von Sinn und Verstand« nicht respektiert, ist eine bösartige Gesellschaft. Respekt für etwas zu haben beginnt damit, ihm einen respektvollen Namen zu geben.

Viele von uns sprechen einfach zu selten über das, was uns Vergnügen bereitet, und empfinden für die Freuden anderer viel zuwenig Hochachtung. Das ist ganz besonders in diesen Tagen wieder der Fall, da moralische Attacken die Dinge verunglimpfen, die für viele das Leben erst ertragbar machen: eine Zigarette und ein Drink. Sie tun das, obgleich diese Dinge es den anderen erleichtern, durchs Leben zu kommen. Selbst wenn sie die Durchreise aller Wahrscheinlichkeit nach verkürzen, geht das doch wirklich niemanden etwas an. Und das Schöne, auch das ist ein Rauschmittel. Das gleiche gilt für den Moralismus, allerdings werden das die Moralapostel nie zugeben. Baudelaire sagte auf das vollkommenste: »Man muß immer trunken sein ... Mit Wein, mit Poesie oder Tugend, nach eurem Belieben. Aber berauscht euch.« Heutzutage verfolgen viele, die die Tugend trunken macht, diejenigen, die es vorziehen, sich am Wein und an der Poesie zu berauschen. Es ist natürlich unmöglich, sich mit diesen Störenfrieden auseinanderzusetzen. Man kann mit Betrunkenen nicht diskutieren.

Keiner lebt ohne die Erfahrung des Schönen. »Drei Tage könnt ihr ohne Brot leben«, schrieb Baudelaire, »ohne Poesie, niemals.« Meiner Meinung nach verstand er unter Poesie die tausend Formen und Farben des Schönen, von denen einige in jedem Leben anwesend sind. »Ficken ist die Poesie der Massen«, sagte er, um die Sache konkreter zu machen.

Moralapostel erklären es zu ihrem Geschäft, verkünden zu müssen, wer, wo, wann, wie sich vergnügen darf und womit. Selbst das Wort »Vergnügen« ist zur Zeit umstritten. Irgendwo las ich über eine intellektuelle Debatte, in der irgend jemand sich für mehr Respekt vor der populären Kultur aussprach, da diese doch soviel Vergnügen bereite. Daraufhin entgegnete ein anderer: »Das tut Heroin auch.« Ich gehe davon aus, daß der, der hier Einspruch einlegte, annahm, daß die populäre Kultur ein Opiat des Volkes sei. Er war also einer von jenen, die denken, daß das Volk keine Opiate haben sollte.

Was man im allgemeinen gesellschaftlich unter »dem Schönen« versteht, hat seine Tücken. (Ich erinnere mich an den kleinen Denkzettel meiner Kindheit, der mir den rechten Sprachgebrauch verdeutlichen sollte: »Frauen sind schön; Männer sind gutaussehend.«) Aber die Idee des Schönen muß sich nicht auf die Arten ihres früheren Gebrauchs beschränken. Es ist in der Tat so, daß die Überzeugung, das Schöne zeichne sich durch Zeitlosigkeit aus, eigentlich nahelegt, daß zeit- und ortsspezifische Konnotationen, die mit dem Wort verbunden sind, ständig entfernt werden sollten, auch dann, wenn immerzu neue dazukommen.

Die Annahme, irgend etwas könnte »zeitlose« Gültigkeit besitzen, ist, rational gesehen, absurd. Aber so

steht es nun einmal um den gelebten Begriff des Schönen, das Baudelaire als Flammpunkt zwischen Ver-
gänglichem und Ewigem ansah. Es ist eine gesunde Absurdität, die die Grenzen offensichtlich macht, die dem
Gedanken per se durch erbärmliche Kategorien gesetzt
sind. Baudelaire stolperte überall darüber. 1846 merk-
te er, daß die Mode des schwarzen Gehrocks, dessen
»politische Tugend« zum Symbol demokratischer Nivellierung geworden war, durchaus nicht unvereinbar
war mit der »poetischen Schönheit als Ausdruck der
öffentlichen Gemütsverfassung; – ein unabsehbarer
Heerzug von Leichenbittern, politischen Leichenbittern, verliebten Leichenbittern, bürgerlichen Leichenbittern. Wir tragen jeder etwas zu Grabe.«

Jeder, der der Parade auf der zeitgenössischen Straße
keine analoge Poesie abgewinnen kann, ist ein bedau-
ernswerter Mensch.

*

Sind die Erfahrungen des Schönen heutzutage Teil des
Zuständigkeitsbereiches und der Funktion der Kunst?
Nicht notwendigerweise und ganz bestimmt nicht immer. Vor ungefähr 40 Jahren schrieb J. L. Austin, daß
es für die Ästhetik wohl an der Zeit wäre, sich nicht
mehr über diese einzige, enge Qualität des Schönen zu
ereifern. Er schlug deshalb vor, daß man das Zierliche
und das Plumpe studieren solle. Damit wurde er, ohne
es beabsichtigt zu haben, zum Propheten. Seit Pop Art,

Minimalismus, Arte povera und Konzeptionalismus haben sich Künstler einer Unzahl ästhetischer Empfindungen verschrieben, zu denen die des Schönen jedoch nicht gehörte, und sie taten es in einem solchen Ausmaß, daß es heute von entscheidender Bedeutung scheint, sich wieder mit dem Schönen zu beschäftigen. Allerdings kann das nicht heißen, daß der Brennpunkt des Ästhetischen noch einmal bloß auf das Schöne beschränkt bleiben wird.

Der Verlust einer notwendigen Verbindung zwischen dem Schönen und der Kunst scheint mir eine weitere dieser unheilvollen Auswirkungen moderner Technologie zu sein, die so bereitwillig und in einem solchen Übermaß Erfahrungen simulieren kann, derer man einst nur sehr schwer habhaft werden konnte. Visuelle Schönheit hat die visuelle Kunst verlassen, um im Film, in den Zeitschriften und in den Medien wieder aufzutauchen – ähnlich dem Poetischen, das aus der zeitgenössischen Dichtung entwich, um sich im Popsong und in der Werbung wiederzufinden.

Der Wert des Schönen als grundsätzliche Tröstung, als Aussöhnung mit dem Leben verblaßt natürlich, wenn das gewöhnliche Leben mit Annehmlichkeiten aufgefüllt wird, die es gestatten, weniger häufig Umgang mit dem Häßlichen zu pflegen. Zu Zeiten des Außenklos bedeutete das Schöne mehr.

Ein anderer Grund für diese zunehmende Trennung von Schönheit und Kunst ist die institutionelle Ordnung, die die meisten Aktivitäten beherrscht, die mit

Kunst einhergehen. Die Diener dieser Ordnung versuchen natürlich, wie Lakaien einer etablierten Kirche, ihre tatsächlichen Funktionen zu rationalisieren. Aufgrund ihres Temperaments verabscheuen sie irrationale und ganz besonders unbeschreibbare Phänomena. Hätte mich eine mystische Erfahrung heimgesucht, wäre ein Priester oder Pastor wohl die letzte Person, der ich darüber berichten würde. Auf die gleiche Weise würde es mir nie einfallen, über das Schöne mit Kuratoren zu diskutieren. So etwas wäre ihnen nur unangenehm und mir peinlich.

*

Jeder kann nur ein bestimmtes Maß an Schönem vertragen. Vor einigen Jahren gab ein Florentiner Arzt seine Entdeckung bekannt, die, genannt nach dem französischen Dichter, »Stendhal-Syndrom« hieß. Stendhal hatte darüber berichtet, daß ihn angesichts der Meisterwerke der Renaissance, denen er sich ganz verzaubert aussetzte, eine Art nervöser Kollaps überfiel. Dieser Arzt nun hatte eine Regelmäßigkeit im Auftauchen desselben Phänomens der Orientierungslosigkeit festgestellt – die im Extremfall zu Halluzinationen und Ohnmachten führten –, und zwar an Touristen, die an ihn verwiesen worden waren. Als Behandlungsmethode verordnete er häusliche Ruhe, jegliche Annäherung an Kunst war untersagt. Mir scheint es so, als ob die zeitgenössische Kunst sich unter diesem Aspekt als wesentlich hygienischer herausgestellt hat. Ich hatte noch nie nur die geringsten Anzeichen eines Stendhal-Syndroms während einer Whitney-Biennale.

Extrem labilen Personen sollte man vom Schönen abraten. Es ist wohl am ehesten für jene geeignet, die sich, ganz vernünftig und gesund, am heftigsten der Vorstellung verweigern, geistige Kontrolle aufzugeben. So betrachten gewisse Intellektuelle z. B. die ästhetische Begeisterung als »regressiv«. Sie sollten sich von dieser Auffassung lösen. Das Selbst, das man an das Schöne verliert, ist nicht verloren. Es kommt als erneuertes zurück. Es schmälert nicht die Intelligenz. Es gibt etwas zurück, wofür es sich lohnt, seine Intelligenz zu verwenden.

Völlig idiosynkratische, perverse oder sonst nicht ganz einwandfreie Erfahrungen des Schönen mögen wiederholt vorkommen. Sie sind ja auch nicht »falsch« zu nennen, und eine Unterscheidung zwischen ihnen und den »wirklichen« Erfahrungen des Schönen ist schwammig und sollte höchstens in Anführungsstrichen stehen. Ungewöhnliche Erfahrungen können zur Bildung eines Sammelbeckens der Mutationen führen, wobei viele von ihnen ohne Folgen bleiben, aber einige auch bestimmt sind, die gewohnte Form maßgebend zu verändern. Natürlich bleibt solch eine Änderung wie auch die Unterscheidung zwischen gewohnter und mutanter Schönheit fragwürdig, es sei denn, es existiert eine kulturelle Sphäre, in der subjektive Erfahrung offen dargestellt, verglichen und diskutiert werden kann.

Eine Erfahrung des Schönen, die ausschließlich einer Person zuteil wird, läßt darauf schließen, daß diese Person verrückt ist.

*

»Ist Schönheit Wahrheit, Wahrheit Schönheit«? Wie einfach. Wahrheit ist ein endgültiges Anhalten der Gedanken angesichts einer Behauptung, die weitere Fragen zu verhindern scheint, und die Befriedigung, die dies mit sich bringt, ist schön. Schönheit ist das Hinwegschmelzen der Ungewißheit in einem Zustand der Freude, der, ruft man ihn sich ins Gedächtnis zurück, das Siegel der Wahrheit trägt. Ich habe meine Einwände gegen Keats' Verallgemeinerungen. Wahrheit und Schönheit sind zeitgebundene Ereignisse. Wahrheit existiert nur in dem Augenblick, in dem etwas Wahres gesagt wird. Und Schönheit gibt es nur im Augenblick des Erkennens einer schönen Sache. Beides hört im nächsten Moment auf zu existieren, und hinterläßt doch Spuren.

Gibt es Richtlinien für die Schönheit und die Wahrheit? Es gibt sie. Jeder hat sie, bewußt oder unbewußt. Im gesellschaftlichen Gebrauch stellen sie konventionalisierte imaginäre Konstrukte der Qualität und des Wertes dar, die im besten und auch im schlechtesten Fall ein abstraktes Bewertungsspiel für Adepten der einen oder anderen geistigen Ausrichtung. Schlachten, die über Richtlinien geführt werden, sollten leidenschaftlich und lustig sein. Sind sie nicht unterhaltsam, dann stimmt irgend etwas nicht. Gewöhnlich ist der Grund dafür ein versteckter Machtkampf.

Nichts bringt gleichzeitig solch schlechte Kunst und solch sinnlose Politik hervor wie der *Kulturkampf*, ein symbolischer Kampf um Symbole. Der Kunst wird eine unangebrachte Konkretheit zugesprochen, die sie zum Träger von Realitäten macht, die sie symbolisieren soll. Politik wird unrealistisch. Selbst berechtigte Schläge gehen ins Nichts.

Qualität. Auch dieses Wort brauchen wir wieder. Es wurde von denjenigen mißbraucht, die es mit transzendenter Bedeutung belegten, es dadurch eher zu einer Zauberformel machten, als daß sie es als einen an der Praxis orientierten Maßstab gebrauchten. Qualität verkörpert die Idee bescheidener und begrenzter, aber bestimmter Nützlichkeit. Sie ist der Maßstab für die Solidität einer Sache, für ihre Angemessenheit im Hinblick auf ihren Zweck. Ich will ein Bild von guter Qualität an meine Wand hängen. Und ich wünsche mir eine Wand von guter Qualität, um mein Bild dort aufhängen zu können. Ich allein werde darüber urteilen können, was für eine Art Qualität – oder besser, welche Kombination von Qualitäten – angebracht ist. Ich werde mich sehr gerne mit Ihnen über mein Urteil unterhalten, und vielleicht haben auch Sie an dieser Diskussion etwas Freude, solange ich mich davon zurückhalten kann, andeuten zu müssen, daß meine Vorlieben auch nur ansatzweise beweisen, daß Sie unrecht haben.

In Sachen der Qualität ist Angemessenheit alles. Das beste Flugzeug tröstet nicht über eine schlechte Nagelfeile hinweg, wenn man sich die Nägel feilen muß. Inzwischen gibt es auch eine Sorte Qualität, die sich nur auf die ihr eigenen Belange bezieht. Es spielt keine Rolle, wie gut etwas gemacht wird, wenn es nicht gebraucht wird oder es Schaden anrichten könnte.

Die Weigerung, die Existenz des Schönen anzuerkennen, entspringt oft der Enttäuschung darüber, daß das Schöne die Welt nicht erlösen kann. Erfahrungen des Schönen werden manchmal von sich aufschwingenden Hoffnungen begleitet, wie zum Beispiel jene, daß das Schöne eines Tages, oder besser gleich sofort, die Wunden und die Verbitterung der Menschen heilen soll. Natürlich tut es nichts dergleichen.

Wer sich der Existenz der Wahrheit verweigert, mag sich oft vor möglichen Wahrheiten fürchten.

Der Widerstand gegen die Existenz der Qualität als Maßstab für die Erfüllung eines Zwecks oder einer Absicht wird oft von Leuten propagiert, die entweder keine Absichten haben oder diese von Natur aus zu verbergen trachten.

Fehlende Sensibilität gegenüber dem Schönen kann ein Hinweis auf Elend und Jammer sein. Es kann aber auch ein vollständiges Engagement für einen anderen Wert widerspiegeln, wie zum Beispiel den der Gerechtigkeit, deren Forderungen von größerer Dringlichkeit zu sein scheinen.

Wenn das Politische zum Brennpunkt der Kunst gemacht wird, dann wartet das Schöne nicht erst lange darauf, von diesem Prozeß ausgeschlossen zu werden. Das Schöne zieht sich dann rücksichtsvoll zurück, da es seinen Platz kennt. Das Schöne ist nicht überflüssig, kein Luxus, sondern eine Notwendigkeit, die so lange in Wartestellung verbleibt, bis andere Notwendigkeiten befriedigt worden sind. Es ist eine krönende Befriedigung.

Maaretta Jaukkuri

Peter Schjeldahls Stimme

In der schneebedeckten Stadt
Besucht
Der Gedanke der Freiheit
Viele
In ihren lebendigen Leibern

Er führt sie nicht zusammen,
Er isoliert sie,
Alle die Einsamen und Freien

Nicht Brüder noch Schwestern
Sind sie einander

Und nichts anderes
Scheint ihnen tatsächlich so wesentlich,
Wie diese leidende Virtuosität
Und das Versprechen, das sie sich geben

Nicht Liebe oder irgend etwas anderes
Ist so wichtig wie dieses mühsame Ding.

(Peter Schjeldahl: Gefühl Freiheit aus *The Brute*, 1981)

277

Ein Jahr nach der Veröffentlichung des Gedichtbandes *The Brute* wurde Peter Schjeldahl zu einem Besuch der skandinavischen Länder eingeladen, die zum damaligen Zeitpunkt gerade ein gemeinsames kulturelles Manifest in den Vereinigten Staaten vorbereiteten. Seine Reise ging zuerst nach Finnland, wo ich ihn in der Empfangshalle eines Hotels traf. Er saß da und litt gewaltig unter Jet lag. Damals wußte ich von seinen kritischen Schriften kaum etwas, unsere erste Begegnung war daher geprägt von dem Eindruck, den seine Gedichte auf mich gemacht hatten. Am ersten Tag des Programms, das mit Besuchen von Künstlern und Kunstinstitutionen Helsinkis angefüllt war, legte er mir eine Auswahl seiner jüngsten Gedichte vor. Die freimütige Intimität dieser Texte, das muß ich zugeben, hatte für mich etwas Schockierendes, seine Person dagegen hinterließ bei mir eher den Eindruck höflicher Zurückhaltung.

Seine kritischen Schriften nicht zu kennen brachte mich in Verlegenheit, daher war der Weg der Annäherung davon bestimmt, ihn erst einmal ausschließlich als Dichter zu begreifen. Im wesentlichen ist das, was ich über ihn denke, bis heute unverändert geblieben, allerdings besitze ich jetzt ein bedeutend besseres Verständnis seiner Arbeit als Kritiker und Essayist. Zurückblickend erscheint es so, als sei dieses Lesen der Gedichte eine hervorragende Einführung in seine kritischen Schriften gewesen.

Das erste Gedicht in *The Brute*, »I Missed Punk«, entwickelt bereits die gesamte Bandbreite des Schjeldahlschen Stils. Das Gedicht ist amüsant, das Vergnügen entspringt einer sanften Ironie, diesem »Ich versäumte Punk, da mein Plattenspieler kaputt war«. Offensichtlich spielt es hier keine allzu große Rolle mehr, daß etwas verpaßt wird, ein Umstand, der uns darauf hinweist, daß ein Alterungsprozeß stattgefunden hat. Dieses »Ich« verwandelt sich in ein »Wir«, wenn der Dichter über Einsamkeit spricht und über »eine Menge beiläufigen Schmerzes«, der notwendig in allen unseren Unternehmungen anwesend sein muß, um diesen Zustand letztlich zu vermeiden. Er fährt dann fort, von seinem Wunsch nach Tugendhaftigkeit zu sprechen und darüber, daß er für diese beachtet werden will und daß Punk »einen Hinweis darauf zu geben schien, was Tugend ist/Das zu sein, was ich immer schon dachte:/eine Bereitschaft zu verlieren, loszulassen«.

Durch die Einführung dieses weisen »wir«, das die Narben nicht unbedingt schneller verblassen läßt, wird eine Verschmelzung von (Selbst-)Ironie und Intelligenz erreicht, wobei die Ironie, die es versteht, Vergnügen hervorzurufen und deren Zielscheibe das noble »Ich« ist, von den unberechenbaren Scharaden eines schwerfälligen Alltags-Ich frustriert wird, das ständig über sein eigenes Ego stolpert, und die Intelligenz den Zusammenprall beider in die Distanz eines menschlicheren Horizontes setzt. »Das Licht der Zweideutigkeit ist wunderbar«, schreibt er dann auch 1990 in einem Ausstellungskatalog Per Kirkebys ...

Nachdem ich mich mit seinen Schriften vertraut gemacht hatte, versuchte ich natürlich, so gut es ging, seine Publikationen auch in Europa weiter zu verfolgen, ein Ansinnen, das dadurch erschwert wurde, daß die meisten seiner Sachen in Zeitungen und Wochenmagazinen erscheinen, die in meinem Land nicht erhältlich sind. Daher besteht eine meiner ersten Handlungen, wenn ich in New York bin, darin, alle Zeitschriften zu bekommen, für die er schreibt. Seine Texte und Kolumnen sind eine perfekte Einstimmung auf alle möglichen Arten von Kunsterlebnissen, etwas, das, ganz besonders die New Yorker Kunstszene betreffend, von Vorteil ist, da sie dem nur gelegentlichen Besucher eine Überfülle an Ausstellungen anbietet. Die Texte sind so ansprechend, daß man sie als unwiderstehliche Einladung empfindet, sich doch gleich in diese Welten der Kunst aufzumachen, um dort die Abenteuer zu erleben, die versprochen werden und die stets vollkommen glaubwürdig erscheinen.

Peter Schjeldahl hatte niemals die Absicht, Kunstkritiker zu werden. Bevor er in den späten sechziger Jahren in die Kunstkritik »abdriftete«, war er bereits ein vielseitiger Journalist gewesen. Es war zu jener Zeit durchaus nicht unüblich, daß Dichter für die Kunstszene arbeiteten. John Ashbery schrieb Rezensionen und Frank O'Hara betätigte sich aktiv als Kurator. Der leicht einsehbare Grund für all diese Beschäftigungen lag in der Notwendigkeit, sich den Lebensunterhalt verdienen zu müssen. Ein anderes Motiv mag durchaus auch in der offensichtlichen »Stummheit« der Kunst jener Jahre zu finden sein, die es manifest ablehnte, Bildern verbales Begleitmaterial zur Seite zu stellen. Vielleicht dachte man daher auch, daß ein Dichter am besten dazu geeignet sein müßte, über Kunst zu sprechen. Von Dichtern verfaßte Schriften besaßen zumindest einen autonomen künstlerischen Wert, selbst dann noch, wenn sie an das bildnerische Werk gebunden blieben.

Zwischen 1969 und 1975 schrieb Peter Schjeldahl regelmäßig für die *New York Times*. 1975 gab er die Re-
zensententätigkeit für zwei Jahre auf, mit dem Wunsch,
zur Poesie zurückzukehren. Er begann damals eine
Biographie über Frank O'Hara zu schreiben, die allerdings nie publiziert wurde, da es zu einer Auseinandersetzung mit den Nachlaßverwaltern des Dichters kam.
Dieser Zeitabschnitt kündigte eine Krise an, in der seine Rolle als Kritiker in Frage gestellt war, eine Rolle,
die er als eine ihm aufgedrängte ansah, eben eine, die es
ihm erlaubte, sein Geld zu verdienen. Seine Frustrationen über die damals herrschenden Kritiker New Yorks
ließ er in ein hämisches Gedicht einfließen, in welchem
er bekannte Kritiker namentlich verspottet.

1977 kehrte er wieder zur Kritik zurück, nun allerdings als Kolumnist der *Village Voice*. Seine Abwesenheit aus der Szene hatte ihn gelehrt, daß Kunst für ihn
etwas war, das er sehr mochte, und daß es für ihn ein
Vergnügen war, über sie zu schreiben. Er kam zu dem
Entschluß, daß Kunstkritik doch kein Parasit war, der
sich an seiner Poesie nährte. Als er von *Artforum* (Sommer 1994) gebeten wurde, über Kunstkritik an sich zu
schreiben, faßte er seine frühere Dichotomie so zusammen. »Als Kritiker übertrage ich wahrscheinlich
die Umstände des Dichters auf die der Künstler und er-
fahre diese dann stellvertretend aus einer sicheren Distanz. Ich werfe meine Seele aus und hole sie wieder
ein, um zu sehen, was an ihr hängengeblieben ist.«

Die New Yorker Kunstszene galt während der Zeit, in
der sich Peter Schjeldahl aktiv als Kunstkritiker betätigte, als Vorbild und Zentrum der internationalen

Kunstwelt. Schjeldahls These ist heutzutage, daß wir immer noch die Tendenz haben, in dieser Richtung weiterzudenken, obwohl »es für das amerikanische System ein klarer und belebender Schock war, als in den späten siebziger und frühen achtziger Jahren all diese europäische Kunst – besonders deutsche – herüberkam und uns zeigte, daß es Europäer gab, die uns sehr gut kannten, ja, die darüber hinaus sogar sich selbst kannten, etwas, daß wir von uns nicht behaupten konnten, und die die zeitgenössische Kunst auf ein höheres, intelligenteres und anrührenderes Niveau hoben. Sie sandten den Richtstrahl unserer eigenen Kunst, durch tiefere Einsichten angereichert, zurück. Ich neige dazu, diese Einsicht Sinn für die Tragödie zu nennen. Sollte es so sein, daß das Europäische tatsächlich existiert, dann hält es sich in diesem schwer verdienten Wissen um die Tragödie auf und in dieser Unmöglichkeit, der Vergangenheit entrinnen zu können.« (Zitiert aus einem unveröffentlichten Text: Nicht europäisch.)

Die Geschichte könnte natürlich so fortgesetzt werden, daß wir uns daran erinnern, wie sehr dieses Zurückwerfen der Strahlungen einer Kultur den nicht enden wollenden Prozeß beschreibt, der diesen Globus umspannt und der durch die Zeiten hindurchgeht. Europa und Amerika scheinen sich in einer ziemlich langen, gegenseitigen Spiegelungsphase befunden zu haben, in welcher der Wert des einen durch die Meinung des anderen formuliert wurde. Jetzt scheint diese gegenseitige Faszination aufzubrechen. Beide sind an den multikulturellen Aspekten der Kunst interessiert. Die amerikanische Szene wendet ihr Interesse Südamerika zu, während sich die europäische Kunstszene eines wachsenden Selbstbewußtseins erfreut, wobei einer der Gründe dieser Entwicklung die stärkere Präsenz und Anerkennung der jeweils eigenen Peripherie ist. Die beiden, Europa und Amerika, gemeinsame Vergangenheit wird in Schjeldahls Schriften über die Meister der Vergangenheit wunderbar gegenwärtig und auf liebevolle Art bestätigt.

Schjeldahls Überlegungen zur Kunst reflektieren seine Suche nach Schönheit. Kunst ist für ihn ein Ding, das Vergnügen bereitet. Es ist Roland Barthes' Behauptung, daß die Erfahrung von Schönheit/sinnlicher Freude, den Betrachter »Jubel empfinden läßt ..., der nicht ganz ausgedrückt werden kann. Daher ist dieses Subjekt stumm ...« (Calligram, S. 178). Diese Feststellung trifft hier auf keine Wahrheit. Schjeldahl scheint sich genau an dieser Erfahrung aufzuladen. Sein Schreiben wird dann äußerst ernst und ist oft von einer metaphysischen Traurigkeit durchdrungen. Seine Texte werden zu elektrischen Feldern, die, angefüllt mit Metaphern, sich wie auf einer zweispurigen Fahrbahn zwischen Kunst und Lebenswelt hin und her bewegen. Das Leben gewinnt durch die Kunst Sinn und Kunst erst durch das Leben.

Die nicht hierarchische Art, Informationen zu sammeln, ist für ihn typisch. Dabei ist der Kontext »Zeitgeist« etwas, das nicht übersehen werden sollte. Es ist nur natürlich, daß Ideen geboren werden, zur vollen Entfaltung kommen und dann verwelken. »Zeitgeist« ist aber auch eine Falle, da das Blühende, das stets zu blenden vermag, auch zu falschen Einschätzungen führen kann. Seine Sicht auf die Dinge erkennt in der Identifizierung bleibenden Werts die ultimative Probe auf die Erfahrenheit des Kritikers. Die Kunstwelt bietet ihren »Bürgern« alle nur erdenklichen Informationen an. Klatsch ist ganz gewiß ein Teil davon. Er hat die Funktion, die »Geheimnisse« der Szene mit anderen zu teilen. Wie auch immer, die triviale Information reflektiert, wenn ihr das Wesentliche zu entnehmen ist, viele der vorherrschenden Bewertungsmuster, die sich in unseren Verhaltensweisen niederschlagen und häufig ein schmerzlich akkurates Bild der Psychologie der Szene wiedergeben. Ein solches Interesse am Trivialen offenbart uns nicht nur den Amerikaner in ihm (Amerikaner sind für Triviales sehr offen), sondern auch eine seiner Gehirnwindungen, die man als Duchamp-artig bezeichnen könnte, obwohl sich das Aristokratische in seiner Einschätzung der Kunst mehr mit der Baudelaires deckt, der, an der Wiege der Moderne stehend, feststellte, daß der moderne Künstler »die Banalität der beobachtbaren Erscheinungen soweit durchdringt, daß sich eine Welt der Korrespondenzen zeigt, in der Vergängliches und Ewiges eins sind« (Calinescu). Duchamp hätte sich dem sicherlich nicht widersetzt.

Die Schjeldahlsche Stimme entspringt jenem Ort, an dem sich Visuelles und Verbales treffen. Durch die verführerische Aufrichtigkeit des Schreibenden werden diese zwei Welten miteinander verbunden. Dadurch entsteht ein Szenario, das auf die Präsenz des Kunstwerkes aufmerksam macht. Die Begegnung wird an den Leser adressiert, der zum Mitbetrachter wird, während er die Erfahrung des Schriftstellers, dessen intimen Ton und rasche Lebendigkeit des Geistes teilt und sich so akzeptiert fühlt – all das wird mit großer Eleganz und Präzision des Ausdrucks erreicht. In Schjeldahls fortlaufendem Spaziergang durch das Sehen der Kunstwerke sowie in der Art der Beobachtung kommt die Erinnerung an Walter Benjamin und an die Passagen von Paris auf.

In Peter Schjeldahls Schriften entsteht das Milieu New Yorks, dieser Stadt, die er sein Zuhause nennt, noch einmal neu. Seine ursprüngliche Heimat, North Dakota, ist einerseits nur eine Erinnerung, die zu Frustrationen Anlaß gibt, andererseits aber durchaus Teil seiner Identität, in der auch seine skandinavische Herkunft eine Rolle spielt. Die norwegische Abstammung jedoch kommt eher einer Anekdote gleich, was allerdings nicht heißen soll, daß er sie nicht zumindest schätzt.

Als New Yorker äußert er sich anerkennend und bewundernd über die gegenwärtig chaotische Energie Berlins und sieht in ihr einen Nährboden für spannende Entwicklungen. Sein ursprüngliches Interesse an diesem Land wurde durch das Auftreten deutscher Künstler in der New Yorker Szene geweckt, deren bedeutendster Einfluß wohl in seinem Fall von Anselm Kiefer ausging. Er sagt, daß »jemand wie ich, der mit dem amerikanischen Modernismus aufwuchs, der sich frankophil an der Schule von Paris orientierte, ... im Grunde gar keine andere Wahl (hatte), als den deutschen Expressionismus abzulehnen. Für uns hielt sich Deutschland

praktisch außerhalb der modernen Kunst auf. Beuys,
sein Einfluß, bewirkte eine große Veränderung. Ich
denke allerdings, daß wir zuerst Anselm Kiefer verstanden haben und daß er uns dann zu Beuys zurück-
führte.« (Aus dem unveröffentlichten Text: Nicht europäisch.) Es gab eine Zeit, da gehörte es zu seinen
Lieblingsbeschäftigungen, immer dann, wenn er europäische Kollegen traf, sich mit ihnen in hitzige Aus-
einandersetzungen über Kiefer zu verstricken. Er ver-
teidigte ihn gegen die zunehmenden Angriffe der
anderen.

Für Schjeldahl zeugt die zeitgenössische Kunstszene
Deutschlands von einer Kenntnis der eigenen Geschichte und Nationalität, die letztlich in Kunst um-
schlägt und nicht umgekehrt, wie er es in einigen anderen europäischen Ländern festzustellen glaubt. Die
Wertschätzung, die er für Deutschland empfindet, basiert auf seiner Erfahrung eines Amerika, das sich ihm
als »armselige Kultur darstellt, in der ein Dichter dafür
bezahlt wird, Kritiker zu sein und nicht dafür, daß er
Dichter ist« (*Artforum*, Sommer 1994). In seinen
Schriften zu Ausstellungen von Baselitz und Kippenberger in New York 1990 formulierte er klar den
Unterschied zwischen der amerikanischen und der
deutschen kulturellen Verhaltensweise. »Die einfache
Existenz eines Baselitz oder Kippenberger, ganz abgesehen von ihrer Qualität, macht mich auf die relativ bedrückende Enge der amerikanischen Kunst und Kultur
aufmerksam, die mit ihrer Ausrichtung auf das Professionelle, beidem, dem Dünkel des älteren Künstlers
und der Unverschämtheit des jüngeren, keinerlei Be-

achtung geschenkt hätte. Jeder Kunstfan muß ein
Land, das solche Extreme an kreativen Möglichkeiten
(mit dem lohnenden Ergebnis einer gelegentlichen
Synthetisierung von Genies in der Größenordnung eines Polke, Richter oder Kiefer) aktiv unterstützt, einfach beneiden. Wie auch immer, jeder Bürger mag
gleichzeitig darüber nachdenken, darin Plato erin-
nernd, daß eine Republik, in der das Poetische soviel
Autorität ausübt, Schwierigkeiten geradezu herausfor-
dert« (Hydrogen Jukebox, S.326).

Selbst auf der Grundlage nur kärglicher Kenntnisse
über die unter Künstlern und Kritikern vorherrschenden Meinungen in Deutschland und im besonderen in Berlin erscheint es mir unwahrscheinlich, daß
Schjeldahls deutsche Kollegen ihm darin beipflichten
werden. Sieht man dies jedoch exklusiv im Licht seiner
eigenen Situation, dann transportiert das Gesagte eine
Art Botschaft, die selbst in Berlin mit Höflichkeit ent-
gegengenommen werden sollte.

In Peter Schjeldahls Schriften über die deutsche und
die europäische Kunst im allgemeinen zeigt sich eine
gewisse innere Verwandtschaft mit den Texten der alten Meister, und zwar im Hinblick auf seine Art des
Herangehens. Das ihnen Gemeinsame ist die Distanz,
die sich im ersten Fall aufgrund der Geographie und im
zweiten Fall aufgrund der Zeit ergibt. Die Aufmerksamkeit liegt in beiden Fällen ausschließlich auf den
Kunstwerken selbst, während sich ihr Kontext Stück
für Stück, durch Addierung von Allgemeinwissen und
Information, verdichtet. Die Leuchtkraft seiner Inter-

pretationen wird durch eine Souveränität bestimmt, die Kunst jenseits von Ozeanen und Geschichte zu betrachten weiß. Er »spielt« auf diesen Arbeiten in einer Weise, die uns die Kunstwerke hier und jetzt vor Augen führt, sie uns wiederbringt (wieder zu uns zurückbringt). Das passive Wiedererkennen ihrer Qualitäten, ihrer Signifikanz, die unsere Wahrnehmung, die tatsächliche Erfahrung vorwegnehmend, prägte, wird in eine höchst bedeutungsvolle und erfreuliche Präsenz zurückverwandelt.

Außer einer Auswahl an Texten, die sich mit alten Meistern und deutscher Kunst beschäftigen, enthält dieses Buch auch eine Serie von Aufsätzen, die sich der Analyse einer Kunstlandschaft widmen, deren Formen und Inhalte sich seit den sechziger Jahren verändert haben. Diese Texte beziehen sich auf sein heimatliches New York und auf Amerika, eben die Jahrmärkte der Eitelkeiten, die er als wahrer Connoisseur durchstreift. Die notwendige Distanz in der Beobachtung, die sich hier einstellt, wird durch seinen geistreichen Humor und seine scharfe Beobachtungsgabe erzeugt, die nur demjenigen ganz möglich ist, der die Szene wirklich gut kennt. Er verfällt in diesen Texten niemals in ein Moralisieren. Er spricht statt dessen über die schmerzliche Einsicht, daß Kunst, um existieren und sich entwickeln zu können, zwei Dinge braucht: das Geld und die Macht derer, die beides besitzen. Das muß laut gesagt werden, obgleich es in provokantem Kontrast zu seinem Weltbild steht. Der Mangel an Demokratie in der Kunst scheint unheilbar, und wenn wir ehrlich sind, trifft genau das auch auf die Gesellschaft im allgemeinen zu, in der ein Medienstrudel, konzipiert, um uns solches vergessen zu lassen, die wachsende Unruhe anfacht, deren Grund die Krise der Konsumgesellschaft ist.

Die feierlich ernste Arena der postmodernen »Diskurse« ist für Peter Schjeldahl problematisch. Er gesteht ein, daß die Moderne gealtert ist, aber sie deshalb für tot zu erklären, hält er für absurd. In einem Interview von 1983 gibt er zu bedenken: »Was augenblicklich stattfindet, ist in gewisser Weise eine äußerst revolutionäre Veränderung. Allerdings ist es eine Veränderung, die man beinahe mit Röntgenstrahlen vergleichen möchte. Sie geht durch alle Teile hindurch, ohne die Struktur zu verändern. Aber das Bild ist am Ende auf jeden Fall ein völlig anderes« (Hydrogen Jukebox, S. 177).

Seine Aversion gegen das Postmoderne kann sicher auch als Ablehnung einer Ideologie aufgefaßt werden, die »alles erklären« kann. Die Postmoderne beruft sich für ihn auf Generalisierungen, Kategorien, Theorien und Ready-Made-Rezeptbücher. Diese Haltung steht im scharfen Kontrast zu einer Kunst, die lebendig, kommunikativ und total anarchistisch versucht, Schönheit zu schaffen. Darüber hinaus entsteht diese durch die Kunst erschaffene Welt aus dem Flickwerk der Einsichten und Erfahrungen, wird zu einer Landkarte, die sich in ständiger Veränderung befindet. Kunst spricht von einem Individuum zum anderen, und innerhalb dieses Dialogs erhalten wir die Gelegenheit zu wahrhafter Individualität, die sich von Gruppenmechanismen fernhält und bereit ist, sich einen eigenen Blick auf die Welt zu erobern. Dieser Blick ist kein abgeschotteter, er ist offen für Kommunikation, für das Hin und

Her der Bewegung, die zwischen Kunst und Leben stattfindet, und er ist eine Voraussetzung für beide. In dieser Erde liegt auch das Samenkorn der Demokratie.

Die Stimme Peter Schjeldahls wird in der ständig schwankenden Gegenwart von Subjekt und Objekt vernommen, die damit beschäftigt sind, ihre Standorte zu wechseln. Die Doppelidentität ist eine Gewähr für die Unmittelbarkeit in der Kunsterfahrung und für die präzise Definition des Standortes, von welchem aus die Betrachtung unternommen wird. Diese zwei sind in einer Art des Schreibens verbunden, die, wie Schjeldahl sagt, zum Besten gehört, was der Journalismus anzubieten hat, nämlich die Adressierung an eine allgemeine Öffentlichkeit, ohne Verlust der Genauigkeit der Inhalte, sowie eine Ausdruckskraft, die sich mit Vitalität verbindet.

Es ist diese Liebe zur Kunst und zur Sprache und der Respekt, den Schjeldahl seinen Lesern zollt, die sich hier in einer anhaltenden, mit großem Zeremoniell ausgeführten, gegenseitigen Überwachung treffen.

Quellennachweis

Die im vorliegenden Band enthaltenen Texte entnahmen wir mit einer Ausnahme den folgenden drei Büchern:

Peter Schjeldahl, *Columns & Catalogues*, Great Barrington, MA, 1994
Im folgenden: Col. & Cat.

The Hydrogen Jukebox. Selected Writings of Peter Schjeldahl 1978–1990, Edited by Malin Wilson, Introduction by Robert Storr, University of California Press, Berkeley, Los Angeles, London 1991
Im folgenden: Jukebox

Peter Schjeldahl, *The »7 Days« Art Columns 1988–1990*, Great Barrington, MA, 1990
Im folgenden: 7 Days

Abkürzungen
Met – Metropolitan Museum of Art
MoMA – Museum of Modern Art

Zeitgenossen

Clement Greenberg 1909–1994
Erstveröffentlichung in *Village Voice*, 25. Mai 1994
Textgrundlage der Übersetzung: Col. & Cat., S. 145 ff.

Warhol und die Klassengesellschaft
(Warhol and Class Content)
Erstveröffentlichung in *Art in America*, Mai 1980
Textgrundlage der Übersetzung: Jukebox, S. 44 ff.

Ein Besuch im Herbstsalon 1986
(A Visit to the Salon of Autumn 1986)
Erstveröffentlichung in *Art in Amerika*, Dezember 1986
Textgrundlage der Übersetzung: Jukebox, S. 268 ff.

Die Zeichnungen von Jasper Johns
(The Drawings of Jasper Johns)
Erstveröffentlichung in *Village Voice*, 19. März 1991
Textgrundlage der Übersetzung: Col. & Cat., S. 24 ff.

Sol LeWitt: Wandzeichnungen
(Sol LeWitt: Wall Drawings)
Erstveröffentlichung in *Village Voice*, 15. März 1994
Textgrundlage der Übersetzung: Col. & Cat., S. 139 ff.

Robert Morris: Das Geist-Körper-Problem
(Robert Morris: The Mind/Body Problem)
Erstveröffentlichung in *Village Voice*, 1. März 1994
Textgrundlage der Übersetzung: Col. & Cat.. S. 133 ff.

Unser Kiefer
(Our Kiefer)
Erstveröffentlichung in *Art in America*, März 1988
Textgrundlage der Übersetzung: Jukebox, S. 283 ff.

Der Dämon und Sigmar Polke
(The Daemon and Sigmar Polke)
Erstveröffentlichung im Katalog der Ausstellung
Mary Boone Gallery (5. Januar – 26. Januar 1985)
Textgrundlage der Übersetzung: Jukebox, S. 251 ff.

Der Tod und der Maler: Gerhard Richter
(Death and the Painter. »18. Oktober 1977«)
Erstveröffentlichung in *Art in America*
Textgrundlage der Übersetzung: ebenda

Polnisches Haiku: Miroslaw Balka
(Polish Haiku: Miroslaw Balka)
Erstveröffentlichung im Katalog der Ausstellung
Renaissance Center, University of Chicago, 1992
Textgrundlage der Übersetzung: Col. & Cat., S. 186 ff.

Kunst und Geld
(Art & Money)
Erstveröffentlichung in *7 Days*, 8. Juni 1988
Textgrundlage der Übersetzung: 7 Days, S. 26 ff.

Sympathy for the Devil: Jeff Koons
Erstveröffentlichung im Katalog der Ausstellung
Stedeljik Museum, Amsterdam, 1992
Textgrundlage der Übersetzung: Col. & Cat., S. 210 ff.

Barbara Kruger
Erstveröffentlichung in *Village Voice*, 23. März 1994
Textgrundlage der Übersetzung: Col. & Cat., S. 142 ff.

Kunstprojekt auf der 42sten Straße
(42nd Street Art Project)
Erstveröffentlichung in *Village Voice*, 3. August 1993
Textgrundlage der Übersetzung: Col. & Cat., S. 98 ff.

Alte Meister

»Frauen« bei Willem de Kooning und Jean Dubuffet
(»Women« by Willem de Kooning and Jean Dubuffet)
Erstveröffentlichung in *Village Voice*, 8. Januar 1992
Textgrundlage der Übersetzung: Col. & Cat., S. 55 ff.

Picasso und die Weinenden Frauen
(Picasso and the Weeping Women)
Erstveröffentlichung in *Village Voice*, 20. Juli 1994
Textgrundlage der Übersetzung: Col. & Cat., S. 152 ff.

Picasso und Braque: Wegbereitender Kubismus
(»Picasso & Braque: Pioneering Cubism«)
Erstveröffentlichung in 7 Days, 11. Oktober 1989
Textgrundlage der Übersetzung: 7 Days, S. 157 ff.

Henri Matisse: Eine Retrospektive
(Henri Matisse: A Retrospective)
Erstveröffentlichung in *Village Voice*, 29. September 1992
Textgrundlage der Übersetzung: Col. & Cat., S. 74 ff.

Helene Schjerfbeck: Finnlands wiederentdeckte Modernistin
(Helene Schjerfbeck: Finlands Modernist Rediscovered)
Erstveröffentlichung in *Village Voice*, 10. November 1992
Textgrundlage der Übersetzung: Col. & Cat., S. 77 ff.

Ein Diebstahl in Norwegen
(A Theft in Norway)
Erstveröffentlichung in *Village Voice*, 8. März 1994
Textgrundlage der Übersetzung: Col. & Cat., S. 136 ff.

Edouard Manet
(Edouard Manet: 1832–1883)
Erstveröffentlichung unter dem Titel »Love of Manet« in
Vanity Fair 46, Oktober 1983
Textgrundlage der Übersetzung: Jukebox, S. 189 ff.

Nochmaliges Nachdenken über Courbet
(»Courbet Reconsidered«)
Erstveröffentlichung unter dem Titel »Peep Show« in *7 Days*,
21. Dezember 1988
Textgrundlage der Übersetzung: 7 Days, S. 85 ff.

Die romantische Vision Caspar David Friedrichs
(The Romantic Vision of Caspar David Friedrich: Paintings and
Drawings from the U.S.S.R.)
Erstveröffentlichung in *Village Voice*, 19. Februar 1991
Textgrundlage der Übersetzung: Col. & Cat., S. 21 ff.

Velázquez
Erstveröffentlichung in *7 Days*, 18. Oktober 1989
Textgrundlage der Übersetzung: 7 Days, S. 160 ff.

Andrea Mantegna
Erstveröffentlichung in *Village Voice*, 26. Mai 1992
Textgrundlage der Übersetzung: Col. & Cat., S. 67 ff.

Postscriptum

Anmerkungen über das Schöne
(Notes on Beauty)
Erstveröffentlichung in *Art Issues*, Mai 1994
Textgrundlage der Übersetzung: Col. & Cat., S. 248 ff.

Personenregister

Fett gesetzte Zahlen verweisen auf Essays über den jeweiligen Künstler